# 요한과 더불어

### 여덟 번째 산책

요한복음 설교집 (요 18~19장)

# 요한과 더불어

여덟 번째 산책

이재철

## 요한과 더불어
### -여덟 번째 산책

1. 기드론 저편으로 (요 18:1~11) • 7
2. 자주 모이는 곳 (요 18:1~11) • 21
3. 하나도 (요 18:1~11) • 35
4. 그 종의 이름은 (요 18:1~11) • 49
5. 한 사람 (요 18:1~14) • 65
6. 또 다른 제자 (요 18:15~27) • 81
7. 예수를 쳐 가로되 (요 18:15~27) • 97
8. 곧 닭이 울더라 (요 18:15~27) • 113
9. 서서 불을 쬐더라 (요 18:15~27) • 127
10. 말씀을 응하게 (요 18:28~32) • 141
11. 내 나라는 (요 18:28~36상) • 157
12. 무엇을 하였느냐 (요 18:33~38하) • 171
13. 채찍질하더라 (요 18:38하~19:3) • 185
14. 하나님의 아들이라 (요 18:38하~19:7) • 199
15. 바라바라 하니 (요 18:38하~19:7) • 221
16. 놓으려고 힘썼으나 (요 18:38하~19:16) • 235

17. 위에서 (요 19:7~16) • 249
18. 더 크니라 (요 19:7~16) • 263
19. 재판석에 앉았더라 (요 19:7~16) • 277
20. 유대인의 왕 (요 19:12~22) • 291
21. 해골이라는 곳 (요 19:17~22) • 305
22. 각각 얻고 (요 19:23~30) • 317
23. 여자여, 보소서 (요 19:23~30) • 329
24. 네 어머니라 (요 19:23~30) • 343
25. 자기 집에 모시니라 (요 19:23~30) • 359
26. 내가 목마르다 (요 19:23~30) • 373
27. 다 이루었다 (요 19:23~30) • 387
28. 돌아가시니라 (요 19:23~30) • 401
29. 성경을 응하게 (요 19:31~42) • 415
30. 시체를 구하매 (요 19:31~42) • 431

**저자 대담** 445

이 설교집은
주일 낮예배 설교 중 96년 12월부터 97년 7월까지의 내용을 정리한 것입니다.

# 기드론 저편으로

예수께서 이 말씀을 하시고 제자들과 함께
기드론 시내 저편으로 나가시니 거기 동산이 있는데
제자들과 함께 들어가시다.
거기는 예수께서 제자들과 가끔 모이시는 곳이므로
예수를 파는 유다도 그 곳을 알더라.
유다가 군대와 및 대제사장들과 바리새인들에게서 얻은
하속들을 데리고 등과 홰와 병기를 가지고 그리로 오는지라.
예수께서 그 당할 일을 다 아시고 나아가 가라사대
"너희가 누구를 찾느냐?"
대답하되 "나사렛 예수라" 하거늘
가라사대 "내로라" 하시니라.
그를 파는 유다도 저희와 함께 섰더라.
예수께서 저희에게 "내로라" 하실 때에 저희가 물러가서
땅에 엎드러지는지라. 이에 다시 "누구를 찾느냐?"고 물으신대
저희가 말하되 "나사렛 예수라" 하거늘
예수께서 대답하시되 "너희에게 '내로라' 하였으니
나를 찾거든 이 사람들의 가는 것을 용납하라" 하시니
이는 "아버지께서 내게 주신 자 중에서
하나도 잃지 아니하였삽나이다" 하신 말씀을
응하게 하려 함이러라.
이에 시몬 베드로가 검을 가졌는데 이것을 빼어 대제사장의
종을 쳐서 오른편 귀를 베어버리니 그 종의 이름은 말고라.
예수께서 베드로더러 이르시되 "검을 집에 꽂으라.
아버지께서 주신 잔을 내가 마시지 아니하겠느냐?" 하시니라.

요한복음 18:1~11

지난즈 4부 청년 예배시간에 신은희 집사님의 귀한 신앙고백이 있었습니다. 암 선고와 함께 가만히 있으면 1년, 항암치료를 받는다면 2년 정도 살 수 있으리라는 의사의 최후통첩을 받은 것이 지난봄이었습니다. 그 이후 최근의 골수이식 수술에 이르기까지 매번 죽었다 깨어나야 하는 대수술을 네 번이나 받아야 했습니다. 말하자면 날마다 죽음과 얼굴을 맞대고 살아야 하는 삶이었습니다. 어떤 때 눈을 감으면 이미 죽어서 관 속에 누워 있는 자신의 모습과 무덤 속에 내려진 자기 관 위로 검은 옷을 입고서 흙을 뿌리는 가족들의 모습이 생생하게 보였습니다. 그때 죽음의 공포가 얼마나 컸겠습니까? 이 세상 그 누구도 자신을 도와줄 수 없다는 생각에 얼마나 고독했겠습니까? 가족들을 위해 아무 것도 해주지 못한 채 오히려 무거운 짐만 되고 있다는 자책 때문에 얼마나 괴로웠겠습니까?

그러나 집사님은 그처럼 처절하리 만치 고독하게 죽음의 늪 속에 빠졌기에 바로 그 죽음의 밑바닥에서 생명이신 하나님의 말씀을 새롭게 만날 수 있었습니다. 다시 말하면 내 욕망을 채워줄 나의 도구로서가 아니라 생명으로서, 내 생명을 창조하신 창조자로서 하나님을 만난 것입니다.

> 예수를 죽은 자 가운데서 살리신 이의 영이 너희 안에
> 거하시면, 그리스도 예수를 죽은 자 가운데서 살리신 이가
> 너희 안에 거하시는 그의 영으로 말미암아 너희 죽을 몸도
> 살리시리라. (롬 8:11)

최근에 받은 골수이식 수술은 쉽게 말해서 사람을 죽였다가 다시 살리는 수술법입니다. 먼저 환자의 몸 속에 퍼져 있는 암세포를 완전히 죽이기에 충분한 양의 항암제를 투여합니다. 이 경우에 암세포가 죽는 것은 좋지만, 치사량을 넘는 항암제 때문에 환자도 죽어버리게 됩니다. 그래서 미리 환자의 몸에서 추출해 두었던 골수를 이때 재이식하여 환자를 다시 살려내는 것입니다. 환자에게는 그야말로 목숨을 건 마지막 수술인 셈입니다.

골수이식 수술이 끝난 뒤 희미하게 의식이 회복되었을 때, 다시 말해 긴 죽음의 터널을 벗어나 막 정신이 들었을 때 집사님이 제일 먼저 느낀 것은 예전의 자기 자신은 간 곳이 없고 그 자리에 잘 빻아진 가루만 남아 있다는 것이었습니다. 가루가 된 자기 자신을 바라보는 집사님의 마음속에 떠오른 단어는 바로 '순종'이었습니다. 내가 가루가 된 이상, 하나님께서 어떤 물을 부어 어떻게 반죽하셔서 어떤 모습으로 빚어내시든지 순종해야 한

다는 것이었습니다. 바꾸어 표현하면 생명은 나의 것이 아니라 하나님의 것이기에 오직 하나님에 대한 순종을 통해서만 그 아름다운 값어치를 발휘할 수 있음을 깨달았던 것입니다.

참으로 값진 깨달음입니다. 이것은 그냥 얻어진 것이 아닙니다. 책상 앞에서, 혹은 공원의 벤치에서 우연히 깨달은 것이 아닙니다. 처절한 죽음의 늪을 헤치면서, 고독한 죽음의 터널을 거치면서 비로소 터득한 생명의 깨달음입니다.

왜 수많은 사람들의 인생에서 썩는 악취가 진동을 합니까? 마치 불개미가 기둥마다 그 속을 다 파먹어 버린 사막의 집처럼, 겉으로는 멀쩡하게 보이는데도 하루아침에 어이없이 붕괴해 버리는 인생이 어찌하여 그다지도 많습니까? 생명이 자기 것이라고 착각한 탓입니다. 생명을 자기 것으로 여기는 자는 참 생명되시는 하나님의 생명의 법을 따르지 않습니다. 그것은 마치 물고기가 물을 이탈하는 것과 같아서, 썩지 않을 수 없는 것입니다.

신은희 집사님은 이제 39세입니다. 아직 젊은 나이입니다. 그러나 집사님은 죽음을 통해서, 생명은 하나님의 것이요 생명이신 하나님에 대한 순종을 통해서만 생명이 생명다울 수 있음을 깨달았습니다. 이제부터는 그의 인생이 그 누구보다도 진리 안에서 아름답게 세워지며, 많은 사람들에게 참 인생과 생명의 의미를 일깨워 주는 좋은 길잡이가 될 것이 명약관화합니다. 신 집사님에게 암이라는 중병은 신비한 은총이었으며, 죽음의 체험은 놀라운 은혜였습니다. 그것이 아니었더라면, 설령 100년을 건강하게 산다 할지라도 지난 38년 동안 그러왔던 것처럼 생명을 자기 것으로 착각한 채 죽음의 길을 달려갔을 것이 뻔하기 때문입니다.
 사람이 죽음을 알기 전까지는 생명을 진정으로 알지 못합니다. 죽음은 생명의 실체를 들여다보는 창입니다. 죽음을 아는 자만이 이 땅에서 우리에게 주어진 생이 얼마나 고귀하고 값진 것인지 압니다. 그래서 죽음을 일찍 아는 것보다 더 큰 은총은 없습니다.
 올해 우리 교회의 표어는 '기억하라'입니다. 그것은 전도서 12장 1절에서 따온 말씀입니다.

> 너는 청년의 때, 곧 곤고한 날이 이르기 전
> "나는 아무 낙이 없다"고 할 해가 가깝기 전에
> 너의 창조자를 기억하라.

 가능한 한 빨리 창조자를 기억하며 사는 자가 되라는 뜻입니다. 그런데 이스라엘 사람들은 '너의 창조자를 기억하라'는 말씀을 '너의 무덤을 기억하라'로 바꾸어 읽기도 합니다. 지금부터 3,000년 전 솔로몬이 전도서를 기록할 당시 히브리어는 모음 없이 자음으로만 구성되어 있었습니다. 모음은 훨씬 뒤에 생겨 발음과 뜻에 따라 자음에 덧붙여졌는데, 히브리어로 '창조자'라는 단어의 자음은 '무덤'이라는 단어의 자음과 형태가 동일합니다. 그러나 단순히 두 단어의 자음 모양이 같기 때문에 '너의 창조자를 기억하라'는 구절을 '너의 무덤을 기억하라'로 바꾸어 읽는 것은 아닙니다. 이렇게 바꾸어 읽는 것은 자기 무덤을 기억하는 자만이 자기 생명의 창조자를 기억할 수 있다는 심오한 믿음 때문입니다.

너는 청년의 때, 곧 곤고한 날이 이르기 전
"나는 아무 낙이 없다"고 할 해가 가깝기 전에
너의 무덤을 기억하라.

청년의 때에 너의 무덤을 기억하랍니다. 한 해라도 빨리 너의 묘지를 기억하랍니다. 한 달이라도 빨리 너의 결국을 기억하랍니다. 하루라도 빨리 너희 죽음을 인식하랍니다. 한 시간이라도 더 빨리 나의 생명이 나의 것이 아니라 하나님의 것임을 깨닫고 영원한 내 생명의 창조자 되신 하나님의 뜻과 법에 순종할 때 그 인생이 바르게 세워질 수 있는 것입니다.

달리던 자동차가 차도에서 이탈해 버린다면 그것은 사고입니다. 그때 자동차는 자신과 타인을 해치는 무서운 흉기일 뿐입니다. 자동차는 정해진 차도 위를 달릴 때만 모두를 위한 문명의 이기가 됩니다. 생명을 창조하신 하나님께서 주신 생명의 법도를 벗어난 생명은 기둥의 속을 파먹는 쿨개미와 같아서 모두에게 해악이 될 따름입니다. 그러나 하나님의 생명의 법도 위에 있는 인생은 반석 위에 지은 집과 같아서, 많은 이를 위한 영원한 생명의 보금자리가 되는 것입니다. 그래서 하루라도 더 빨리 자기 무덤을 기억하는 자가 되라고 성경은 명령합니다. 그 사람만이 하나님의 법도 위에서 자기 생명의 가치를 극대화시킬 수 있습니다.

마가의 다락방에서 제자들과의 마지막 만찬, 세족식, 강론, 중보기도를 다 마치신 후 주님의 행적에 대하여 오늘 본문 1절은 이렇게 증거하고 있습니다.

> 예수께서 이 말씀을 하시고 제자들과 함께
> 기드론 시내 저편으로 나가시니 거기 동산이 있는데
> 제자들과 함께 들어가시다.

마가의 다락방에서 나오신 주님께서는 제자들과 함께 동산으로 나아가셨습니다. 여기에서 동산이란 바로 감람산의 겟세마네 동산을 의미합니다. 요한복음을 기록한 요한 사도는 본문에서 '겟세마네'라는 이름을 밝히지 않았습니다. 그리스도인이라면 그 동산이 무슨 동산이며 어디에 있는지 삼척동자도 다 알기에 구태여 이름을 밝힐 필요가 없었던 것입니다. 그런데 이상한 것은 요한 사도가 '그 동산은 기드론 시내 건너편'이라고 하면서 기드론을 밝히고 있다는 점입니다.

이스라엘의 다른 지명들은 구약에서 수십 번 혹은 수백 번씩 언급되는 데 비해 기드론 시내는 단지 열한 번밖에 거명되고 있지 않습니다. 구약성경 기자들에게 기드론은 전혀 중요하지 않은 곳이었던 것입니다. 더욱이 신약에서는 단 한 군데에서만 언급되고 있을 뿐입니다. 요한 사도 외에는 아무도 기드론 시내에 관심을 갖지 않았습니다. 주님의 행적을 기록한 마태, 마가, 누가 역시 이때 주님께서 감람산 혹은 겟세마네로 나아가셨다고 기록하고 있을 뿐, 기드론 시내에는 눈길 한번 주고 있지 않습니다.

그럼에도 불구하고 요한 사도만은 오히려 겟세마네라는 이름을 제쳐 놓고 기드론 시내를 부각시켜 강조하고 있습니다. 그렇다면 요한 사도를 통하여 우리에게 특별히 일깨워 주시기를 원하는 하나님의 메시지가 여기에 간직되어 있음이 분명합니다.

예루살렘 동쪽 벽과 감람산을 갈라놓는 기드론 시내는 1년에 몇 번 폭우가 쏟아지는 경우를 제외하고는 언제나 말라 있었습니다. 그래서 옛날 이스라엘 사람들은 그 곳을 기드론 계곡이라는 명칭으로 더 자주 불렀습니다. 옛날 그 계곡은 지표면에서 120m 아래쪽에 위치한 상당히 깊은 계곡이었습니다. 그래서 별다른 용도가 없었던 그 곳은 일찍부터 공동묘지로 사용되었습니다. 왕권을 빼앗기 위해 아버지의 심장에 칼을 겨누었던 패역한 압살롬의 무덤도 이 곳에 있으며, 이스라엘 사람들은 에스겔 선지자가 계곡을 가득 채우고 있던 마른 뼈들이 살아난 환상을 본 곳이 바로 이 기드론 골짜기라고 생각하고 있습니다. 기드론 골짜기만큼 무덤으로 가득 찬 계곡은 거의 없었기 때문입니다. 이스라엘 사람들에게 기드론 계곡은 바로 무덤의 계곡, 죽음의 계곡이었습니다.

  우리는 요한 사도가 본문을 통해 예수님이 기드론 시내를 건너셨다는 사실을 왜 강조하는지 그 이유를 이제 알게 됩니다. 예수님은 체포당하여 십자가에 못 박혀 죽으시기 전에 먼저 죽음의 계곡 무덤의 계곡을 통과하셨습니다. 예수님은 그 계곡을 통과하시면서 당신의 무덤을 기억하셨던 것입니다. 그분은 그 즐비한 공동묘지의 무덤들을 건너면서 당신의 죽음을 보셨습니다. 그 죽음의 골짜기에서 당신의 생명은 당신의 것이 아뇨 하나님의 소유라는 그 당연한, 그러나 가장 망각하기 쉬운 사실을 다시 확인하셨습니다. 한마디로 말하면, 예수님은 체포당하시기도 전에 이미 당신의 죽음을 하나님 앞에서 100% 수용하셨던 것입니다.

  만약 예수님께서 죽음의 골짜기를 건너지 않으셨더라면, 당신의 죽음을 먼저 수용치 않으셨더라면 체포현장에서, 또 십자가에 못 박혀 죽는 그 현장에서 목숨을 지키기 위해 얼마든지 비굴해질 수도 있었을 것입니다. 그러나 무덤의 골짜기를 미리 건너심으로써 남아 있는 그 짧은 시간을 철저하게 하나님께 순종하셨기 때문에 우리 모두를 영원히 살리는 부활자가 되실 수 있었습니다.

기드론 시내는 무덤의 골짜기, 죽음의 골짜기였습니다. 그런데 기드론 시내라는 히브리 말의 뜻은 '백향목의 시내'입니다. 기드론 골짜기는 1년 내내 거의 말라붙은 계곡이기에 백향목이 살래야 살 수가 없는 곳입니다. 현실적으로는 무덤이 가득 찬 무덤의 골짜기일 따름입니다. 그런데도 하나님께서는 그 골짜기를 '백향목의 시내'라고 부르게 하셨습니다. 현실과는 전혀 걸맞지 않는 이름입니다. 그러나 이스라엘 백성 중 누구도 그 이름에 이의를 제기하지 않습니다. 그리고 오늘날까지 그 무덤의 골짜기를 가리켜 '기드론 시내'라고 부르고 있습니다. 그것 자체가 바로 하나님의 진리입니다. 즉 죽음의 골짜기를 건넌 자에게 그 곳은 더 이상 죽음의 골짜기가 아니라 백향목의 시내가 된다는 것입니다. 백향목이란 당시 집을 짓는 데 사용되던 최고의 목재였습니다. 그러므로 이것은 자기의 무덤을 기억하는 자, 자기의 죽음을 아는 자의 인생만이 하나님의 생명 안에서 아름다운 백향목의 집, 향기로운 진리의 집으로 영원히 세워질 수 있다는 하나님의 메시지인 것입니다. 예수 그리스도께서는 죽음의 골짜기를 통과하셨기에 우리를 위한 영원한 기드론 시내, 백향목의 시내가 되셨습니다.

사람이 나이가 들어서도 많은 것을 소유하고 있으면, 자칫 그 삶이 진리와 동떨어지고 추해지기가 쉽습니다. 구약의 열왕기를 보십시오. 늙어 죽을 때까지 권력을 쥐고 있었던 왕들은 거의 대부분 말년에 타락하고 말았습니다. 그런데 다윗은 예외였습니다. 젊었을 때는 실수도 했지만, 나이가 들어 갈수록 그의 삶은 진리 안에서 더더욱 아름답게 가꾸어졌고, 마침내 모든 왕들의 본이 되었습니다. 다윗 역시 죽음의 골짜기를 건넜던 사람이었기 때문입니다. 압살롬이 쿠데타를 일으켰을 때, 다윗은 눈물을 흘리며 기드론 골짜기를 건너 피신하였습니다. 다윗은 그 무덤의 골짜기를 건너면서 천하의 제왕이라 할지라도 결국언 땅에 묻히고 만다는 것, 끝나는 죽을 수밖에 없다는 것을 통감했던 것입니다. 그가 그 이후로 자기에게 생명을 주신 하나님의 생의 법도를 따름으로써 그 삶이 영원한 진리의 집으로 세워진 것은 너구나 당연한 결과가 아닙니까? 다윗이 피신할 때 울며 건넜던 그 죽음의 계곡이 그가 예루살렘으로 되돌아갈 때에는 이미 백향목의 계곡이 되어 있었건 것입니다.

　오늘은 대강졸 세번째 주일입니다. 이 땅에 오신 주님께서 십자가 위에서 보여 주시려 했던 것이 무엇입니까? 죽어야 산다는 것입니다. 죽지 않으면 결코 살 수 없다는 것입니다. 무덤의 골짜기를 건너야 백향목의 시내가 펼쳐진다는 것입니다. 신명기 34장 7절은 모세가 죽을 때 그 기력이 쇠하지 않았다고 증거하고 있습니다. 인간은 그 기력이 다 쇠하여야만 죽는 것이 아닙니다. 기력이 있고서도 죽을 수 있고 그 날이 오늘일 수도 있습니다. 이것을 수용하는 것이 죽음의 골짜기를 건너는 것입니다. 허무주의에 빠지라는 것이 아니라 나의 실체를 인정하라는 것입니다. 그래야 하나님과 바른 생명의 관계를 맺을 수 있습니다. 한 시라도 빨리 나의 무덤을 기억하십시오. 나의 창조자를 기억하십시오. 그래야 아름답고 향기로운 백향목 시내가 전개됩니다. 주님은 이것을 보여 주시려고 지금, 우리 앞에서 기드론 골짜기를 건너고 계십니다.

하나님!
올 초 우리는 교회의 표어를 '기억하라'로 정했습니다.
매일매일 하나님을 기억하며 바른 삶을 살기
위함이었습니다.
그러나 한 해를 마무리하는 오늘 뒤돌아볼 때 하나님을
기억하며 산 날보다 하나님을 망각했던 시간이 더 많음을
깨닫고 하나님 앞에서 부끄러울 따름입니다.
그럼에도 우리를 사랑하시고 오늘 아침에도 우리를 불러
주셔서, 매일 하나님을 기억하며 사는 자가 되려면 먼저
나의 무덤을 기억하는 자가 되어야 함을 깨닫게 해주시니
정말 감사합니다.
우리의 죽음을 생각해 봅니다.
그 날 누가 나를 위해 진정으로 슬퍼해 줄 것인지,
사람들은 나의 일생을 어떻게 평가할 것이며
자식들은 또 어떤 평가를 내릴 것인지 생각해 봅니다.
무엇보다도 그 날 하나님께 무엇을 보여드릴 것인지
곰곰이 생각해 봅니다.
주님!
나의 무덤을 생각하면 할수록 창조자이신 하나님의 법도,

그 생명의 길에 순종할 수밖에 없음을 깨닫습니다.
날마다 나의 죽음을 기억하여 날마다 하나님과 더 깊은
관계를 맺게 하옵소서. 그리하여 날마다 기드론 시내를
건너는 우리의 삶이, 그리스도 안에서 영원한 백향목 시내,
많은 사람을 살리는 향기로운 진리의 집이 되게 하옵소서.
아멘.

# 2
## 자주 모이는 곳

예수께서 이 말씀을 하시고 제자들과 함께
기드론 시내 저편으로 나가시니 거기 동산이 있는데
제자들과 함께 들어가시다.
거기는 예수께서 제자들과 가끔 모이시는 곳이므로
예수를 파는 유다도 그 곳을 알더라.
유다가 군대와 및 대제사장들과 바리새인들에게서 얻은
하속들을 데리고 등과 홰와 병기를 가지고 그리로 오는지라.
예수께서 그 당할 일을 다 아시고 나아가 가라사대
"너희가 누구를 찾느냐?"
대답하되 "나사렛 예수라" 하거늘
가라사대 "내로라" 하시니라.
그를 파는 유다도 저희와 함께 섰더라.
예수께서 저희에게 "내로라" 하실 때에 저희가 물러가서
땅에 엎드러지는지라. 이에 다시 "누구를 찾느냐?"고 물으신대
저희가 말하되 "나사렛 예수라" 하거늘
예수께서 대답하시되 "너희에게 '내로라' 하였으니
나를 찾거든 이 사람들의 가는 것을 용납하라" 하시니
이는 "아버지께서 내게 주신 자 중에서
하나도 잃지 아니하였삽나이다" 하신 말씀을
응하게 하려 함이러라.
이에 시몬 베드로가 검을 가졌는데 이것을 빼어 대제사장의
종을 쳐서 오른편 귀를 베어버리니 그 종의 이름은 말고라.
예수께서 베드로더러 이르시되 "검을 집에 꽂으라.
아버지께서 주신 잔을 내가 마시지 아니하겠느냐?" 하시니라.

요한복음 18:1~11

안녕하십니까?

저는 우리 교회 교회학교가 시작되던 첫 해부터 중등부 교사로 봉사하고 있는 이상경입니다. 어느 해는 남자반, 어떤 해는 혼성반, 또 어느 해는 여자반, 해마다 교사회에서 정해주는 대로 반을 맡아 봉사해 왔는데 올해는 3학년 4반(여자반)을 맡게 되었습니다.

1월 첫 주 4명의 학생들과 첫 인사를 나누던 날, 우리 교회가 '기억하라'는 1년 표어를 정해 지키듯이 우리 반 급훈을 하나 만들어야겠다는 생각에서 십계명을 펴놓고 고민하다가, 제1계명부터 10계명까지 하나님과 인간들 모두에게 주님의 명령을 거슬러서는 안 되겠다는 뜻으로 '하나님의 기분을 상하게 하지 말자'는 급훈을 정하였습니다.

지난 여름 주일 설교 시간에 전도사님께서 '능력의 하나님'에 대해 말씀하신 후 분반공부가 시작되었습니다. 우리 중등부는 전도사님께서 다음 주 설교 내용을 요약하여 한 장으로 프린트를 해서 한 주 전에 반사들에게 나눠주시면, 반사들은 집에서 일주일 내내 기도하며 공과공부할 내용을 스스로 공부해 와야만 합니다.

그래서 저도 성경에 나오는 위대한 인물들이 주님의 부르심을 받고 순종할 때 역사하시는 사건 사건들을 열심히 성경에서 찾아 알려 주었고 기억하도록 강조했습니다. 그리고 기도했을 때 응답하셨던 제 자신의 경험을 서너 가지 얘기해 주었습니다.

그 후 이틀이 지난 화요일 저녁, 저에게 한 통의 전화가 걸려 왔습니다. 제가 맡고 있는 반 학생이었는데 조금은 속이 상한 음성이었습니다. 내용인즉, MBC 라디오에서 매일 밤 12시에 이문세가 진행하는 '별이 빛나는 밤에'라는 프로그램이 있는데, 여기에서 전국에 있는 중, 고등학생을 대상으로 「별밤 여름 캠프」 참가자 1,000명을 모집했다고 합니다. 그는 중학교 3년 동안 친하게 지내던 친구 한 명이 올여름 미국으로 이민을 가게 되어, 정말 섭섭한 마음에 둘이 이 캠프에 참석하여 좋은 추억을 만들고 싶었답니다.

그래서 간절한 마음으로 긴 글의 편지를 방송국 '별밤 담당자' 앞으로 띄웠는데 모집 정원 1,000명에서 빠졌다고 합니다. 요즘 사춘기 학생들의 우상인 몇몇 연예인들과 함께하는 3박 4일간의 캠프는 그의 마음을 충분히 설레게 했을 것입니다.

"하라는 공부는 안 하고 쓸데없이 라디오만 듣는다고 야단

치시는 엄마 몰래 밤마다 열심히 청취하며 사귀어 왔던 이문세 아저씨와 꼭 함께 캠프를 가고 싶어 열심히 기도했는데……"하며 말끝을 흐리는 그의 섭섭한 마음이 그대로 제게 전해 왔습니다. 그는 제게 열심히 기도해서 자기의 부탁을 해결해 달라고 덧붙였습니다.

이 학생은 우리 반 다른 친구들과 마찬가지로 주일마다 열심히 교회에 출석하며, 여중생으로서 손색이 없는 성품과 철저한 가정교육 안에서 자라고 있는 착한 학생이었기에 하나님의 기분을 상하게 할 아이가 전혀 아닌데, 왜 하나님께선 그의 간절한 마음과 기도에 실망스럽게 응답하셨을까? 전화를 끊고 저는 어떻게 해야 그를 도와줄 수 있을까 생각하며 일단 하나님께 기도를 드렸습니다.

"하나님, 토시는 바와 같이 모든 것을 순수하게 받아들이고 곧게 자라는 당신의 사랑스런 딸인데, 한두 명 가는 것도 아니고 1,000명씩이나 가면서 한두 자리 내줘서 기분 좋게 보내주시지 야박스럽게 떨구십니까? 우리들은 1년 내내 하나님의 기분을 나쁘게 만들 만한 짓은 하지 말자고 매주일 다짐하며 지내왔는데, 정말 우리들 기분을 잡치지 하시깁니까?"

예수님의 이름으로 따지듯 기도를 마친 다음 날, 수요예배 주부성가대 연습을 위해 1시간 전에 교회에 나가 성가연습을 하려는데, 제 옆에 강은애 집사님께서 앉게 되었습니다. 순간 저는 그분의 남편 되시는 최창섭 집사님께서 MBC TV 아나운서 실장이라는 생각이 번듯 스쳐서, 그분에게 자세한 얘기를 하며 2명을 추가할 수 없을까 남편께 여쭤봐 달라고 간

곡히 부탁드렸습니다.

　강 집사님으로부터 "라디오와 TV는 분야가 틀려서 얘기는 해보겠지만 큰 기대는 말라"는 말을 듣고 예배 후 집으로 돌아왔습니다. 그 날 밤 10시경 강 집사님으로부터 전화가 왔는데, 1,000명 모집한 모든 학생은 고속버스에 지정좌석이 다 결정되어 버스로는 어떻게 해볼 도리가 없다는 것입니다. 그 대신 '별이 빛나는 밤에'의 진행 담당 PD 1명과 사회자 이문세 씨가 타고 가는 승용차에 마침 두 자리가 남아서 데리고 갈 테니, 내일 모레까지 준비하고 있으라며 참석자 성명과 인적사항을 묻는 것이었습니다. 그 순간 저는 하나님께서도 확실히 나의 기분을 매순간 헤아리시고 계시다는 사실을 알게 되었습니다.

　나중에 캠프가 끝난 후 들은 얘기입니다만, 밤마다 목소리로만 친해 왔던 이문세 아저씨의 차로 가는 길 4시간, 오는 길 4시간, 너무도 행복하고 기분이 좋았다고 합니다. 그리고 휴게소에서 맛있는 핫도그도 사먹고 아이스크림도 얻어 먹어 가며 그 동안 궁금했던 모든 것을 물어도 보았더랍니다. 그 아저씨가 너무 잘해 주더라고 상기된 얼굴로 자랑하던 그의 표정은 제게도 그와 똑같은 행복감을 전해 주었고, 우리 반 모든 친구들도 함께 기뻐하게 되었습니다.

　응답은 그것만으로 끝난 것이 아니었습니다. 그 날 이후로 4명이었던 우리 반 학생의 숫자가 11명으로 늘어나는 큰 역사가 일어났습니다. 아이들의 숫자가 늘어난 만큼 더 많이 기도해야 하겠지만, 그것은 제게 큰 기쁨이 되었습니다.

　우리를 특별대우해 주시려고 잠잠하셨던 하나님께 저는 잠깐의 오해를 회개하지 않을 스 없었습니다. 감사합니다.

　집사님의 간증이 소중한 까닭은, 그 기도와 응답이 자기 자식을 위한 것이 아니라 남의 자식을 위한 것이기 때문입니다. 자기 자식을 위한 간증은 이보다 더 극적인 것들이 훨씬 많지만 남의 자식을 위한 간증은 흔치 않습니다. 신앙의 성숙은 자기를 뛰어넘는 것으로부터 시작합니다. 신앙이란 더불어 사는 힘인 까닭입니다.
　기독교는 절대적으로 사람 사랑을 강조합니다. 우리가 믿는 구주 예수 그리스도께서 '하나님을 사랑하는 것은 사람을 사랑하는 것'이라고 분명하게 규정해 주셨기 대문입니다. 내가 얼마나 많은 사람들을 사랑하고 있는가 측정해 보는 간단한 방법이 있습니다. 내 자식과 가족을 제외하고 얼마나 많은 타인을 위해서 기도하는가를 살펴보십시오. 타인을 위해서 기도하지 않는다면, 타인을 위해서 호기롭게 인심을 쓸 수는 있지만 그 사람을 지속적으로 사랑할 수는 없습니다. 사람을 사랑하는 힘은 기도로부터 공급되는 것입니다.
　사람들은 기도를 가리켜 노동이라고 합니다. 그만큼 기도가 쉽지 않다는 뜻입니다. 따라서 이 노동과 같은 기도 시간어 내 자식, 내 가족이 아니라 다른 사람의 자식, 다른 사람을 위해서 기도의 노동을 감수한다면 그 사람이야말로 타인을 사랑하는 삶을 실천하는 사람인 것입니다. 이상경 집사님은 매일 11명이나 되는 남의 자식을 위해 기도한다고 했습니다. 여러분들의 기도 속에는 여러분들과 피가 섞이지 않은 사람이 몇 명이나 포함되어 있습니까?

전직 대통령 한 분의 아들이 최근에 마약 복용으로 재수감되는 불행한 사건이 있었습니다. 나이 서른이 넘은 성인이 되어서까지 자기 자신을 바르게 다스리지 못했다면 그것은 분명 그 자신의 개인적인 책임입니다. 그럼에도 불구하고 그는 이 시대 최대의 희생자이기도 합니다. 그가 검찰 조사에서 답변한 내용 중에 매우 충격적인 내용이 있습니다. 자신이 창녀촌을 이리저리 전전했던 이유는, 이 세상에서 전직 대통령의 아들인 자기 자신을 한 인간으로 따뜻하게 대해준 사람이 창녀들밖에 없었기 때문이라는 것입니다.

저는 그 기사를 읽던 날, 한 그리스도인으로서 말할 수 없는 수치심을 느꼈습니다. 저 자신을 포함해서 이 땅에는 천만 명이 넘는 그리스도인들이 있고 수만 개의 교회가 있습니다. 그러나 그리스도인들이 이기적이고 자기 자식밖에 몰랐기에 이 시대 최대의 희생자인 그 사람이 오직 창녀로부터만 참된 위안과 평안을 얻게끔 방치해 둔 것입니다.

그러나 이것은 이 시대만의 이야기는 결코 아닙니다. 도스토예프스키가 쓴 '죄와 벌'을 보십시오. 고리대금업자인 전당포 노인 같은 인간 쓰레기는 이 사회에서 반드시 없어져야 한다는 신념을 가지고 도끼로 그 노파를 찍어 죽였던 라스콜리니코프가 누구를 통해서 거듭났습니까? 목사를 통해서입니까? 교인을 통해서입니까? 러시아 정교회 사제를 통해서입니까? 그는 창녀 소냐를 통해서 거듭났습니다. 톨스토이의 '부활' 속에 등장하는 네플류도프는 또 어떠합니까? 그 역시 창녀 카추사에게 속죄를 구하고 있습니다. 라스콜리니코프와 네플류도프가 창녀에게서 위로와 평안을 얻고 속죄의 동기를 얻은 그 시대에 기독교는 제정 러시아의 국교였습니다. 도처에 십자가요 그리스도인들 천지였습니다. 그런데도 교회와 교인은 창녀보다도 못했다는 것을 도스토예프스키와 톨스토이는 자기 작품을 통해서 고발하고 있는 것입니다.

　불신자들이 창녀에게서 참된 위로와 평화를 얻고 창녀로부터 참회의 동기를 부여받는 시대라면, 그것은 기독교의 위기를 의미합니다. 그리스도인은 예수 그리스도를 본받아 살아가는 자인데, 예수 그리스도는 그와 같은 이기적인 모습을 한 번도 보이신 적이 없었습니다. 그분은 마지막 순간까지 남을 생각하고 남을 위해 기도하고 남을 위해 죽으셨던 분입니다. 창녀가 그리스도인보다 더 참된 영향을 미치고 있다면, 그것은 그리스도인들이 예수 그리스도를 본받지 않고 있음을 의미하는 것이기에 기독교의 위기가 아닐 수 없는 것입니다.

　오늘 본문 1절은 이렇게 시작되고 있습니다.

　　예수께서 이 말씀을 하시고 제자들과 함께
　　기드론 시내 저편으로 나가시니 거기 동산이 있는데
　　제자들과 함께 들어가시다.

　우리는 지난 주일에 기드론 시내의 의미에 대하여 깊은 묵상을 나누어 보았습니다. 그리고 본문이 말하는 동산은 곧 겟세마네 동산이라는 것도 이미 말씀드렸습니다. 그런데 본문 2절 상반절은 이렇게 증거하고 있습니다.

거기는 예수께서 제자들과 가끔 모이시는 곳이므로

'가끔'이라면 어느 정도를 말하는 것입니까? 2주일에 한 번, 혹은 1주일에 한 번 정도입니까? 만약 그런 의미라면 이 표현은 적절치 않습니다. 헬라어 원문에는 'pollakis'라는 단어가 사용되고 있는데, 이 단어는 '대단히 많다'는 뜻을 지닌 형용사 'polus'에서 파생된 부사로서 '자주'라는 말입니다. 즉 '여러 번'이라는 말이며 '틈만 나면'이라는 뜻입니다. 그래서 본문과 똑같은 장면을 증거하고 있는 누가복음은 이렇게 밝히고 있습니다.

예수께서 나가사 습관을 좇아 감람산에 가시매
제자들도 좇았더니 (눅 22:39)

얼마나 자주 갔으면 습관이 붙었겠습니까? 가끔 가서는 결코 있을 수 없는 일입니다. 주님께서 당신의 죽음을 목전에 둔 이 최후의 순간에 습관을 좇아 가셨다는 것은, 몸은 피곤하고 굳이 가지 않아도 되지만 평소 습관에 따라 반사적으로 나아가셨다는 의미입니다. 그만큼 자주 가시던 그 동산에서 주님께서 마지막 드린 기도의 내용은 무엇이었습니까?

"나의 원대로 마옵시고 아버지의 원대로 하옵소서"였습니다. 홀로 살고 싶은 이기적인 마음을 버리고 하나님의 뜻에 따라 모두를 살리기 위해 십자가의 죽음을 받아들이겠다는 결단의 기도였습니다. 이것은 철저하게 남을 위한 기도였습니다. 그것도 한 두 명의 타인을 위한 기도가 아니라 만민을 위한 기도였습니다.

그래서 이 겟세마네에서의 기도야말로 기도의 극치요 우리 기도가 다다라야 할 최후의 목표입니다.

생전 저희 어머님께서는 당신의 장례식과 관련하여 세 가지를 당부하셨습니다.
첫째, 그 날은 영원한 생명이 시작되는 날이요 주님과 결혼하는 날이므로 슬픈 노래를 부르지 말라.
둘째, 힘차고 기쁜 노래를 불러 달라.
셋째, 찬송가 231장과 194장을 반드시 불러 달라.
그래서 소천하시기 나흘 전, 온 가족이 우리집에 다 모여 어머님 앞에서 예배를 드리면서 장례식 날 슬퍼하지 않고 어머님이 누리실 영적 기쁨에 동참할 것을 다짐했습니다.
지난 화요일, 소천 이틀 전 밤에 의식이 없는 어머님께 지난 48년간 어머님과 함께 생활하던 중 생각나는 이야기들을 해드렸습니다.
"어머님, 제가 유치원 다닐 때 크리스마스 행사 인사말을 하기로 했는데, 막상 당일 유치원에 도착해서는 부끄러워서 하지 않겠다고 했지요. 어머님께서 저를 화장실로 데리고 가셔서 이렇게도 달래 보시고 저렇게도 달래 보셨지만 끝내 제가 말을 듣지 않자 마구 꼬집으시던 것 생각나십니까? 국민학교 때 제가 학교에서 똥을 싸지 않았습니까? 하루종일 시치미를 떼고 앉아 있다가 집에 도착하여 어머니의 얼굴을 마주하는 순간 울음을 터뜨렸던 것이 기억나십니까? 아버님께서 소천하셨을 때 장례식을 다 마친 다음 겨우 열다섯 살 된 저를 향해 '이제부턴 네가 이 집 호주이니 호주다운 몸과 마음을 지니라'고 당부하셨지요. 어머님 연세 75세가 되셔서야 친손자 승훈이를 얻으시고 너무나 기쁘고 감사하여 밤이고 낮이고 눈물 흘리시던 일을 기억하십니까?"

그리고 언제 운명하실지 알 수가 없었기 때문에, 아이들을 불러 할머니께 마지막 인사를 드리도록 했습니다. 아이들이 찬송을 부른 뒤 할머니를 위해 기도 드렸습니다. 그리고 승훈이부터 한 명씩 할머니 얼굴을 들여다보면서 인사를 드렸습니다.

"할머니, 그 동안 할머니와 무척 즐거웠습니다. 저희들은 할머니의 손자로 태어난 것이 정말 자랑스럽습니다. 천국에 먼저 가 계시면 이 다음에 저희들도 가겠습니다."

그리고 할머니 얼굴에 정성스럽게 뽀뽀를 해 드렸습니다.

그 날 밤 서재에 홀로 앉았을 때 저는 흘러내리는 눈물을 주체할 수 없었습니다. 슬픔의 눈물이 아니라 가슴 밑바닥으로부터 끓어오르는 감사와 감격의 눈물이었습니다. 예수님이 아니시라면 우리가 어찌 이 세상에서 사랑하는 사람들과 이별을 할 수 있겠습니까? 예수 그리스도께서 우리를 위한 영원한 생명의 통로가 되어 주시지 아니하셨다면 억울해서 어찌 사랑하는 사람을 남겨 두고 먼저 이 세상을 떠날 수 있으며, 가슴이 메어서 어찌 사랑하는 자를 죽음 속으로 보낼 수가 있겠습니까?

그러나 예수 그리스도께서 마지막 순간까지 우리를 위하여 기도하시던 분이 아니셨다면 이것은 불가능한 일이었습니다. "나의 원대로 마옵시고 아버지의 원대로 하옵소서." 평소에 기도하시던 분이셨기에, 습관이 붙을 정도로 쉬임 없이 기도하셨던 분이셨기에 십자가 위에서 우리를 위하여 영원한 생명의 통로, 영원한 생명을 향한 관문, 영원한 생명을 위한 능동적 수송선이 되실 수 있었던 것입니다.

지난 주일에 말씀드렸듯이 예루살렘 성과 감람산은 기드론 시내를 사이에 두고 서로 마주보고 있습니다. 감람산 꼭대기에 서면 예루살렘 성과 예루살렘 사람이 내려다보이지만 감람산 아래쪽에 위치해 있는 겟세마네 동산에서는 예루살렘 성과 예루살렘 사람을 올려다보아야만 합니다.

사람을 내려다보는 높은 마음으로는 절대로 사람을 위해 기도할 수 없습니다. 사람을 올려다보는 낮디낮은 마음을 가질 때에만 사람을 위하여 "나의 원대로 마옵시고 아버지의 원대로 하옵소서"라는 기도를 할 수 있으며, 그때에만 우리는 예수 그리스도를 본받아 세상을 맑히고 밝히는 빛과 소금이 될 수 있습니다.

오늘은 이 땅에 오신, 그리고 오실 예수 그리스도를 기다리는 대강절 넷째 주일입니다. 겟세마네 동산에서 예루살렘 사람들을 올려다보시던 예수 그리스도의 그 마음을 닮지 않으시겠습니까? 당신 자신을 위해서가 아니라 오로지 만인을 위하여 '나의 원대로 마옵시고 아버지의 원대로 하옵소서' 기도하시고, 그 기도를 실천하신 예수 그리스도를 본받지 않으시겠습니까?

참된 회개와 진정한 참회가 필요한 세상 사람들이 뒷골목의 창녀가 아니라 우리 그리스도인을 찾아와 생명의 삶을 구가하기를 원하십니까? 그렇다면 겟세마네를 우리의 습관이 되게 하십시다. 습관을 좇아 겟세마네로 나아가십시다. 계획은 예루살렘에서 세울 수도 있고 설계도는 갈릴리에서 그릴 수도 있지만, 구체적인 새 역사는 오직 겟세마네로부터만 시작됩니다.

내가 어디에 있건 그 곳을 겟세마네로 삼는 자가 되게
하옵소서.
사람들을 내려다보는 것이 아니라 올려다보는 것이 우리의
습관이 되게 하옵소서. 시간이 갈수록 우리의 기도가 더
많은 사람을 향해 확대되게 하옵소서. 기도에서 사랑을
길어 사람들의 목을 축여 주게 하시고, 기도 속에서 양식을
구해 사람들을 채워 주는 자가 되게 하시고, 기도 속에서
기름을 얻어 오롯이 세상을 밝히는 등불이 되게 하시고,
기도 속에서 능동적인 생명의 힘을 얻어 많은 사람들을
기드론 시내로 인도하는 생명의 길잡이가 되게 하옵소서.
이 세상을 위해 우리가 질 수 있는 가장 아름다운
십자가는 기도의 십자가임을 깨닫게 하옵소서.
어떤 경우에도 창녀보다 더 못한, 병든 그리스도인이
되지 않게 하여 주옵소서. 아멘.

# 3
# 하나도

예수께서 이 말씀을 하시고 제자들과 함께
기드론 시내 저편으로 나가시니 거기 동산이 있는데
제자들과 함께 들어가시다.
거기는 예수께서 제자들과 가끔 모이시는 곳이므로
예수를 파는 유다도 그 곳을 알더라.
유다가 군대와 및 대제사장들과 바리새인들에게서 얻은
하속들을 데리고 등과 홰와 병기를 가지고 그리로 오는지라.
예수께서 그 당할 일을 다 아시고 나아가 가라사대
"너희가 누구를 찾느냐?"
대답하되 "나사렛 예수라" 하거늘
가라사대 "내로라" 하시니라.
그를 파는 유다도 저희와 함께 섰더라.
예수께서 저희에게 "내로라" 하실 때에 저희가 물러가서
땅에 엎드러지는지라. 이에 다시 "누구를 찾느냐?"고 물으신대
저희가 말하되 "나사렛 예수라" 하거늘
예수께서 대답하시되 "너희에게 '내로라' 하였으니
나를 찾거든 이 사람들의 가는 것을 용납하라" 하시니
이는 "아버지께서 내게 주신 자 중에서
하나도 잃지 아니하였삽나이다" 하신 말씀을
응하게 하려 함이러라.
이에 시몬 베드로가 검을 가졌는데 이것을 빼어 대제사장의
종을 쳐서 오른편 귀를 베어버리니 그 종의 이름은 말고라.
예수께서 베드로더러 이르시되 "검을 집에 꽂으라.
아버지께서 주신 잔을 내가 마시지 아니하겠느냐?" 하시니라.

요한복음 18:1~11

26년 전 핏덩이 채로 스웨덴에 입양된 고아가 있었습니다. 그 아이의 옷에는 '박서애'라는 명찰이 붙어 있었습니다. 그러나 서애는 스웨덴에 도착하는 순간 더 이상 서애일 수가 없었습니다. 양부모가 이미 지어놓은 '아스트리드 트롯직'이라는 이름이 서애를 기다리고 있었던 것입니다. 아스트리드 트롯직은 24세가 되던 지난 95년 6월, 자기를 버렸던, 조국이면서도 조국이 아니기도 한 대한민국을 처음으로 찾았습니다. 그리고 조국이 아니면서도 조국인 스웨덴으로 되돌아가 〈피는 물보다 진하다〉는 제목의 책을 출간했습니다. 바로 그 책 속에 이런 대목이 있습니다. "친엄마는 나를 정말로 사랑했다. 그러나 엄마는 내가 살아남도록 하기 위해 어쩔 수 없이 나를 버리지 않을 수 없었던 것이다. 엄마의 마음과는 달리."

저는 그 글을 읽으면서 얼마나 마음이 아팠는지 모릅니다. 자기를 버린 비정한 친어머니를, 자기를 사랑했기 때문에 버렸을 것이라고 마음속으로 용납하고 수용하며 이해하고 납득하기까지 그녀가 삼켜야 했던 배신감과 고통의 아픔이 얼마나 컸겠습니까? 그러나 그녀는 용케도 그 모든 것을 극복하고 화해와 용서를 선포했습니다. 그런 만큼 그녀가 겪어야만 했을 진통이 더 절실하게 느껴져 마음이 저리지 않을 수 없었던 것입니다.

그러나 우리가 여기에서 혼동하면 안 될 것이 있습니다. 어머니로부터 버림받았던 고아가 설령 어머니를 용납하고 화해와 용서를 선포했다 할지라도 자기 자식을 버렸던 어머니의 행동은 정당화되지도 않고 정당화될 수도 없으며 또 정당화되어서도 안 된다는 것입니다. 세상에 어미가 자기 자식을 버릴 때 왜 사정이 없었겠습니까? 왜 이유가 없었겠습니까? 그러나 그 사정과 이유가 어떠하든지 간에 부모가 자식을 버리는 것이 옳은 일일 수는 없습니다. 생명은 철저하게 하나님의 소관입니다. 하나님께서 사람을 믿으시고 당신의 자녀를 맡기심으로써 우리는 감히 부모가 될 수 있습니다. 그런데 부모된 자가 자식을 함부로 버린다는 것은 그 자식을 자기에게 맡겨주신 하나님의 뜻을 거스르는 것이요 자기를 믿으신 하나님을 배신하는 것입니다.

이것은 비단 부모 자식 간의 만남에만 국한되는 이야기는 아닙니다. 사람과 사람 사이에 이루어지는 모든 만남 역시 마찬가지입니다. 사람과 사람의 만남 속에는 하나님의 섭리가 들어 있습니다. 하나님은 언제나 사람의 만남을 통해 역사하십니다. 출애굽한 이스라엘 백성들은 모세와 여호수아가 만남으로써 대망의 가나안 땅, 약속의 땅을 얻게 됩니다. 농사꾼 엘리사는 엘리야를 만났기 때문에 위대한 하나님의 선지자가 되었습니다. 바울이 바나바를 만나지 못했더라면 위대한 세계 선교사 사도 바울이 되기란 불가능했을 것입니다.

　만남은 이처럼 신비하고 아름답습니다. 그러나 만약 그들이 만남의 가치와 의미를 알지 못했더라면, 그래서 모세가 여호수아와의 만남을 대수롭지 않게 여겼더라면, 엘리야가 밭갈던 엘리사를 그저 농사꾼으로만 보았다면, 바나바가 다른 사람들처럼 바울을 멋대로 사람이나 때려잡는 폭도로 속단했다면 그 만남을 통한 하나님의 대역사는 이루어지지 못했을 것입니다. 그리고 그것은 그들을 믿고 당신의 사람을 보내셨던 하나님에 대한 불충이요 불경일 수밖에 없습니다. 그러나 다행히도 그들은 그들에게 다가오는 모든 만남을 소중히 가꿈으로써 그들과 더불어 하나님의 아름다운 도구가 될 수 있었습니다.

　여러분의 경우는 어떻습니까? 1년 전 여러분의 곁에 있던 사람 중에서 지금은 떠나고 없는 사람은 없습니까? 만약 있다면 그 이유는 무엇입니까? 그 사람들이 자기 욕심 때문에 여러분을 이용하다가 스쳐 지나간 것입니까? 아니면 여러분이 여러분들의 욕망으로 인해 그들을 버린 것입니까? 1년 전 여러분은 누구 곁에 있었습니까? 만약 그 사람 곁을 벌써 떠나버렸다면 그것은 그 사람의 불의 때문입니까? 아니면 그 사람의 의로움이 불의한 여러분을 불편하게 했기 때문입니까?

　오늘 본문은 겟세마네 동산에서 기도를 마치신 예수님이 드디어 로마 군병들에게 체포되는 장면을 보여 주고 있습니다. 우리는 본문 속에서 전혀 상반된 두 인물을 만나게 됩니다. 본문은 이렇게 증거하고 있습니다.

거기는 예수님께서 제자들과 가끔 모이시는 곳이므로
예수를 파는 유다도 그곳을 알더라.
유다가 군대와 및 대제사장들과 바리새인들에게서 얻은
하속들을 데리고 등과 홰와 병기를 가지고 그리로 오는지라.
예수께서 그 당할 일을 다 아시고 나아가 가라사대
"너희가 누구를 찾느냐?"
대답하되 "나사렛 예수라" 하거늘
가라사대 "내로라" 하시니라.
그를 파는 유다도 저희와 함께 섰더라. (요 18:2~5)

　우리가 만나게 되는 첫번째 인물은 가룟 유다입니다. 그는 은 30냥 때문에 그가 섬기던 스승을 미련없이 팔아 넘겼습니다. 버린 것이었습니다. 그는 단순히 팔아 넘기는 것으로 그치지 않고 예수님을 체포하는 군대의 앞잡이가 되어 예수님 앞에 나타났습니다. 그리고 그 체포의 현장에 태연하게 서 있었습니다. 웬만한 사람은 흉내도 내지 못할 만큼 뻔뻔스러운 사람이었습니다. 바로 이 순간 가룟 유다는 예수님만을 배신한 것이 아니었습니다. 그것은 자기와 더불어 예수님을 섬겼던 예수님의 제자들, 이를테면 자기 동역자에 대한 배신이었고 나아가 예수님을 만나게 하셨던 하나님에 대한 배신이었습니다. 가룟 유다는 눈앞의 작은 이득 때문에 사람과의 만남과 하나님과의 만남을 동시에 짓밟아 버리고 말았습니다. 그래서 가룟 유다의 이름은 배신자의 대명사로 오늘날까지 남아 있습니다.

　본문 속에 등장하는 두번째 인물은 바로 예수님이십니다. 본문은 이렇게 증거하고 있습니다.

> 이에 다시 "누구를 찾느냐?"고 물으신대
> 저희가 말하되 "나사렛 예수라" 하거늘
> 예수께서 대답하시되 "너희에게 '내로라' 하였으니
> 나를 찾거든 이 사람들의 가는 것을 용납하라"
> 하시니 (요 18:7~8)

예수님께서는 자기를 잡으러 온 자들을 보시고 숨거나 위장하거나 도망가지 않으셨습니다. 오히려 "너희들이 찾는 자가 바로 나다. 내가 바로 예수다" 하시면서 그들 앞으로 나아가셨습니다. 그리고 덧붙여 이렇게 말씀하셨습니다. "나를 찾거든 이 사람들의 가는 것을 용납하라."

여기에서 '이 사람들'이란 예수님의 제자 중 가룟 유다를 제외한 11명의 제자들입니다. 따라서 이 말씀의 의미는 '너희들이 찾는 자는 바로 나이므로 나 한 사람만 잡아가고 내 제자들에게는 손끝 하나 대지 말라'는 것입니다. 마지막 순간까지 제자들을 지키고 보호하시려는 주님의 모습이 너무나도 역력합니다.

바로 이 현장에서 이 모든 것을 직접 목격했던 요한 사도는 이때 얼마나 감동을 받았던지 이렇게 기록하고 있습니다.

> 이는 "아버지께서 내게 주신 자 중에서
> 하나도 잃지 아니하였삽나이다" 하신 말씀을
> 응하게 하려 함이러라. (요 18:9)

제자들을 만나게 하신 것이 하나님의 뜻인 줄 아시고 제자들과의 그 만남을 끝까지 존중하시려는 예수님의 중심을 사도 요한만은 그때 똑똑히 보았던 것입니다. 십자가에 못 박힌 주님께서 운명하시기 직전, 당신의 어머니 마리아를 부탁하신 것은 결코 우연한 일이 아니었습니다. 죽기까지 제자들을 소중히 여기시는 주님의 중심을 꿰뚫어 보고 있는 사도 요한이라면 능히 당신의 어머니 마리아를 귀히 받들어 줄 것이라 믿으셨던 것입니다.

과연 주님의 믿음은 헛되지 않았습니다. 요한은 백발 노인이 되기까지 마리아와의 만남을 경홀히 여기지 않았습니다. 말년에 이르러 요한복음과 요한계시록을 쓰기 전까지 그의 일생에 가장 중요한 일이 있었다면, 그것은 노파 마리아를 극진히 봉양하는 일이었습니다. 그것이야말로 마리아를 자기에게 맡기신 주님을 섬기는 일임을 그는 분명히 알았던 것입니다. 사도 요한은 예수님의 진정한 제자였습니다.

주님은 잡히시는 순간까지도 당신 자신이 아니라 제자들의 안위를 위하실 정도로 사람과의 만남을 귀히 여기시는 분이시기에, 오늘 우리 한 사람 한 사람 모두를 지성으로 극진하게 대해 주시고 사랑해 주시는 것입니다. 그래서 그분의 또 다른 이름은 그리스도, 곧 만인의 구원자이십니다.

자, 우리는 어느 쪽입니까? 내가 사람들을 내 욕망을 채우기 위한 도구와 소모품으로 여기고 있다면, 그래서 필요한 경우에는 온갖 친절을 다 베풀면서 다가가지만 상대의 효용가치가 끝나는 순간 미련없이 버리는 사람이라면, 아무리 온화한 미소를 짓고 있다 할지라도 나는 가룟 유다의 후예일 수밖에 없습니다. 그것은 결코 예수 그리스도의 모습이 아니기 때문입니다.

반면에 하나님께서 주신 만남 때문에 때로는 불이익을 당하고 때로는 고통을 받고 때로는 오해를 받음에도 불구하고 그 만남과 그 사람을 소중히 여기고 가꾸는 자가 있다면, 본인은 아무리 부인해도 그는 신실한 그리스도인임에 틀림없습니다. 바로 그것이 체포의 현장에서까지 제자들을 위하시던 예수 그리스도의 모습인 까닭입니다.

참된 그리스드인이 된다는 것. 곧 예수 그리스도를 본받아 사람과의 만남을 끝까지 소중하게 가꾼다는 것은 사람을 간날 때마다 즐겁게 웃고 떠드는 것을 의미하지 않습니다. 매번 보기 좋게 인심 쓰는 것을 뜻하지도 않습니다. 극진하게 친절을 베푸는 것만도 아닙니다. 그렇게 하다가도 감정이나 생각이나 계산이 조금만 어긋나면 주저없이 관계를 깨뜨려 버리는 경우를 우리는 너무나 자주 경험합니다. 모든 만남을 하나님께서 주신 만남으로 알고 소중히 여기는 자라면 그 사람의 마음은 반드시 다음과 같아야만 합니다.

첫째는 사람과의 관계에서 결과가 아니라 동기를 중히 여기는 마음입니다. 아이를 낳았음에도 불구하고 피치 못할 사정 때문에 그 아이를 버린다는 것은 결과를 중시했기 때문이며, 그것은 결코 사람을 사랑하는 마음일 수가 없습니다. 정말 사람과의 만남을 존중히 여기는 마음을 지닌 사람이라면 책임도 지지 못하고 버려야만 할 아이가 태어날 짓을 할 수가 없는 것입니다.

한 경영인이 요즈음 문제가 되고 있는 감원, 소위 명예퇴직에 관해 제 의견을 물었습니다. 그래서 이렇게 답변을 드렸습니다.

"직원을 감원시킨다는 것은 결과로서의 일입니다. 이럴 때일수록 그리스도인들은 동기를 거슬러 올라가서 생각을 해야 합니다. 사람을 뽑을 때. 상황의 변화에 따라 그 사람을 책임질 수 없을 것 같으면 조금 덜 벌더라도 아예 뽑지 말아야 합니다. 그리고 뽑을 때 하나님께서 보내주신 사람으로 믿고 뽑았다면, 그 사람이 자진해서 나가지 않는 한 어렵더라도 어려움을 함께 극복해 나갈 수 있어야 합니다. 그래야 사람을 소모품처럼 뽑았다 버렸다 하는 악순환의 고리를 끊을 수 있습니다."

동기를 중히 여기는 마음 없이 사람을 귀히 여긴다는 것은 어떤 경우에도 진실일 수 없습니다. 사람과의 만남은 동기를 먼저 생각하는 마음에 의해서만 존중받습니다.

둘째는 진리에서 벗어나는 것을 요구하지 않는 마음입니다. 내가 누군가에게 무엇이나 요구할 수 있다고 생각한다면, 그것은 내가 그를 전혀 귀히 여기고 있지 않음을 의미합니다. 사람을 중히 여긴다는 것은 불필요한 것, 불의한 것, 요구할 수 없는 것을 요구하지 않는 것에서 시작합니다.

만약 내가 누군가에게 목전의 이득을 위해 불의와 타협하기를 종용했기 때문에 그가 나를 떠났다면, 그것은 그가 나를 버린 것이 아니라 내가 그를 버린 것입니다. 어떤 남자가 여자에게 불륜을 요구했기 때문에 여자가 남자를 다시 보지 않는다면, 그것은 여자가 남자를 무시한 것이 아니라 남자가 여자를 업수이 여긴 것입니다. 100원을 가진 자에게 100원을 몽땅 요구했기 때문에 그가 나를 등졌다면, 그것은 내가 그를 버린 것입니다. 직장인이 태만하여 일하지 않고 오히려 남의 방해꾼 노릇을 하다가 사규에 따라 해고당했다면, 그것은 회사가 그를 버린 것이 아니라 그가 회사를 버린 것입니다. 사용주가 무리한 것을 근로자에게 요구하고 근로자들이 요구할 수 없는 것까지 사용주에게 요구한다면 그것은 서로 짓밟고 있는 것입니다. 상대에게 진리에서 벗어난 것을 요구하고서 상대가 날 버렸다고 욕하거나 원망치 마십시오. 사람과의 관계는 오직 진리 안에서 참되고 바른 것을 서로 바라고 원하고 요구하는 마음속에서만 더욱 심화됩니다.

 사람에 대한 존중은 사람과 사람 사이에서 일어나기 전에 먼저 우리의 마음에서부터 시작됩니다. 우리의 마음이 상대를 받아들이는 만큼만 상대를 존중할 수 있습니다. 우리가 진정한 그리스도인이라면, 우리에게 주어진 모든 만남이 하나님의 섭리인 줄 믿는다면, 허망한 욕망 때문에 사람들을 소모품으로 마구 버리고 짓밟고 무시하는 이 세상 속에서 우리만큼은 모든 사람을 중히 여길 수 있도록 마음을 닦고 키우는 자가 되어야 합니다.

 금년도 우리 교회의 표어는 누가복음 3장 4절에 의거하여 '예비하라'로 정했습니다. 그리고 지난 구역공부 시간을 통해 주의 길을, 내일을 예비한다는 것은 바로 마음을 새로이 가꾸는 것임을 알았습니다. 참된 새 날은 우리의 마음을 바르게 일구는 것에서 시작됩니다. 말씀으로 우리 마음의 모난 부분들이 갈아지고, 높고 낮은 교만이 없어지고, 굽은 생각들이 바르게 펴지고, 거친 감정들이 고르게 가다듬어질 때 우리 마음은 모든 사람을 수용할 수 있습니다. 우리 마음이 수용하는 만큼 더 많은 사람들과 새로운 관계를 맺을 수 있고, 사람을 중히 여기는 사람과의 새로운 관계 속에서 참된 새 날이 잉태되는 것입니다.

 20대의 조미희 씨 역시 태어나자마자 어머니에게 버림받아 벨기에로 입양되었던 슬픈 과거를 가진 젊은이입니다. 그녀도 20세가 넘어서 한국으로 되돌아와 자기를 버렸던 친어머니를 천신만고 끝에 찾았습니다. 그러나 그 어머니는 그토록 애타게 찾아

온 딸을 공개적으로 자기 딸로 맞아줄 형편이 아니었습니다. 그녀를 딸로 인정한다는 것은 지금의 남편과 결혼하기 전 사생아를 낳았던 과거를 공개하는 것을 의미했기 때문입니다. 그럼에도 불구하고 조미희 씨는 어머니를 이해하고 수용했습니다. 그리고 작년에 전시회를 가졌는데, 그 그림의 주제는 온통 여자의 자궁이었습니다. 태아를 따스하게 감싸고 있는 자궁. 그 그림을 통해 조미희 씨가 외친 것은 무엇이겠습니까? 제발 생명을 버리지 말라는 울부짖음이 아니겠습니까? 부디 생명과의 만남을 소중히 해달라는 절규가 아니겠습니까? 모든 생명을 수용하는 생명의 자궁이 되어 달라는 호소가 아니겠습니까? 어떤 경우에도 가룟 유다가 되지 말라는 외침이 아니겠습니까?

  교우 여러분, 생명의 말씀, 진리의 말씀으로 우리의 심령을 가꾸어 생명의 자궁이 되게 하십시다. 생명의 호수, 생명의 활화산으로 일구어 가십시다. 그때 이 세상은 정말 살 만한 곳이 될 것입니다. 왠지 아십니까? 사람을 수용하는 생명의 자궁이 되었다는 것은 생명이신 하나님을 이미 내 마음속에 품고 있음을 의미하기 때문입니다.

  하나님!
사람들을 하나님께서 내게 맡겨주신 하나님의 사람으로가
아니라, 내 욕망을 위한 소모품으로 취급해 왔음을
용서하여 주옵소서. 사람과의 관계에서 동기보다 언제나
결과를 중시함으로써 사람을 마구 버려왔음을 용서하여
주옵소서. 사람에게 진리에서 벗어난 것을 요구함으로써
내가 먼저 그를 버렸음에도 불구하고, 오히려 그가 나를 버렸노라 원망하고 비난했음을 용서하여 주옵소서.
생명의 말씀, 진리의 말씀으로 우리의 심령을 생명의
자궁으로 일구게 하옵소서. 생명의 호수, 생명의 활화산이
되게 하옵소서. 그리하여 모든 사람을 품고 모든 만남을
존중히 여김으로 이 세상을 살 만한 세상으로 일구는
생명의 도구들이 되게 하소서.
진정 생명이신 예수 그리스도를 품고, 나 같은 죄인 한
사람까지도 사랑하시고 존중해 주시는 주님을 닮게
하옵소서. 아멘.

# 4
## 그 종의 이름은

예수께서 이 말씀을 하시고 제자들과 함께
기드론 시내 저편으로 나가시니 거기 동산이 있는데
제자들과 함께 들어가시다.
거기는 예수께서 제자들과 가끔 모이시는 곳이므로
예수를 파는 유다도 그 곳을 알더라.
유다가 군대와 및 대제사장들과 바리새인들에게서 얻은
하속들을 데리고 등과 홰와 병기를 가지고 그리로 오는지라.
예수께서 그 당할 일을 다 아시고 나아가 가라사대
"너희가 누구를 찾느냐?"
대답하되 "나사렛 예수라" 하거늘
가라사대 "내로라" 하시니라.
그를 파는 유다도 저희와 함께 섰더라.
예수께서 저희에게 "내로라" 하실 때에 저희가 물러가서
땅에 엎드러지는지라. 이에 다시 "누구를 찾느냐?"고 물으신대
저희가 말하되 "나사렛 예수라" 하거늘
예수께서 대답하시되 "너희에게 '내로라' 하였으니
나를 찾거든 이 사람들의 가는 것을 용납하라" 하시니
이는 "아버지께서 내게 주신 자 중에서
하나도 잃지 아니하였삽나이다" 하신 말씀을
응하게 하려 함이러라.
이에 시몬 베드로가 검을 가졌는데 이것을 빼어 대제사장의
종을 쳐서 오른편 귀를 베어버리니 그 종의 이름은 말고라.
예수께서 베드로더러 이르시되 "검을 집에 꽂으라.
아버지께서 주신 잔을 내가 마시지 아니하겠느냐?" 하시니라.

요한복음 18:1~11

성경의 첫머리인 창세기 1장 1절은 이렇게 증거하고 있습니다.

태초에 하나님이 천지를 창조하시니라.

불과 네 단어로 구성된 아주 짧은 문장입니다. 그러나 어떻습니까? 우리 신앙의 연륜이 길어지면 길어질수록 이 한 구절이 실은 전부임을 절감치 않습니까? 하나님이 창조자이시기 때문에 창조자이신 하나님만 당신의 피조물인 우리를 책임져 주실 수 있습니다. 하나님이 창조자이시기 때문에 하나님만 피조물인 우리의 잘못된 부분을 고치는 방법과 능력을 소유하고 계십니다. 그분이 우리를 만드신 창조자시기 때문에 피조물된 우리는 그분의 법도 안에서만 참된 행복과 구원을 얻을 수 있습니다. 그분이 우리를 창조하신 분이시기에 우리가 끝내 그분의 법도에서 벗어나려고 할 때 우리는 어쩔 수 없이 그분에 의해 용도폐기될 수밖에 없는 것입니다.

확실히 창세기 1장 1절은 우리 신앙의 모든 것을 함축하고 있습니다. 우리가 신앙훈련과 경건훈련을 거듭하는 것은 우리의 삶을 이 한 구절에 승복시키기 위함입니다. 이 한 구절에 우리의 삶이 온전히 승복하는 한 하나님과의 관계에서 문제될 것이 없습니다. 진정 우리는 창세기 1장 1절 말씀만 가지고서도 하나님과 바른 관계를 맺고, 또 하나님께 온전히 순종하며 살아갈 수 있습니다.

그럼에도 불구하고 성경은 창세기 1장 1절 한 절만으로 이루어져 있지 않습니다. 신구약을 합쳐 무려 31,173절이라는 엄청난 분량으로 이루어져 있습니다. 창세기 1장 1절 한 절만으로도 다 해결될 수 있을 것 같은데 나머지 31,172절은 왜 필요할까요? 그것은 우리의 신앙이 '태초에 하나님이 천지를 창조하셨다'는 구절만으로도 족할 수 있는 경지에 다다를 때까지 우리의 모든 질문에 답해 주시기 위함입니다. 사려 깊은 인간일수록 자기 정체성을 바르게 인식하기 원합니다. 성숙한 인간일수록 맹신을 경원합니다. 하나님을 바로 알고 바로 믿는 바른 신앙을 추구합니다. 그렇기에 정상적인 인간이라면 자기 자신과 하나님에 대해 많은 질문을 가질 수밖에 없습니다. 바로 그 인간의 질문에 대한 하나님의 답변이 성경인 것입니다.

> 이후에 여호와의 말씀이 이상 중에 아브람에게 임하여 가라사대 "아브람아, 두려워 말라. 나는 너의 방패요 너의 지극히 큰 상급이니라." (창 15:1)

아브람의 99세 때에 여호와께서 아브람에게 나타나서
그에게 이르시되 "나는 전능한 하나님이라.
너는 내 앞에서 행하여 완전하라." (창 17:1)

어느 날 하나님을 만난 아브라함은 자기가 만난 하나님이 어떤 분이신지, 또 자신이 어떤 삶을 살아야 하는지에 대해 많은 질문을 던졌습니다. 그 아브라함의 질문에 하나님께서는 "나는 너의 방패요 너의 상급이며 전지전능한 하나님이니, 너는 한눈팔지 말고 내 앞을 걸어가라"고 답변하십니다.

들으라.
너희 중에 말하기를 "오늘이나 내일이나
우리가 아무 도시에 가서 거기서 1년을 유하며 장사하여 이를
보리라" 하는 자들아, 내일 일을 너희가 알지 못하는도다.
너희 생명이 무엇이뇨?
너희는 잠깐 보이다가 없어지는 안개니라. (약 4:13~14)

'인생이란 무엇인가' 라는 인간의 질문에 대해 하나님은 '인생은 안개처럼 덧없는 것' 이라고 답변하십니다.
하나님께서는 인간의 모든 질문에 답을 갖고 계십니다. 이것은 자동차를 만든 사람이 자동차에 관한 모든 질문에 해답을 갖고 있는 것과 같은 이치입니다. 그러나 답을 갖고 있다는 것과 그 답을 이해하기 쉽게 설명해 준다는 것은 같은 말이 아닙니다. 세상에는 답을 알면서도 말해 주지 않는 사람들이 얼마든지 있습니다. 또 답을 말해 주어도 난해해서 알아들을 수 없는 경우도

허다합니다. 그러나 하나님께서는 인간의 질문에 답을 갖고 계실 뿐만 아니라, 당신의 답을 인간이 바르게 이해할 수 있도록 인간의 수준에 맞추어 되풀이하여 설명해 주시는 분이십니다. 바로 이것이 '태초에 하나님이 천지를 창조하셨다'는 구절로 시작된 성경이 무려 31,173절에 달하는 방대한 분량으로 엮어지게 된 동기이자 이유입니다. 바로 그와 같은 하나님의 답변과 설명으로 인해 우리는 하나님을 더 깊이 알게 되며, 우리의 신앙은 더 성숙해질 수 있습니다.

지난 주 월요일부터 금요일까지 횡성 수련원에서 '제1회 성경통독 수련회'가 열렸습니다. 4박 5일 동안 밤에 잠자는 시간, 하루 세끼 밥 먹는 시간을 제외하고서 전적으로 성경만 최대한 빠른 속도로 통독하는 데 무려 61시간 30분이 소요되었다고 합니다. 정말 긴 시간입니다. 세상에 어느 누가 한 인간의 쏟아지는 질문에 대해 이처럼 긴 시간 동안 인내하면서 답해 주고 설명해 줄 수 있겠습니까? 자기 자식이라고 하더라도 계속되는 질문에는 끝내 신경질로 답하는 것이 인간인데, 하물며 타인에게는 두말할 나위가 있겠습니까? 이런 의미에서 31,173구절로 인간의 물음에 답하시는 하나님이야말로 답변의 하나님, 설명의 하나님이 아닐 수 없습니다. 바로 오늘의 본문 역시 이 하나님을 우리에게 잘 보여 주고 있습니다.

겟세마네 동산에서 최후의 기도를 드리시는 예수님을 체포하기 위해 가룟 유다가 군대를 이끌고 왔습니다. 바로 그 체포의 순간을, 4복음서 중 가장 먼저 기록된 것으로 알려진 마가복음은 이렇게 증거하고 있습니다.

예수를 파는 자가 이미 그들과 군호를 짜 가로되
"내가 입맞추는 자가 그이니 그를 잡아 단단히 끌어가라"
하였는지라. 이에 와서 곧 예수께 나아와 "랍비여" 하고
입을 맞추니 저희가 예수께 손을 대어 잡거늘,
곁에 섰는 자 중에 한 사람이 검을 빼어 대제사장의 종을 쳐
그 귀를 떨어뜨리니라. (막 14:44~47)

가룟 유다 일행이 예수님을 체포하려는 순간, 예기치 않았던 충돌이 있었습니다. 예수님 곁에 서 있던 한 사람이 예수님을 체포하지 못하도록 검을 뽑아 휘둘렀는데, 대제사장의 종이 그 칼에 맞아 그만 귀가 떨어져 나가버린 것입니다. 그리고 마가복음 14장 48절과 49절은 이렇게 계속되고 있습니다.

예수께서 무리에게 말씀하여 가라사대 "너희가 강도를
잡는 것같이 검과 몽치를 가지고 나를 잡으러 나왔느냐?
내가 날마다 너희와 함께 성전에 있어서 가르쳤으되
너희가 나를 잡지 아니하였도다."

이 말씀은 그 와중에서도 주님께서는 진리보다 폭력을 더 숭상하고 있는 인간에 대해 탄식하셨음을 증거해 주고 있습니다. 그런데 마가복음보다 뒤늦게 기록되었던 마태복음은 똑같은 장면을 이렇게 기록하고 있습니다.

예수와 함께 있던 자 중에 하나가 손을 펴 검을 빼어
대제사장의 종을 쳐 그 귀를 떨어뜨리니. (마 26:51)

또 55절은 이렇게 계속 증거하고 있습니다.

> 그때에 예수께서 무리에게 말씀하시되 "너희가 강도를
> 잡는 것같이 검과 몽치를 가지고 나를 잡으러 나왔느냐?
> 내가 날마다 성전에 앉아 가르쳤으되
> 너희가 나를 잡지 아니하였도다."

이 두 구절은 마가복음의 내용과 동일합니다. 그런데 이 두 구절 사이에는 마가복음에 없는 내용이 기록되어 있습니다. 52절에서 54절을 보십시오.

> 이에 예수께서 이르시되 "네 검을 도로 집에 꽂으라.
> 검을 가지는 자는 다 검으로 망하느니라.
> 너는 내가 내 아버지께 구하여 지금 열두 영 더 되는
> 천사를 보내시게 할 수 없는 줄로 아느냐?
> 내가 만일 그렇게 하면 이런 일이 있으리라 한 성경이
> 어떻게 이루어지리요" 하시더라.

마가복음에는 나타나지 않는 이 부분은 무엇을 의미합니까? 마가복음을 통해 겟세마네 동산에서 무슨 일이 있었는지를 알게 된 사람들 사이에 질문이 제기되었던 것입니다. "예수님 곁에 있던 자가 체포조에게 칼을 휘둘러 귀를 베었음에도 불구하고 어떻게 더 이상의 충돌이 일어나지 않았을까?" "어떻게 체포조들은 제자들의 별다른 저항없이 예수님을 손쉽게 연행해 갈 수 있었을까?" 바로 이 질문에 대하여 마태복음은 예수님께서 "칼을 쓰는

자는 칼로 망한다"며 제자들을 꾸짖으시고, 당신 스스로 체포에 응하셨기 때문이라고 답변하고 있는 것입니다.

그 이후에 또 다른 질문이 제기되었습니다. "그때 정말 대제사장의 종의 귀가 베임을 당했다면 그것은 오른쪽 귀인가? 아니면 왼쪽 귀인가? 그리고 그 종의 귀는 그 이후에 어떻게 되었는가?" 그래서 하나님께서는 의사인 누가가 기록한 누가복음을 통해 이렇게 설명해 주십니다.

> 그 중에 한 사람이 대제사장의 종을 쳐 그 오른편 귀를
> 떨어뜨린지라. 예수께서 일러 가라사대 "이것까지 참으라"
> 하시고 그 귀를 만져 낫게 하시더라. (눅 22:50~51)

그때 떨어져 나간 종의 귀는 오른쪽 귀였는데, 예수님께서 떨어진 그 귀를 주워 종의 귀에 도로 붙여 주셔서 낫게 하주셨다는 답변입니다.

그러나 인간의 질문은 거기에서 멈추지 않고 또 제기되었습니다. "만약 그 이야기가 정말 사실이라면 그때 칼을 휘둘렀던 사람은 구체적으로 누구며, 또 칼에 맞았던 사람은 실제로 누구냐"는 것이었습니다. 그래서 오늘의 본문인 요한복음은 이렇게 대답합니다.

> 이에 시몬 베드로가 검을 가졌는데 이것을 빼어
> 대제사장의 종을 쳐서 오른편 귀를 베어버리니
> 그 종의 이름은 말고라. (요 18:10)

칼을 휘둘렀던 자는 예수님의 제자 중 제일 성질이 급했던 베드로요, 그 칼을 맞은 자의 이름은 말고라는 사람이었다는 하나님의 설명입니다.

하나님은 이와 같이 인간의 질문에 "무슨 그런 하찮은 질문을 하느냐?"며 면박 주시지 않습니다. 거듭되는 인간의 질문을 귀찮아 하지도 않으십니다. 하나님께서는 몇 번이든지 계속해서 답해 주십니다. 우리 하나님은 답변의 하나님, 설명의 하나님이신 까닭입니다.

이 땅에 육신을 입고 오셨던 예수 그리스도 또한 마찬가지였습니다. 그분은 "사망으로 치닫는 죄인이 어떻게 하면 구원을 받을 수 있느냐?"는 인간의 질문에 대한 하나님의 답변이었고, 그분의 삶은 그 답변에 대한 설명이었습니다. 그분은 인간과 함께 떡을 떼고 인간과 함께 주무시고 인간의 언어를 쓰시면서 인간의 수준에 맞추어 하나님의 답변을 되풀이하여 설명해 주셨습니다. 그분 역시 답변의 그리스도, 설명의 그리스도셨습니다. 그래서 그분이 곧 성자 하나님이셨던 것입니다.

하나님의 영이신 성령이 임한 자의 특징이 무엇인지 아십니까? 2,000년 전 오순절 날 마가의 다락방에 성령이 임했을 때 그 곳에 모인 제자들에게 한 공통점이 나타났습니다. 그들이 모두 방언을 하기 시작했던 것입니다. 여기에서 방언이란 흔히 생각하듯이 소위 '천사의 말'이라 하여 그 말을 듣는 자는 두말할 것도 없고 그 말을 하는 사람조차도 뜻을 알지 못하는 그런 방언이 아닙니다. 사도행전 2장 5절에서 8절은 이렇게 밝히고 있습니다.

그때에 경건한 유대인이 천하 각국으로부터 와서
예루살렘에 우거하더니, 이 소리가 나매 큰 무리가 모여
각각 자기의 방언으로 제자들의 말하는 것을 듣고
소동하여 다 놀라 기이히 여겨 이르되 "보라. 이 말하는
사람이 다 갈릴리 사람이 아니냐? 우리가
우리 각 사람의 난 곳 방언으로 듣게 되는 것이 어찜이뇨?"

바로 그 곳에는 각각 다른 16개국에서 온 사람들이 모여 있었습니다. 그런데 놀랍게도 제자들이 방언을 할 때 그 사람들은 각기 자기나라 말로 제자들이 말하는 진리의 답변과 진리의 설명을 들었던 것입니다. 이것은 무엇을 의미합니까? 성령님은 인간에게 답변을 얻게 하고 그 얻은 답을 설명케 하는 능력을 공급해 주시는 분이심을 의미합니다. 이것은 너무나 당연한 일일 수밖에 없습니다. 하나님께서 답변의 하나님이시요 설명의 하나님이신데 그 하나님의 영이신 성령님께서 인간에게 바로 그 능력을 부어 주신다는 것은 재론의 여지가 없는 사실이 아닙니까?

이것이 바로 톨교와의 차이입니다. 선불교를 보십시오. 공안(公案), 화두(話頭)만을 던져놓고 설명해 주지 않습니다. 네 스스로 답을 찾고 설명도 찾으라는 것입니다. 그래서 세상을 등지고 산 속에 앉았으나 답을 얻지 못한 자들이 있는가 하면, 불교의 고고한 진리가 대중 속에서 미신화되는 경우도 있습니다. 그러나 우리 하나님께서는 친히 답변해 주시고 자상하게 설명해 주시는 분이십니다.

우리가 진정 참된 그리스도인이요 성령 충만한 사람들이라면, 세상 사람들의 질문에 진리로 답할 수 있어야 하고, 그 진리의

답을 상대의 언어로 상대의 수준에 맞추어 상대가 원하는 한 그가 알아들을 때까지 몇 번이든 반복하여 설명해 주는 자들이 되어야 합니다. 바로 그것이 하나님의 모습이요 예수 그리스도의 방법이요 성령의 권고입니다. 동시에 그것이야말로 끊임없는 우리의 질문을 귀찮다 아니하시고 31,173절에 달하는 방대한 분량으로 우리에게 답하시고 설명해 주심으로 우리를 이 정도로까지 가꾸어 주신 하나님의 사랑에 보답하는 길인 것입니다.

작금의 정국을 보십시오. 노동관계법 변칙 개정과 관련하여 참으로 혼미하기 그지없습니다. 조국의 장래가 심히 염려스럽습니다. 온 나라가 이렇듯 시끄럽게 된 것은, 욕을 듣는 한이 있더라도 조국의 내일을 바라보면서 바른 답을 추구해야 할 자들이 답을 찾기는커녕 오직 시류에 따라 우왕좌왕하고 있는 것이 첫째 이유요, 자기 나름대로 답을 가졌다고 하는 자들이 자기 답을 일방적으로 강요만 할 뿐 왜 그것이 우리 모두를 위한 답변인지를 끈기있게 설명하려 하지 않는 것이 둘째 이유입니다.

정치란 무엇입니까? 오늘, 그리고 내일 우리 국민 모두에게 요구되는 바른 해답을 함께 찾고, 그 해답에 국민들이 자발적으로 응답할 수 있도록 국민들을 끈기있게 설득하여 국민의 힘을 하나로 모으는 기술과 능력입니다. 바로 그 과정 속에서 조화와 타협이 가능합니다. 답하고 설명한다는 것은 먼저 상대방의 질문에 귀기울이는 것을 의미하기 때문입니다. 정부든 국민이든, 여든 야든, 사든 노든, 힘과 영향력을 가진 자들이 사심을 버리고 나에게 유리한 답이 아니라 모두에게 바른 답을 찾고 그 답을 정직하게 설명하는 겸허함을 갖지 않는 한 참된 대화도 타협도 있을 수 없으며, 오늘의 소요가 잠복할지언정 근본적으로 해결되지는 못할 것입니다.

그러나 우리 역시 마찬가지 아닙니까? 우리의 삶이 혼미를 거듭하고 있다면 그것은 내가 여전히 목전의 이득에만 급급할 뿐 진리 안에서 바른 답을 추구하지 않기 때문이 아닙니까? 진리 위에서 바른 답을 추구함에도 불구하고 내가 속한 가정과 일터 속에 소요가 그치지 않는다면, 그것은 내가 찾은 답을 교만한 마음으로 단지 강요하고 명령하기만 할 뿐 겸손하게 설명하려 하지 않기 때문이 아닙니까? 그런 사람을 통해서는 주님께서 역사하지 않으십니다.

주님께서 이 땅을 떠나시면서 우리에게 주신 최후의 말씀이 무엇이었습니까?

> "그러므로 너희는 가서 모든 족속으로 제자를 삼아
> 아버지와 아들과 성령의 이름으로 세례를 주고,
> 내가 너희에게 분부한 모든 것을 가르쳐 지키게 하라.
> 볼지어다. 내가 세상 끝날까지 너희와 항상 함께
> 있으리라." (마 28:19~20)

복음을 증거한다는 것이 무엇을 의미하는지 아십니까? 주님의 말씀, 곧 진리를 지키게 하는 것입니다. 전도가 무엇인지 아십니까? 가르쳐 지키게 하는 것입니다. 다시 말해 진리 안에서 바른 삶의 해답을 찾아 인내와 끈기를 갖고 그 사람의 언어로 설명해 주는 것입니다. 그때 주님께서는 그 사람과 세상 끝날까지 함께 하시리라 약속하십니다. 주님께서 바로 답변의 주님이시요 설명의 주님이신 까닭입니다.

 사랑하는 교우 여러분, 우리 모두 우리에게 유리한 답이 아니라 진리 안에서 옳고 바른 답을 찾아 나섭시다. 그리고 그 답을 우리의 가족과 동료와 이웃과 사회를 향해 겸손하게 삶으로 설명하는 참된 그리스도인들이 되십시다. 그것은 갈등과 반목과 대립, 그리고 분쟁과 다툼의 시대를 살아가는 우리가 내일을 대비하는 최선의 예비책이 될 것입니다. 왠지 아십니까? 진리 안에서 바른 해답과 설명을 추구하는 우리를 통해 답변의 하나님, 설명의 하나님께서 친히 우리의 내일을 책임져 주실 것이기 때문입니다.

 침묵은 아름답습니다.
그러나 바른 해답을 알지 못해 방황하는 자 앞에서 해답을 가진 자의 침묵은 무서운 교만일 뿐입니다.
침묵은 귀합니다.
그러나 간절히 설명을 구하는 자 앞에서 입을 다무는 것은 잔인한 범죄일 따름입니다. 내가 진리 안에서 바른 답을 구하지 않았기에, 내가 얻은 답을 강요만 할 뿐 겸손하게 설명하려 하지 않았기에 세상이 이처럼 혼미와 소요 속에 빠졌음을 회개하오니 용서하여 주옵소서.
'칼을 휘두른 자는 베드로요 그 칼을 맞은 자는 말고라'
끝까지 답변하시고 설명하시는 하나님을 닮게 하옵소서.
답변하시는 하나님 안에서 바른 답을 얻게 하시고
설명하시는 하나님의 설명으로 설명하는 자가 되게
하옵소서. 그리하여 갈등과 반목과 대립으로 얼어붙은

사람들의 마음들을 따스하게 녹여 주는 진리의 등불이
되게 하옵소서. 아멘.

# 5
# 한 사람

예수께서 이 말씀을 하시고 제자들과 함께
기드론 시내 저편으로 나가시니 거기 동산이 있는데
제자들과 함께 들어가시다.
거기는 예수께서 제자들과 가끔 모이시는 곳이므로
예수를 파는 유다도 그 곳을 알더라.
유다가 군대와 및 대제사장들과 바리새인들에게서 얻은
하속들을 데리고 등과 홰와 병기를 가지고 그리로 오는지라.
예수께서 그 당할 일을 다 아시고 나아가 가라사대
"너희가 누구를 찾느냐?"
대답하되 "나사렛 예수라" 하거늘
가라사대 "내로라" 하시니라.
그를 파는 유다도 저희와 함께 섰더라.
예수께서 저희에게 "내로라" 하실 때에 저희가 물러가서
땅에 엎드러지는지라. 이에 다시 "누구를 찾느냐?"고 물으신대
저희가 말하되 "나사렛 예수라" 하거늘
예수께서 대답하시되 "너희에게 '내로라' 하였으니

나를 찾거든 이 사람들의 가는 것을 용납하라" 하시니
이는 "아버지께서 내게 주신 자 중에서
하나도 잃지 아니하였삽나이다" 하신 말씀을
응하게 하려 함이러라.
이에 시몬 베드로가 검을 가졌는데 이것을 빼어 대제사장의
종을 쳐서 오른편 귀를 베어버리니 그 종의 이름은 말고라.
예수께서 베드로더러 이르시되 "검을 집에 꽂으라.
아버지께서 주신 잔을 내가 마시지 아니하겠느냐?" 하시니라.
이에 군대와 천부장과 유대인의 하속들이
예수를 잡아 결박하여 먼저 안나스에게로 끌고 가니
안나스는 그 해의 대제사장인 가야바의 장인이라.
가야바는 유대인들에게 "한 사람이 백성을 위하여 죽는 것이
유익하다" 권고하던 자러라.

요한복음 18:1~14

지난 주간에 육해공군 본부가 있는 계룡대를 다녀왔습니다. 계룡대 인근에 있는 육군 항공대를 방문했을 때, 착륙장에는 UH-1H형 헬리콥터가 여러 대 착륙해 있었습니다. 60년대 월남전에서 진가를 발휘했던 그 헬기의 현 시가는 25억 원이라고 했습니다. 격납고 안으로 들어가자, 그 곳에는 방금 본 UH-1H형과는 비교도 할 수 없을 만큼 큰 헬기가 정비를 받고 있었습니다. 일명 'BLACK HAWK', 즉 '검은 매'라고 불리는 UH-60형으로서 참모총장 전용기였습니다. 헬기 내부에는 비상시 참모총장이 그 속에서 전쟁을 지휘할 수 있는 모든 장치가 구비되어 있었습니다. 지상의 어떤 사격이나 미사일 공격으로부터도 탑승자의 안전을 지킬 수 있도록 완벽하게 설계되었다고 했습니다. 헬기의 여러 가지 기능에 대한 교관의 설명은 가히 환상적이었습니다. 현 시가가 80억 원이라고 하니, 밖에 있는 헬기 3대보다 더 비싼 가격이었습니다. 그러나 교관의 설명대로라면 결코 비싸다고만 할 수 없을 정도로 안전에 관한 한 최고의 헬기였습니다.

헬기의 엔진은 지붕 위에 장착되어 있다는 교관의 설명에 "그렇다면 헬기의 제일 앞 부분에는 무엇이 부착되어 있느냐?"고 묻자, 교관은 전문용어로 헬기의 코라 불리우는 제일 앞쪽의 'nose compartment' 뚜껑을 열어 보였습니다. 그 곳에는 크고 작은 상자들이 설치되어 있었는데, 그것은 모두 헬기를 움직이는 첨단장치들이라 했습니다. 그런데 그 속에서 저는 한 가지 이상한 점을 발견했습니다. 오른쪽과 앞 부분에는 속이 텅 빈 쇠틀이 각각 하나씩 붙어 있었습니다. 그 속에도 분명히 첨단 장비가 설치된 상자가 들어 있어야 할 것 같은데 보이지를 않는 것이었습니다. 제가 교관에게 왜 그 두 틀은 속이 비어 있는지 이유를 묻자, 교관은 쓴웃음을 지으며 이렇게 대답했습니다.

"바로 그 두 부분이 미국 정부가 이 헬기를 우리나라에 판매할 때 빼버리는 부분입니다. 말하자면 이 헬기의 최첨단 핵심기술이 들어 있는 부분입니다. 그 기술이 유출될까 두려워 미국정부는 법으로 판매를 금지하고 있습니다. 그래서 우리는 그것이 도대체 어떤 기술인지, 무슨 용도인지조차도 알지 못합니다."

그것은 참으로 씁쓸한 이야기였습니다. 교관의 그 설명은 저로 하여금 두 가지를 절감하게 했습니다. 첫째는 말할 수 없는 수치심이었습니다. 80억 원이나 되는 거금을 지불하고서도 가장 중요한 핵심 기술이 빠진 것밖에 살 수 없고 그것을 당연히 여길 뿐만 아니라 오히려 나머지라도 가지게 된 것을 자랑으로 여기고 있다면, 미국인들과 동시대를 살아가는 우리는 그들 앞에서 너무나 비참하지 않습니까? 틈만 나면 5,000년 역사를 자랑하면서도, 이제 겨우 200여 년의 역사밖에 갖지 못한 미국인들과의 관계에서 우리 스스로 2류, 3류 민족으로 자족할 수밖에 없다면 이보다 더 큰 수치가 어디에 있겠습니까? 이것이 우리의 현실임에도 불구하고, 정치가와 국민들은 나라야 어찌되건 말건 정쟁이나 일삼고 밥그릇 싸움만 하고 있으니 참으로 가슴 아픈 일이 아닐 수 없습니다. 온 국민들이 한마음이 되어 나태와 안일과 방종, 그리고 무절제에서 벗어나 각자 맡은 책무를 위해 최선의 노력을 경주하지 않는 한, UH-60형 헬기의 'nose compartment'가 지금은 두 곳이 비어 있을 뿐이지만, 머지않아 세 곳 네 곳이 비게 되는 더 큰 수모를 당하고야 말 것입니다.

둘째는 진정한 차이는 외부가 아니라 내부에 있다는 것이었습니다. 한국에 주둔하고 있는 주한 미군도 HU-60형 헬기를 보유하고 있을 것입니다. 한국 상공에 한국군의 헬기와 미군의 헬기가 같이 날고 있다고 생각해 봅시다. 두 대가 똑같은 UH-60형입니다. 모양도 똑같고 길이도 똑같습니다. 이·착륙시 지축을 뒤흔드는 굉음 또한 동일합니다. 두 대 사이에 아무런 차이가 나타나 보이지 않습니다. 누가 보아도 똑같은 기종이라 말할 것입니다. 그러나 과연 그것이 사실입니까? 아닙니다. 그 두 헬기는 결코 동일하지 않습니다. 한 대가 부품을 완전히 갖춘 완전한 헬기라면, 나머지 한 대는 가장 중요한 알맹이를 갖지 못한 불완전한 헬기입니다. 뜨고 오르고 날고 내리는 데에는 아무런 차이가 없을 것입니다. 평상시에는 말할 것도 없고, 웬만한 상황 속에서도 두 대 사이에는 차이가 나타나지 않을 것입니다. 그러나 결정적인 순간에는 알맹이를 제대로 갖춘 헬기와 그것을 갖지 못한 헬기가 분명한 차이를 드러내고야 맙니다. 그것은 외적 차이가 아니라 내적 차이입니다. 진정한 차이는 외적 조건에 있지 않습니다. 언제나 중요한 것은 내적 상태, 바로 알맹이의 유무입니다.

교회를 다니기 시작하면 모두 그리스도인들이 됩니다. 주일이면 교회를 나오고 예배를 드리고 헌금을 바치고 또 봉사를 합니다. 겉으로는 모두 동일해 보입니다. 아무런 차이가 없어 보입니다. 그러나 그것이 과연 사실입니까? 결코 그렇지 않습니다. 그리스도인으로서 지녀야 할 알맹이를 지닌 자도 있을 것이고 그렇지 못한 자도 있을 것입니다. 참된 그리스도인, 성숙한 그리스도인의 여부는 외적 조건이 아니라 내적 상태로 드러납니다. 그 속에 그리스도인으로서 지녀야 할 알맹이를 지니고 있느냐 아니냐에 따라서, 평소에는 아무런 차이가 없어 보이다가도 결정적인 순간에 엄청난 차이를 드러내기 마련입니다. 그렇기에 그리스도인으로서 마땅히 품어야 할 알맹이를 추구하지 않는 그리스도인, 혹은 그렇게 하지 못하는 그리스도인이 있다면, 그는 알맹이가 빠져 버린 자기 자신에게 수치를 느낄 수 있어야 합니다. 수치를 느낀다는 것은 개선의 여지가 있음을 의미하는 것입니다. 그러나 수치를 느끼기는커녕 알갱이가 결여된 외형에만 만족하는 자가 있다면, 그는 본문 속의 가야바처럼 알맹이 없는, 속 빈 강정이 되고 맙니다. 한평생을 애쓰면서 땀흘리며 살아온 결과가 알맹이라고는 찾아볼 수 없는 빈 껍데기만으로 끝나 버린다면 그보다 더 혀망한 인생은 없을 것입니다.

지금 가룟 유다 일행이 예수님을 체포하기 위해 겟세마네 동산에 당도했습니다. 그리고 그들이 예수님을 체포하려는 순간 예수님의 제자 베드로가 칼을 뽑아 휘둘렀는데, 대제사장의 종이었던 말고가 그 칼에 맞아 오른쪽 귀가 떨어져 나가 버리고 말았습니다. 그러나 예수님께서는 땅에 떨어진 말고의 귀를 주워 귀에 붙여 도로 낫게 해주신 다음, 베드로를 향해 다음과 같이 꾸짖으셨다고 마태복음 26장 52절에서 53절은 증거하고 있습니다.

"네 검을 도로 집에 꽂으라. 검을 가지는 자는 다 검으로 망하느니라. 너는 내가 내 아버지께 구하여 지금 열두 영 더 되는 천사를 보내시게 할 수 없는 줄로 아느냐?"

여기에 '영'이란 단어 'legion'은 '군단'을 가리키는 말로서, 당시 로마의 1개 군단은 보병 6,000명과 마병 700명으로 구성되어 있었습니다. 따라서 12영은 12군단으로서 보병 72,000명과 마병 8,400명으로 구성된 엄청난 군대였습니다.

예수님을 체포하기 위해 달려온 군사의 숫자가 얼마였든지 간에, 예수님은 그들을 완전히 제압할 수 있는 더 큰 군대를 언제라도 하늘로부터 동원하실 수 있었습니다. 그러나 예수님은 그 길을 선택하시지 않았습니다. 검을 쓰는 자는 반드시 검으로 인해 망한다는 사실, 다시 말해 폭력은 예외없이 더 큰 폭력 앞에 굴복하고 만다는 사실을 분명히 인식하셨던 것입니다. 폭력은 손쉽게 승리를 가져다주긴 하지만 그때의 승리란 일시적인 승리에 불과할 뿐만 아니라 참혹한 패배의 전주곡일 따름임을 잘 아셨기에, 예수님은 폭력의 유혹에 빠지지 않으셨습니다. 대신 주님께서는 본문을 통해 이렇게 말씀하셨습니다.

예수께서 베드로더러 이르시되 "검을 집에 꽂으라.
아버지께서 주신 잔을 내가 마시지 아니하겠느냐?"
하시니라. (요 18:11)

'아버지께서 주신 잔'이란 두말할 것도 없이 십자가의 죽음입니다. 예수님께서는 아버지께서 주신 잔을 우리가 다 함께 마시자고 말씀하지 않으셨습니다. 아버지께서 주신 잔을 오직 당신 홀로 마시겠다 말씀하셨습니다. 당신 한 사람이 십자가 위에서 죽으심으로써 만인을 살리시는 것, 바로 그것이 하나님의 뜻이요 법칙이요 계획임을 분명히 알고 계셨습니다. 그래서 예수님께서는 순순히 체포에 응하셨습니다. 본문 12절에서 13절은 그 이후를 다음과 같이 밝혀 주고 있습니다.

이에 군대와 천부장과 유대인의 하속들이
예수를 잡아 결박하여 먼저 안나스에게로 끌고 가니,
안나스는 그 해의 대제사장인 가야바의 장인이라.

체포에 성공한 군대는 예수님을 결박한 뒤 먼저 안나스에게로 끌고 갔습니다. 안나스는 오랫동안 이스라엘의 최고 종교지도자인 대제사장으로 군림했던 자로서 대제사장직을 사위인 가야바에게 세습해 주고도 종교적 실권은 여전히 그가 행세하고 있었으므로 사람들은 예수님을 체포하자마자 제일 먼저 그에게로 끌고 갔던 것입니다. 사람들은 예나 지금이나 권력에 관한 한 누가 실세인지를 분간하는 민감한 촉각을 갖고 있습니다.

그런데 본문은 안나스의 사위인 가야바를 이렇게 소개하고 있습니다.

> 가야바는 유대인들에게 "한 사람이 백성을 위하여 죽는 것이
> 유익하다" 권고하던 자러라. (요 18:14)

베다니에서 살던 나사로라는 청년이 어느 날 갑자기 죽었습니다. 장사한 지 나흘이나 지나 시체에서 썩은 악취가 풍기고 있을 때 예수님께서 그 마을에 나타나셨습니다. 그리고 나사로의 무덤을 찾아가서 "나사로야, 나오라"고 외치시니 죽었던 나사로가 그 단 한마디에 살아나 무덤에서 걸어 나왔습니다. 그것은 정말 놀라운 일이었습니다. 그 소문은 삽시간에 이 마을에서 저 마을로 퍼져 나갔고, 자연히 예수님을 따르는 무리의 수가 급증하게 되었습니다. 이에 종교적 기득권을 상실하게 될지도 모른다는 위협을 느낀 유대 종교지도자들이 급히 회동하여 대책을 숙의하게 되었습니다. 회의 참석자들이 묘책을 찾지 못하자, 당시 대제사장이었던 가야바가 이렇게 일갈하였습니다.

> "한 사람이 백성을 위하여 죽어서
> 온 민족이 망하지 않게 되는 것이 너희에게 유익한 줄을
> 생각지 아니하는도다." (요 11:50)

한 사람이 죽음으로써 백성 전체가 소요에 빠지지 않고 유익과 안녕을 꾀할 수 있다는 것입니다. 그래서 바로 이때부터 예수님을 죽이려는 구체적인 모의가 시작됐음을 요한복음 11장 53절은 증거하고 있습니다. 한 사람이 죽음으로써 모든 백성을 살릴

수 있다는 가야바의 제안이 유일무이한 대안임을 그 곳에 참석한 자들은 모두 확신했습니다.

자! 보십시오. 예수님께서도 형식상으로는 유대인입니다. 그는 하나님을 아버지로 신봉하는 하나님의 아들이십니다. 그리고 한 사람이 죽음으로써 만인을 구원할 수 있다는 하나님의 법칙을 당신의 철칙으로 사는 분이셨습니다. 그 반면에 가야바와 그 집단은 어떠합니까? 그들도 유대인입니다. 그들도 여호와 하나님을 신봉하는 자들입니다. 그들 역시 한 사람의 죽음이 뭇 백성을 살릴 수 있음을 철저하게 신봉하는 자들이었습니다. 적어도 겉으로 보기에는 예수님이나 가야바 집단이나 아무런 차이가 없어 보입니다. 양자 모두 그 누구보다도 한 사람의 중요성을 깊이 인식하고 있었습니다. 양자는 모든 면에서 똑같아 보입니다. 그러나 과연 그러합니까? 정말 똑같습니까?

전혀 그렇지 않습니다. 겉으로는 똑같아 보이지만 한 꺼풀만 벗겨 보면 그 속은 본질적으로 다릅니다. 예수님께서 한 사람이 죽어 만인을 살릴 수 있다고 하신 것은 인간을 향한 사랑의 발로였습니다. 그러나 가야바 집단이 똑같은 말을 한 것은 경쟁자로 인식되는 인간에 대한 증오심이 그 동기였습니다. 예수님께서 한 사람의 죽음으로 살리기 원하셨던 것은 영원히 살아 있을 인간의 영이었습니다. 그러나 가야바 집단이 한 사람의 죽음을 발판으로 살리기 원했던 것은 썩어 없어질 인간의 육이요, 백해무익한 인간의 욕망이었습니다. 예수님께서 한 사람이 죽어 만인을 구원하실 수 있다 말씀하실 때 그 한 사람은 당신 자신이었습니다. 당신 한 사람이 죽음으로 만인을 살리시겠다는 것이었습니다. 반면에 가야바의 입장에서 죽어야 할 한 사람은 자신이 아닌 타인이었습니다. 타인을 죽임으로써 자기들이 살겠다는 것이었습니다. 예수님과는 근본적으로 달랐습니다. 겉모습은 같아 보였지만 알맹이가 달랐습니다. 아니, 그들은 하나님을 믿는 자로서 지녀야 할 알맹이를 갖지 못한 자들이었습니다. 그들은 모두 속 빈 강정들이었습니다. 말하자면 가장 중요한 핵심 알맹이가 비어 있는, 한국군이 보유한 UH-60형 헬기와 같은 셈이었습니다.

하나님을 믿는 그리스도인들이 반드시 품어야 할 알맹이가 무엇인지 아십니까? 타인을 죽여 나의 유익을 꾀하려는 헛된 욕망이 아니라 나 한 사람이 죽음으로써 모두를 살리려는 십자가 정신입니다. 그것이 바로 하나님의 명령이요 그리스도의 정신인 까닭입니다. 이 알맹이를 품고 있지 못할 때 우리는 우리 자신에게 말할 수 없는 수치심을 느낄 수 있어야 합니다. 이 알맹이를 지니지 못한 사람은 겉은 그럴 듯해 보여도 실상 그 속은 진리를 못 박는 가야바와 같은 자라는 뜻입니다. 그와 같은 자는 가장 가까이에 있는 자에게 무서운 고통이 될 따름입니다. 그와 같은 자는 자기의 유익을 위해 타인을 서슴없이 죽이는 자인 까닭입니다. 오늘 왜 이렇듯 세상이 시끄럽습니까? 오늘 왜 우리의 가정에 화평과 평안이 없습니까? 자기를 위해 남을 죽이려는 가야바는 많은데, 자기 한 사람이 죽어 모두를 살리려는 진정한 그리스도인이 드물기 때문입니다.

그저 습관적으로 교회에 다니는 사람들을 참된 그리스도인과 구별하여 'church goer', 즉 문자 그대로 '교회 가는 자'라고 부릅니다. 이 시대는 가야바와 같은 'church goer'를 더 이상 요구치 않습니다. 가야바는 세상을 허무는 자일 뿐 어떤 경우에도 세상을 세우는 자가 아닙니다. 알맹이를 지닌 참된 그리스도인, 즉 모두를 의해 자기가 죽는 한 사람이 필요합니다. 그 한 사람이란 타인을 위해 희생과 헌신을 감수할 수 있는 자, 내 속상함을 견딜 수 있는 자입니다. 가장 중요한 알맹이가 빠져 버린 UH-60형 헬기에 자족할 수 없지 않습니까? 최선의 노력을 경주하여 그 빈 곳을 우리의 기술력으로 메꾸어야 민족적 긍지를 지닐 수 있지 않겠습니까? 이처럼 없는 것을 힘써 채우는 것이 우리의 의무일진대, 우리 주님은 어떠하십니까? 당신 한 사람이 죽으심으로 우리 모두를 살리셨던 그분은 부활하시어 지금 우리를 늘 도와주고 계시지 않습니까? 우리에게 필요한 알맹이를 채워 주고 계시지 않습니까? 당신의 사랑으로, 당신의 진리로, 생명으로, 정신으로 우리를 충만케 해주시지 않습니까? 그분 자신이 우리 속에서 우리의 알맹이가 되어 주시지 않습니까? 그런데도 그분을 외면하고 가야바처럼 속 빈 'church goer'로 만족한다면, 그것은 그리스도인인 우리 자신에 대한 모독이 아닙니까?

> 내가 그리스도와 함께 십자가에 못 박혔나니,
> 그런즉 이제는 내가 산 것이 아니요
> 오직 내 안에 그리스도께서 사신 것이라.
> 이제 내가 육체 가운데 사는 것은 나를 사랑하사
> 나를 위하여 자기 몸을 버리신 하나님의 아들을 믿는
> 믿음 안에서 사는 것이라. (갈 2:20)

사랑하는 성도 여러분, 지금 내 속에 계시는 주님을 배척하는

속 빈 가야바의 삶, 'church goer'의 삶에 종지부를 찍으십시다. 그리스도를 품고 그리스도를 닮아가는 참된 그리스도인들이 되십시다. 인간의 영혼을 사랑하는 자들이 되십시다. 영혼을 사랑하는 자만 스스로 육체를 죽일 수 있습니다. 오직 그 속에만 우리 모두의 소망이 있습니다. 내가 살기 위해 남을 죽이는 가야바의 방법은 반드시 한계를 갖는 폭력이기에 그 결국은 피아 간에 공멸로 끝날 수밖에 없지만, 남을 살리기 위해 내가 죽는 것은 영원한 사랑이기에 그것은 모두의 공생으로 귀결됩니다.

그것이 사실임을 어떻게 알 수 있느냐구요? 우리를 살리시기 위해 죽으셨던 주님께서 부활하셔서 그것만이 시간과 공간을 초월하여 이 세상을 정녕 더불어 아름답게 살아가는 유일한 대안임을 증명해 주고 계시지 않습니까?

주님!
지금 누군가 먼저 죽어야 이 난국이 수습될 수 있다는
사실은 모두 알고 있습니다. 그러나 내가 먼저 죽기보다는
"네가 먼저 죽으라"고 요구만 하고 있습니다.
저희는 이제껏 아내더러 죽으라 명령하던 남편이었습니다.
남편이 먼저 죽어 주기를 고대하던 아내였습니다.
자식들이 죽기를 강요하던 부모였습니다. 부모님이 먼저
죽기를 기도하던 자식이었습니다. 나의 유익을 위해
근로자는 안중에도 없던 기업주였습니다. 기업주야 어떻게
되건 말건 내 주머니만 챙기던 근로자였습니다. 권력을
위해 국민의 죽음을 당연하게 여기던 지도자였습니다.
지도자가 죽는 것을 감상만 하던 국민이었습니다.

오, 주님!
저는 알맹이를 잃어버린 가야바였습니다. 그래서 제가
있는 곳에서는 소요와 다툼이 끊이지를 않았습니다.
이 모든 죄를 회개하오니 이 시간 용서하여 주옵소서.
이제부터 내 속에 계시는 주님을 배척치 않고 온전히 품는
자가 되게 하옵소서. 알맹이를 갖춘 참된 그리스도인이
되게 하옵소서. 그리하여 만인을 위해 죽을 줄 아는
한 사람, 이 세상을 살리는 한 사람, 주님께서 찾으시는
한 사람, 바로 그 한 사람이 되게 하옵소서. 아멘.

# 6
# 또 다른 제자

시몬 베드로와 또 다른 제자 하나가 예수를 따르니
이 제자는 대제사장과 아는 사람이라.
예수와 함께 대제사장의 집 뜰에 들어가고 베드로는
문 밖에 섰는지라. 대제사장과 아는 그 다른 제자가 나가서
문 지키는 여자에게 말하여 베드로를 데리고 들어왔더니
문 지키는 여종이 베드로에게 말하되
"너도 이 사람의 제자 중 하나가 아니냐?" 하니
그가 말하되 "나는 아니라" 하고
그때가 추운 고로 종과 하속들이 숯불을 피우고 서서 쬐니
베드로도 함께 서서 쬐더라.
대제사장이 예수에게 그의 제자들과 그의 교훈에 대하여 물으니
예수께서 대답하시되
"내가 드러내어 놓고 세상에 말하였노라. 모든 유대인들의
모이는 회당과 성전에서 항상 가르쳤고 은밀히는
아무 것도 말하지 아니하였거늘 어찌하여 내게 묻느냐?
내가 무슨 말을 하였는지 들은 자들에게 물어보라.

저희가 나의 하던 말을 아느니라."
이 말씀을 하시매 곁에 섰는 하속 하나가 손으로 예수를 쳐
가로되 "네가 대제사장에게 이같이 대답하느냐?" 하니,
예수께서 대답하시되 "내가 말을 잘못하였으면 그 잘못한
것을 증거하라. 잘하였으면 네가 어찌하여 나를 치느냐?"
하시더라. 안나스가 예수를 결박한 그대로 대제사장
가야바에게 보내니라.
시몬 베드로가 서서 불을 쬐더니 사람들이 묻되
"너도 그 제자 중 하나가 아니냐?"
베드로가 부인하여 가로되 "나는 아니라" 하니
대제사장의 종 하나는 베드로에게 귀를 베어 버리운 사람의
일가라. 가로되 "네가 그 사람과 함께 동산에 있던 것을
내가 보지 아니하였느냐?"
이에 베드로가 또 부인하니 곧 닭이 울더라.

요한복음 18:15~27

근대 프랑스가 낳은 가장 위대한 수도자였던 샤를르 드 푸코(Charles de Foucauld)는 1858년 프랑스의 스트라스부르에서 태어났습니다. 당시 프랑스는 카톨릭 국가였기에 그 역시 태어나면서부터 기독교 신자였습니다. 불행하게도 어린 나이에 양친을 여의면서 그는 신앙의 길에서 떠나게 됩니다. 그리고 육군사관학교에 진학, 장교가 되어 북아프리카에서 일어난 반란군 진압에 참여하여 상관의 명령에 따라 반란군의 심장을 겨누어 총을 쏘면서 그는 인생에 큰 회의를 품습니다. 그 후 군대를 스스로 떠나 학자로서 모로코를 탐험하던 중, 그 곳의 이슬람 교도들이 깊은 신앙 속에서 살아가는 모습을 본 푸코는 큰 충격을 받게 됩니다. 그것이 계기가 되어 그는 하나님을 향해 시선을 돌리고 다시 기독교로 귀의합니다. 그리고 오랜 기간 동안 수도원 생활을 거쳐 그의 나이 43세가 되던 1901년 신부 서품을 받은 후, 당시 세상에서 가장 버림받은 사람들이 살고 있다고 여겨지던 아프리카 사하라의 버니아베스로 들어가, 1916년 12월 한 토착민이 쏜 총에 맞아 숨질 때까지 15년 동안 그 곳 원주민들과 더불어 살면서 그들에게 복음을 전했습니다.

어느 날 푸코는 나무를 보면서 깊은 깨달음을 얻습니다. 나무는 떨어지는 자신의 잎이나 부서져 나가는 가지에 대해 아무런 염려를 하지 않는 것이었습니다. 떨어지지 않으려고 기를 쓰거나 떨어지는 것을 잡으려고 안달하지도 않았습니다. 어떤 상황 속에서도 그저 의연할 뿐이었습니다. 그렇다면 전능하신 창조주 하나님을 믿는다는 자들이 떨어져 나가는 재물이나 건강이나 생명 때문에 염려하고 절망한다는 것이 스스로를 하찮은 나무보다도 더 못한 존재로 전락시키는 것이 아니겠습니까? 그래서 그는 어떤 상황 속에서도 하나님을 믿는 믿음으로써 근심하거나 탄식하지 않았습니다.

여러분은 하나님을 믿는 자에게 가장 어려운 것이 무엇이라고 생각하십니까? 푸코의 답변은 이러합니다. "하나님을 믿는 자에게 가장 어려운 것은 하나님을 믿는 것이다." 그리고 또 이렇게 말했습니다. "하나님을 믿는 자에게 가장 부족한 것이 있다면, 그것은 하나님을 향한 신앙이다." 우리는 얼마나 쉽게 하나님을 믿는다고 말합니까? 하나님에 대한 신앙을 얼마나 자랑스럽게 이야기합니까? 그러나 정말 우리는 하나님을 믿고 있습니까? 진정 우리는 하나님을 향해 부족함 없는 신앙을 갖고 있습니까?

진짜 향나무와 가짜 향나무의 차이가 언제 드러납니까? 도끼에 찍히는 순간에 나타납니다. 진짜 향나무는 찍힐수록 향기를 더욱 진동하지만, 가짜는 찍힐수록 도끼날만 상하게 할 뿐입니다. 겉모습은 똑같아 보일 수 있지만 도끼에 찍힘으로써 비로소 진위가 판가름나는 것입니다. 생화와 조화의 차이는 어디에 있습니까? 진짜 꽃잎은 떨어지지만 인조 꽃잎은 아무리 세월이 흘러도 떨어지지 않습니다. 진짜 꽃은 벌이나 나비에게 기꺼이 자신의 꿀을 빼앗겨 주고 나누어 주지만, 모조 꽃은 떨어지거나 빼앗길 것을 아예 소유하고 있지 않습니다. 요즈음 조화를 얼마나 잘 만듭니까? 구별이 어려울 정도입니다. 그러나 떨어짐과 빼앗김의 유무에 따라 생화와 조화 여부가 드러나게 되는 것입니다.

우리가 정말 하나님을 믿는 자인가 아닌가는 평소에는 판가름나지 않습니다. 오직 결정적인 때에 드러나는 법입니다. 내 건강이, 내 재물이, 내 생각이, 내 뜻이 찍히고 떨어지고 빼앗기고 부서지고 깨어져 나갈 때, 바로 그 순간에도 하나님을 전폭적으로 신뢰한다면 우리는 정말 하나님을 믿는 자들입니다. 우리의 신앙은 바로 그 결정적인 때를 위해 필요한 것입니다. 그러나 가장 결정적일 때, 가장 중요한 순간에, 가장 믿음이 필요할 때 비신앙적인 길을 걷는다면 우리는 아직까지 참된 신앙인일 수가 없는 것입니다.

샤를르 드 푸코는 그리스도인들이 이처럼 결정적일 때 오히려 비신앙적으로 처신하는 이유를 두 가지로 지적하고 있습니다. 첫째는 결정적인 순간에 하나님을 보기보다는 자기 자신을 보기 때문이요, 둘째는 하나님보다는 내 눈앞에 펼쳐진 상황을 더 크게 보기 때문이라는 것입니다. 참으로 적절한 지적입니다. 결정적인 순간에 나를 들여다본들 탄식밖에 더 나오겠습니까? 눈앞에 펼쳐진 상황을 극대화하여 '내가 세상에서 제일 불쌍한 자요 가장 불행한 자요 그 누구보다 비참한 자요 세상에서 제일 무거운 짐을 지고 있는 자'라는 피해망상에 젖는다면 절망 의에 무엇을 얻을 수 있겠습니까? 만약 샤를르 드 푸코가 결정적인 순간에 하나님보다 자기 자신을 더 의뢰하고 하나님보다 자기 상황을 더 크게 여기는 자였다면, 어찌 그 절망적인 사하라 속에서 금세기를 밝히는 진리의 불꽃, 인류의 양심이 될 수 있었겠습니까? 우리가 매일매일 하나님께 우리의 시선을 고정시키면서 모든 면에 걸쳐 진정으로 하나님을 신뢰하는 삶을 스스로 훈련하지 않는 한, 이 시대를 밝히는 등불이 되기는커녕 가장 결정적인 순간에 정말 추한 인간으로 전락해 버리고 만다는 것, 이것이 바로 오늘 본문이 우리에게 주고자 하는 메시지입니다.

예수님께서 잡히시기 전, 주님의 제자였던 베드로가 예수님께 어떤 호언장담을 했는지 4복음서는 이렇게 증거해 주고 있습니다.

"다 주를 버릴지라도 나는 언제든지 버리지 않겠나이다."
(마 26:33)

"내가 주와 함께 죽을지언정 주를 부인하지 않겠나이다."
(막 14:31)

"주여, 내가 주와 함께 옥에도, 죽는 데도 가기를 준비하였나이다." (눅 22:33)

"주여, 내가 지금은 어찌하여 따를 수 없나이까.

주를 위하여 내 목숨을 버리겠나이다."(요 13:37)

얼마나 자신에 찬 고백입니까? 베드로는 이처럼 고백만으로 그친 사람이 아니었습니다. 겟세마네 동산에 나타난 군대가 예수님을 체포하려는 순간, 칼을 뽑아 휘두르며 그들 앞을 가로막고 선 사람은 베드로 한 사람뿐이었습니다. 어떻게 베드로 홀로 그처럼 용감할 수 있었습니까? 그는 자기와 함께 하고 계신 예수님께서 로마를 물리치고 이스라엘에 독립을 가져다 줄 정치적 메시아이심을 믿어 의심치 않았습니다. 말하자면 지금 주님을 잡으러 나타난 군대의 수효가 얼마이든지 간에 주님께서 광풍이 몰아치는 바다를 잠재우시던 그 능력으로, 떡 다섯 조각과 물고기 두 토막으로 5,000명이 넘는 대 군중을 먹이시던 그 권능으로 그들을 완전히 쓸어버리실 것을 굳게 믿었습니다. 그러므로 그 주님 앞에서, 그 주님을 위해 단신으로 군대와 맞선다는 것은 오히려 영광이었던 것입니다.

그런데 지금 베드로의 눈앞에서 어떤 일이 벌어졌습니까? 그처럼 철썩같이 믿었던 주님께서 군대를 쓸어버리기는커녕 저항 한번 없이 잡히시는 게 아닙니까? 예수님은 그저 무기력하게 결박당하고 계십니다. 그리고는 마치 개 끌려가듯 대제사장의 집으로 끌려가셨습니다. 그것은 결코 베드로가 상상하던 하나님 아들의 모습이 아니었습니다. 베드로가 머리 속에 그리던 메시아의 형상이 아니었습니다. 그가 소망하고 바라던 사건이 절대로 아니었습니다. 간단히 말해, 그의 신념이 찍히고 꿈이 꺾이며 계획이 부서지고 희망이 떨어지며 야망을 뺏기는 결정적인 순간이었습니다. 그 결정적인 순간에 베드로가 무엇을 했다고 오늘 본문은 증거하고 있습니까?

    문 지키는 여종이 베드로에게 말하되
    "너도 이 사람의 제자 중 하나가 아니냐?" 하니
    그가 말하되 "나는 아니라" 하고 (요 18:17)

결박당하신 채 끌려가는 예수님을 따라 베드로가 대제사장의 집안 뜰에 들어갔을 때, 문을 지키는 여종이 베드로를 알아보고 "너도 예수님의 제자가 아니냐?"고 묻자 베드로는 "다른 사람은 몰라도 나는 아니라"고 간단하게 부인해 버리고 달았습니다. 다 주님을 버릴지라도 나만은 주님을 버리지 않겠노라 장담하던 그 베드로가 말입니다.

    시몬 베드로가 서서 불을 쬐더니 사람들이 묻되
    "너도 그 제자 중 하나가 아니냐?"
    베드로가 부인하여 가로되 "나는 아니라" 하니 (요 18:25)

뜰 안에 있던 사람들이 베드로에게 똑같은 질문을 던졌지만 이번에도 베드로는 한마디로 부인해 버렸습니다. 내가 죽을지언정 어떤 경우에도 주를 부인치 않겠노라 맹세했던 베드로가 말입니다.

    대제사장의 종 하나는 베드로에게 귀를 베어 버리운 사람의
    일가라. 가로되 "네가 그 사람과 함께 동산에 있던 것을
    내가 보지 아니하였느냐?" (요 18:26)

마침 그 곳에는 겟세마네 동산에서 베드로가 칼을 휘두르는 것을 직접 목격했던 증인이 있었습니다. 그가 베드로를 분명히 알아보았지만 베드로는 역시 부인으로 일관하였습니다. 마태복음 26장에 따르면, 이때 베드로는 자신이 정말 예수님과 무관하다는 것을 강조하기 위하여 예수님을 저주하고 욕하며 맹세까지 하였습니다. 주님 가시는 곳이라면 감옥이나 죽는 데도 따라가기로 이미 만반의 준비가 끝났다고 큰소리치던 베드로, 주님을 위해서라면 목숨마저 아까워하지 않겠다던 바로 그 베드로가 말입니다.

베드로는 자신의 생각과 뜻과 꿈이 여지없이 찍히고 부서지고 깨지고 떨어지고 빼앗기는 그 결정적인 순간을 맞았을 때 눈앞에 펼쳐진 상황이 아니라 그 상황 너머에 계시는 하나님을 보아야만 했습니다. 그 결정적인 순간에 자신이 아니라 하나님을 더욱 의뢰해야만 했습니다. 그러나 불행하게도 베드로는 가장 결정적일 때 상황만을 보고 자기만을 의지함으로써 가장 중요한 순간에 추악한 배신자가 되고 말았고, 일생에 가장 수치스러운 기록을 남기고 말았습니다.

그런데 우리는 본문 속에서 베드로보다 더 추악한 인간을 만나게 됩니다. 오늘 본문 15절 상반절은 이렇게 시작되고 있습니다.

시몬 베드로와 또 다른 제자 하나가 예수를 따르니

대제사장의 집으로 끌려가는 예수님을 베드로만 뒤따른 것이 아니었습니다. 또 다른 제자 한 명이 베드로와 함께 예수님의 뒤를 좇고 있었습니다. 그런데 본문은 놀랍게도 그 제자에 대해 이렇게 증언하고 있습니다.

> 이 제자는 대제사장과 아는 사람이라.
> 예수와 함께 대제사장의 집 뜰에 들어가고 베드로는
> 문 밖에 섰는지라. (요 18:15상~16하)

그 제자는 평소에 대제사장과 아는 사람이었습니다. 어느 정도로 잘 아는 사이였는지 대제사장 집 문 앞에 당도한 베드로가 더 이상 들어가지 못하고 문 밖에서 기다린 반면, 그 제자는 분명히 그 집에 경비원이 있었음에도 불구하고 누구의 제지도 받지 않고 당당하게 들어갔습니다. 그것만이 아닙니다. 본문은 더 놀라운 사실을 증거해 주고 있습니다.

> 대제사장과 아는 그 다른 제자가 나가서 문 지키는 여자에게
> 말하여 베드로를 데리고 들어왔더니 (요 18:16하)

대제사장의 저택이라면 이스라엘에서 최고 실권자의 집인데 어찌 아무나 출입할 수 있겠습니까? 그런데 대제사장의 집안으로 먼저 들어갔던 그 제자가 다시 나와 문 지키는 여종에게 말하자, 그때까지 문 밖에서 기다리던 베드로도 그냥 들어갈 수 있었습니다. 바로 그 순간 베드로의 얼굴을 본 여종이 "너도 예수의 제자가 아니냐?"고 물었던 것입니다. 예수님께서 신성모독범, 국사범으로 대제사장의 집에 끌려와 심문을 받고 있는 중이라면, 그 집의 하속들이 예수님의 제자들에게 관심을 갖는 것은 당연

한 일이 아닐 수 없었습니다. 소위 '예수일당'은 모두 일망타진 해야 하는 대상이었기 때문입니다. 그럼에도 불구하고 그 하속은 또 다른 제자—분명히 예수님의 제자—에게 어떤 의문이나 질문도 제기하지 않았습니다. 이것은 무엇을 의미하는 것입니까? 겉으로는 예수님의 제자인 것처럼 살아가면서도 내막으로는 대제사장과 내통하는 자였던 것입니다.

이처럼 철저하게 자기를 감추고 있는 이 추악한 제자가 누구였을까요? 몇몇 주경학자들의 주장처럼 요한복음을 기록한 요한 자신이었을까요? 칼빈의 말처럼 그것은 공허한 이야기일 뿐입니다. 요한은 자기 자신을 3인칭으로 표현할 때 '예수의 사랑하시는 제자'라 표현하지, '다른 제자'라 표현한 적이 없을 뿐만 아니라 만에 하나 또 다른 제자가 요한 자신이었다면 요한은 이 후에 반드시 회개의 사실을 기록했을 것입니다. 이와 같은 엄청난 죄를 짓고서도 회개치 않았다면, 결코 복음서를 기록하는 주님의 사도로 쓰임받지는 못했을 것이기 때문입니다.

예수님을 공개적으로 배신했던 가룟 유다였을까요? 그럴 리가 없습니다. 만약 가룟 유다였다면 요한이 그 이름을 본문 속에서 밝히지 않았을 리도 없고, 더욱이 이미 예수님의 배신자로 증명된 가룟 유다와 베드로가 함께 걷거나, 그 가룟 유다의 청탁으로 베드로가 대제사장의 집으로 들어갈 리는 더욱 만무합니다.

예수님께는 초기부터 주님을 따르던 12명의 제자만 있었던 것이 아닙니다. 복음서는 아리마대의 부자 요셉과 산헤드린 공회원이었던 니고데모 역시 제자라 부르는 등, 12명 이외에 제자라 불리던 사람들이 더 있었음을 일러주고 있습니다. 그러므로 우리는 본문 속에서 자신을 숨긴 채 대제사장과 내통했던 그 제자가 누구인지 구체적으로 알 수 없습니다. 그러나 분명히 알 수 있는 것은, 그처럼 끝까지 불의와 은밀하게 내통했던 그의 삶은, 비록 그 대가로 현실적인 이득을 취할 수는 있었겠지만 하나님 보시기에는 한 순간만이 아니라 일평생 동안 추악했을 것이라는 사실입니다.

이 어리석고 츠악한 제자가 바로 우리 자신 아닙니까? 우리가 바로 공개적으로는 그리스도인이지만 숨어서는 온갖 불의와 내통하는 치사한 인간들이 아닙니까? 우리의 이와 같은 이중적인 삶 때문에 이 세상이 점점 더 추악해지고 있지 않습니까? 지금 온 나라를 뒤흔들고 있는 한보그룹 정태수 회장과 우리 사이에는 무슨 차이가 있습니까? 아니 분명한 차이가 있긴 있습니다. 그의 허물은 이미 공개된 데 비해 우리는 본문 속의 제자처럼 아직까지 우리의 이름을 감춘 채 숨어서 그 짓을 하고 있다는 것입니다.

충청북도 능곡에 있는 조그마한 식당 벽에는 초등학교 5학년 학생인 그 집 딸이 지은 시가 걸려 있습니다.

> 내 마음에는 빛이 있어
> 무엇보다 밝은 빛
> 해보다 밝고 달보다 밝아
> 별처럼 반짝이는 빛
> 어른들은 몰라
> 내 마음의 밝고 반짝이는
> 이 아름다운 빛을

그건
욕심 없는 깨끗함이야

듣기만 해도 우리의 마음을 정화해 주는 아름다운 시입니다.
 사랑하는 여러분, 어떤 경우에도 내가 아니라 하나님을 의지하십시다. 목전의 상황이 아니라 하나님을 바라보십시다. 그분의 빛으로 우리를 채우십시다. 그래서 내 존재가 찍히고 부서지는 결정적인 순간에 이 빛을 발하십시다. 가장 결정적인 순간에, 아니 평생토록 이 빛 속에서 살아가는 맑고 밝은 그리스도인이 되십시다.
 나의 정화 없이 이 사회는 정화되지 않습니다. 이 사회는 비판만으로는 바로 세워지지 않습니다. 이 세상은 내가 빛 가운데 거하는 만큼 맑고 밝아지는 것입니다.

어떤 경우에도 나를 의지하는 것이 아니라
오직 하나님을 신뢰하고 의지함으로, 결정적인 순간에
주님을 부인하는 베드로가 아니라 통곡하며 회개하는
베드로가 되게 도와주십시오.
눈앞에 펼쳐진 상황보다는 그 너머 계시는 하나님을
바라봄으로, 은밀하게 불의와 내통하는 추한 그리스도인이
아니라 한평생 빛의 증인이 되게 해주십시오.
내 존재가 찍히고 꺾이고 부서질 때, 그때도 이 빛을
발함으로 이 세상을 맑히고 밝히는 자들이 되게
해주십시오.
어린아이가 아무런 어려움 없이 부모를 신뢰하듯,

하나님을 믿는 자에게 가장 쉬운 것은 하나님을 믿는
것이요, 하나님을 믿는 자에게 가장 충만한 것은 하나님을
향한 믿음임을 보여 주는 자들이 되게 해주십시오.
이 사회는 비판만으로 정화되는 것이 아니라 내가 빛의
증인이 됨으로부터 정화됨을 기억하고 실천하는 자가 되게
하옵소서. 아멘.

# 예수를 쳐 가로되

시몬 베드로와 또 다른 제자 하나가 예수를 따르니
이 제자는 대제사장과 아는 사람이라.
예수와 함께 대제사장의 집 뜰에 들어가고 베드로는
문 밖에 섰는지라. 대제사장과 아는 그 다른 제자가 나가서
문 지키는 여자에게 말하여 베드로를 데리고 들어왔더니
문 지키는 여종이 베드로에게 말하되
"너도 이 사람의 제자 중 하나가 아니냐?" 하니
그가 말하되 "나는 아니라" 하고
그때가 추운 고로 종과 하속들이 숯불을 피우고 서서 쬐니
베드로도 함께 서서 쬐더라.
대제사장이 예수에게 그의 제자들과 그의 교훈에 대하여 물으니
예수께서 대답하시되
"내가 드러내어 놓고 세상에 말하였노라. 모든 유대인들의
모이는 회당과 성전에서 항상 가르쳤고 은밀히는
아무 것도 말하지 아니하였거늘 어찌하여 내게 묻느냐?
내가 무슨 말을 하였는지 들은 자들에게 물어보라.

저희가 나의 하던 말을 아느니라."
이 말씀을 하시매 곁에 섰는 하속 하나가 손으로 예수를 쳐
가로되 "네가 대제사장에게 이같이 대답하느냐?" 하니,
예수께서 대답하시되 "내가 말을 잘못하였으면 그 잘못한
것을 증거하라. 잘하였으면 네가 어찌하여 나를 치느냐?"
하시더라. 안나스가 예수를 결박한 그대로 대제사장
가야바에게 보내니라.
시몬 베드로가 서서 불을 쬐더니 사람들이 묻되
"너도 그 제자 중 하나가 아니냐?"
베드로가 부인하여 가로되 "나는 아니라" 하니
대제사장의 종 하나는 베드로에게 귀를 베어 버리운 사람의
일가라. 가로되 "네가 그 사람과 함께 동산에 있던 것을
내가 보지 아니하였느냐?"
이에 베드로가 또 부인하니 곧 닭이 울더라.

요한복음 18:15~27

식용으로 쓰는 육계가 아닌, 달걀을 낳는 산란계를 30만 수나 양계하는 분이 있습니다. 그분에 의하면 양계에서 중요한 것은 세 가지인데 첫째는 종계입니다. 곧 얼마나 건강하고 좋은 종계의 새끼냐 하는 것입니다. 사람의 경우에도 병든 여자나 나이든 여자는 건강한 아이를 낳기 어렵지 않습니까? 닭도 마찬가지라는 것입니다. 둘째는 먹이입니다. 어떤 사료를 먹느냐에 따라 결과가 달라진다는 것입니다. 셋째가 환경입니다. 요즘 양계는 고밀도 양계이기 때문에 환경이 더없이 중요합니다. 온도와 습도의 적절한 조절 및 청결성과 쾌적성에 따라 생산량의 증감이 나타난다는 것입니다. 양계 선진국의 경우 닭 한 마리가 1년에 약 300여 개의 달걀을 낳는 반면에 우리나라는 그보다 10%나 뒤떨어지는, 연간 270여 개밖에 낳지 못한다고 합니다. 닭 1마리가 선진국에 비해 1년에 30여 개 덜 낳는다면 별것 아닌 것 같지만,

30만 수를 가지고 있는 그 양계장의 경우 같은 규모의 선진국 양계장에 비해 1년에 무려 900만 개나 생산량이 뒤떨어지는 것입니다. 그렇다면 우리나라 양계 전체를 놓고 볼 때 그 차이는 실로 천문학적인 숫자가 될 것입니다. 똑같은 노력을 기울이고서도 선진국에 비해 그만큼이나 뒤진다면 너무나 가슴 아픈 일이지 않습니까? 그래서 우리나라의 경우, 종계, 먹이, 환경 중에 무엇이 미흡해서 그처럼 큰 차이가 나는지 이유를 물어 보았습니다.

먼저 종계에는 별 차이가 없다고 했습니다. 종계를 100% 외국에서 수입하기 때문입니다. 종저장에서 종계를 수입해서 그 닭이 알을 낳으면, 부화장에서 그 알을 사다가 부화시킨 뒤에 양계장에 분양하게 됩니다. 따라서 과정상 약간의 기술적인 차이가 있을 수 있으나 종계 그 자체는 선진국과 차이가 있을 수 없다는 것입니다. 그 다음으로 환경은 오히려 우리가 선진국에 비하여 더 낫다고 했습니다. 계사를 한번 지으면 시설의 수명이 대개 30년 가량 가는데 선진국의 경우 계사가 이미 오래 되어 노후한 반면, 우리나라는 불과 5년 전부터 전자동 시스템을 갖춘 최신 계사를 짓고 있으므로 환경에 관한 한 오히려 우리가 우월하다는 것입니다. 그렇다면 가장 큰 원인은 나머지 하나, 먹이 즉 사료에 있는 것입니다. 그렇다고 해서 우리나라에서 직접 만든 사료를 먹이는 것은 아닙니다. 사료 역시 100% 수입하고 있습니다. 그럼에도 불구하고 사료에 원인이 있는 것은, 선진국에서는 똑같은 사료라도 반드시 쪄서 먹이는데 비해 우리나라는 그냥 먹이기 때문입니다. 선진국에서는 번거롭고 불필요해 보이기는 하지만 모든 사료를 찜으로써, 만일의 경우에 대비하여 철저한 살

균과정을 거칩니다. 그러나 우리는 그 과정을 무시해 버림으로써 결국엔 완전한 먹이를 주지 못해 엄청난 생산량의 감소를 초래하고 있는 것입니다.

 이것은 참으로 중요한 교훈을 일깨워 주고 있습니다. 우리의 뿌리는 중요합니다. 우리가 살고 있는 환경도 더없이 중요합니다. 그러나 우리의 뿌리와 환경이 아무리 좋아도 우리가 무엇을 먹고 있느냐, 우리가 무엇을 양식으로 추구하고 있느냐에 따라 우리 삶의 결과는 엄청난 차이를 드러내기 마련입니다.

 여러 해 전에 해남에 있는 대단위 다원을 방문한 적이 있었습니다. 같은 산자락에 광활하게 펼쳐진 농원 속에 같은 나무가 심겨 있었지만, 유독 오른쪽 끝자락 부근의 나무는 모두 시들어 있었습니다. 이유인즉 그 곳만은 토양이 반석처럼 단단해서 나무가 뿌리를 제대로 내릴 수가 없기 때문이라는 것이었습니다. 같은 묘목을 심고 같은 비료를 주었습니다. 똑같은 물을 주었습니다. 똑같은 태양 빛과 열을 받았습니다. 그러나 그 나무들이 처해 있는 환경이 좋지 못할 때 그 나무들은 병들 수밖에 없었습니다.

 우리의 뿌리도 중요합니다. 우리가 무엇을 양식으로 삼고 있느냐 하는 것도 중요합니다. 그러나 우리의 뿌리와 먹이가 아무리 훌륭해도 우리가 처해 있는 환경에 따라, 혹은 우리가 우리 손으로 어떤 환경을 만들어 가느냐에 따라 우리의 내일은 달라질 수밖에 없는 것입니다.

 농업진흥청에서는 종자개량을 위해 끊임없이 노력하고 있습니다. 영농기법, 비료, 토양 등 모든 여건이 뛰어나도 종자의 가능성을 극대화할 수 있을 뿐이지, 그 한계를 뛰어넘을 수는 없기 때문입니다. 더 좋은 종자가 좋은 여건과 맞아떨어질 때 더 많은 수확이 보장되는 것입니다.

한국이 올림픽에서 열세인 종목이 많이 있지만 그중 두드러진 종목이 승마입니다. 한국에는 한 필에 수십억 원, 혹은 그 이상을 호가하는 좋은 종마가 없는 까닭입니다. 지금 한국에 있는 정도의 말로는, 아무리 좋은 먹이를 주고 좋은 환경을 만들어 주어도 세계 기록 언저리에도 들어갈 수 없습니다.

우리의 환경도 중요하고 우리가 추구하는 양식도 중요합니다. 그러나 양식과 환경이 아무리 출중해도 우리의 뿌리가 좋지 못할 때, 우리의 혈통이 부실할 때, 우리의 삶은 그 한계를 벗어날 수가 없습니다. 학자 집안에서 학자가 더 많이 나오고, 법률가 집에서 법률가가, 의사 집안에서 의사가, 사기꾼 집안에서 사기꾼이 상대적으로 더 많이 배출된다는 통계야말로 우리의 뿌리가 얼마나 중요한지를 여실히 보여 주고 있습니다.

하나님 앞에서 우리는 어떤 존재들이었습니까? 우리는 하나님 앞에서 범죄하여 어리석게도 낙원을 잃어버렸던 인류 최초의 범죄자인 아담의 후예들입니다. 우리의 죄성과 욕망을 배부르게 할 것만을 양식으로 삼던 자들입니다. 이 세상의 온갖 악과 불의를 우리의 환경으로 삼았던 자들입니다. 말하자면 철저하게 악 속에서 악을 먹고 살아오던 악의 종자들이었습니다. 그렇다면 그리스도 안에서 하나님을 믿는다는 것은 구체적으로 무엇을 의미합니까?

영접하는 자, 곧 그 이름을 믿는 자에게는
하나님의 자녀가 되는 권세를 주셨으니, 이는 혈통으로나

육정으로나 사람의 뜻으로 나지 아니하고 오직
하나님께로서 난 자들이니라. (요 1:12~13)

그것은 우리의 죄를 씻어 주시기 위하여 십자가 위에서 흘리신 주님의 보혈의 은총 속에서, 아담의 자녀로부터 하나님의 자녀로 우리의 뿌리와 혈통을 바꾸는 것입니다.

"사람이 떡으로만 살 것이 아니요 하나님의 입으로 나오는
모든 말씀으로 살 것이라." (마 4:4)

그것은 오직 하나님의 진리의 말씀, 생명의 말씀을 우리의 가장 귀한 양식으로 알고 주야로 그것을 추구하는 것입니다.

"좋은 땅에 뿌리웠다는 것은 말씀을 듣고 깨닫는 자니
결실하여 혹 백 배, 혹 육십 배, 혹 삼십 배가 되느니라."
(마 13:23)

또한 그것은 우리의 삶이 풍성한 진리의 열매를 수확할 수 있도록 우리의 환경을 진리의 옥토로 쉼 없이 일구어 가는 것입니다.
다시 말하면 믿음이란, 그리스도 안에서 하나님의 자녀된 우리가 진리를 양식으로 먹고 마시면서 진리를 우리의 환경으로 삼아 우리 자신을 진리의 종자답게 가꾸어 가는 구체적인 행동이요 삶입니다.
종자, 먹이, 환경 이 세 가지는 양계장이나 농장, 혹은 승마장

에서만 중요한 것이 아닙니다. 세상 교육에서도 이 세 가지의 중요성은 지대합니다. 그러나 하나님 앞에서 이 세 가지는 더없이 중요합니다. 이 세 가지의 유무 여부에 따라 신·불신이 결정되고, 이 세 가지의 정도에 따라 신앙의 성숙도와 선진도가 판가름 나는 것입니다. 오늘의 본문이 일깨워 주는 교훈이 바로 이것입니다.

겟세마네 동산에서 체포된 예수님께서는 결박당하신 채 대제사장의 집으로 끌려가셨습니다. 그리고 오늘 본문은 이렇게 증거하고 있습니다.

> 대제사장이 예수에게 그의 제자들과 그의 교훈에 대하여
> 물으니 (요 18:19)

자신의 집으로 끌려온 예수님을 본 전임 대제사장 안나스는 즉각 예수님을 심문하기 시작했습니다. 평소 제자들에게 무엇을 가르쳐 왔는지 그 내용을 이실직고하라는 것이었습니다. 이에 대한 주님의 답변을 본문은 이렇게 증거하고 있습니다.

> 예수께서 대답하시되
> "내가 드러내어 놓고 세상에 말하였노라. 모든 유대인들의
> 모이는 회당과 성전에서 항상 가르쳤고 은밀히는
> 아무 것도 말하지 아니하였거늘 어찌하여 내게 묻느냐?
> 내가 무슨 말을 하였는지 들은 자들에게 물어보라.
> 저희가 나의 하던 말을 아느니라." (요 18:20~21)

주님께서는 당신께서 무엇을 가르쳤는지 구체적으로 답변치 않으셨습니다. 정 알고 싶다면 당신의 말씀을 들었던 자에게 직접 물어 보라고 하셨습니다. 주님께서는 대제사장이 정말 주님의 가르침에 귀기울이기 위함이 아니라, 주님의 말씀을 트집잡기 위함임을 잘 알고 계셨던 것입니다. 그런 자에게 진리를 말한다는 것은 돼지에게 진주를 주는 것과 같이 부질없는 일이었던 것입니다. 그런데 놀랍게도 22절은 이렇게 증거하고 있습니다.

>  이 말씀을 하시매 곁에 섰는 하속 하나가 손으로 예수를 쳐 가로되 "네가 대제사장에게 이같이 대답하느냐?" 하니

예수님의 답변이 끝나기 무섭게 그 집의 하속 한 명이 대제사장 앞에서 예수님의 답변 태도가 불손하다는 이유로 예수님을 손으로 쳤습니다. 예수님을 때린 것입니다. 예수님에게 폭력을 행사한 것입니다. 그것은 단순히 한 인간에 대한 구타가 아니었습니다. 그것은 진리를 친 것이요, 하나님의 아들에 대한 폭행이자 그 아들을 보내신 하나님에 대한 폭력이었습니다. 말하자면 본문 속의 이 하속은 진리로 이 땅에 오신 하나님의 아들 예수 그리스도에게 폭력을 행사한 최초의 인간, 이 세상에서 가장 어리석은 인간이었습니다. 그는 어떻게 이처럼 어처구니없는 짓을 행하는 자가 될 수밖에 없었습니까?

첫째, 그의 뿌리가 나빴습니다. 하나님의 자녀가 되는 통로인 예수 그리스도로부터 벗어나 있던 그는 여전히 아담의 후예일 따름이었던 것입니다. 둘째, 환경이 나빴습니다. 그가 거하고 있는 곳이 어디였습니까? 대제사장의 집이었습니다. 대제사장의 집이

란 어떤 곳입니까? 하나님의 의가 아니라 인간의 의만 드러나는 곳입니다. 하나님의 법이 아니라 인간의 관습을 중요시하는 곳입니다. 하나님의 영광이 아니라 인간의 명예만 드높이는 곳입니다. 그 곳은 하나님과 하나님께서 보내신 그리스도를 결코 인격적으로 만날 수 없는 최악의 환경이었습니다. 셋째, 양식이 나빴습니다. 그 하속이 그 곳에서 얻을 수 있는 양식은 진리와 생명의 말씀이 아니라 백해무익한 탐욕과 자신과 생각을 달리하는 사람에 대한 증오가 고작이었습니다.

그 결과, 그는 길이요 진리요 생명이신 예수 그리스도를 가장 가까이에서 만나 뵙는 행운을 누렸음에도 불구하고 오히려 예수님에게 폭력을 행사한 최초의 패역한 인간이 되었을 뿐만 아니라, 그러고서도 회개조차 않는 비참한 인간이 되고 말았습니다. 그런 뿌리, 그런 양식, 그런 환경으로서는 죄를 짓고서도 무엇이 죄인지조차 알 수 없기에 회개가 아예 불가능한 까닭이었습니다.

이 불쌍한 하속에 비하여 볼 때 본문 속의 베드로는 어떠합니까? 그는 예수님의 제자였습니다. 다시 말해 예수 그리스도 안에서 하나님의 자녀가 된 자였습니다. 이를테면 이 하속과는 뿌리, 즉 종자가 달랐습니다. 그렇다면 하속과 뭐가 달라도 분명히 달라야만 했습니다. 그런데 실제로 베드로의 처신은 어떠하였습니까? 그는 주님께서 서 계시는 대제사장의 바로 그 뜰에서 세 번씩이나 주님을 모른다고 공개적으로 부인했습니다. 마지막에는 주님을 욕하고 저주하기까지 했습니다. 그것 역시 주님에 대한 폭력이었습니다. 하속과 다를 바가 없었습니다. 차이가 있다면 하속은 주먹으로 폭력을 행사한 데 비해 베드로는 혀와 말로 했다는 차이뿐이었습니다.

어떻게 하나님께 뿌리를 둔 예수님의 제자가 이처럼 하속과 똑같을 수가 있습니까? 첫째는 바른 양식을 취하지 않았기 때문입니다. 주님께서는 이전에 여러 번이나 대제사장들과 서기관들과 장로들에게 고난을 받고 돌아가실 것을 예고하셨습니다. 그렇다면 베드로는 그 말씀을 믿고 삼켜야만 했습니다. 그러나 베드로는 자기의 생각과 다른 그 말씀을 흘려 버리고 말았습니다. 그리고 자기의 생각, 자기의 계산을 양식으로 삼았던 것입니다. 둘째는 지금 베드로가 처한 환경이 좋지 못했습니다. 베드로가 그처럼 예수님을 부인했던 곳은 대제사장의 집 뜰이었습니다. 만약 그곳이 대제사장의 집이 아니었던들 베드로가 그처럼 어처구니없이 주님을 부인치는 못했을 것입니다.

이처럼 하속과 다를 바가 없던 베드로가 하속과는 확연하게 달리 자신의 죄를 뉘우치면서 회개한 게 언제입니까?

> 이에 베드로가 또 부인하니 곧 닭이 울더라. (요 18:27)

베드로는 새벽 닭이 우는 소리를 듣고 회개했습니다. 그 소리를 듣는 순간, 이 세상 모든 사람이 다 주님을 버릴지라도 나만은 죽을지언정 주님을 버리지 않으리라 호언장담할 때 "오늘 밤 닭 울기 전 나를 세 번 부인할 것"이라고 하시던 주님의 말씀이 불현듯 기억났기 때문입니다. 말하자면 주님의 말씀을 기억하고 삼키는 순간 회개했던 것입니다. 어디에서 회개했습니까? 대제사장의 집 안에서 회개했습니까? 아닙니다. 마태복음 26장 75절은 베드로가 대제사장의 집을 뛰쳐나가 밖에서 통곡했다고 증거하고 있습니다. 대제사장의 집이라는 환경을 벗어나서야 진정으로 회개할 수 있었던 것입니다.

　오늘 본문 속의 하속과 베드로의 행적은 우리에게 참으로 귀중한 교훈을 일깨워 주고 있습니다. 아무리 그리스도 안에서 하나님의 자녀가 된 자라 할지라도 바른 양식을 취하지 않고 바른 환경 속에 거하지 않는 한 불신자와 아무런 차이가 없을 수 있습니다. 우리는 모두 그리스도인들입니다. 그리스도 안에서 구원을 입고 이미 하나님의 자녀가 되는 권세를 얻은 자들입니다. 뿌리가 바뀐 것입니다. 그럼에도 불구하고 우리의 삶이 진리를 알지 못하는 자들과 동일하다면 그것은 첫째 하나님의 자녀로서 하나님의 말씀을 구하지 않기 때문이요, 둘째 바르지 못한 환경으로부터 벗어나거나 혹은 그 그릇된 환경을 적극적으로 개선하려 하지 않고 그 속에 안주하면서 오히려 거기에 적응해 가고 있기 때문입니다.

　평생 주님을 믿는다고 하면서도 성경 한번 읽지 못하다가 최근에 창세기부터 통독을 시작하여 이제 구약 마지막 부분을 읽고 있는 성도님이 이렇게 고백했습니다. 하나님의 말씀을 읽고 보니, 그 동안 얼마나 허무맹랑하게 믿고 살아왔는지 하나님 앞에서 수치스럽고 후회스러울 뿐이라고 말입니다. 하나님의 자녀가 하나님의 말씀을 양식으로 삼지 않고서는 하나님의 자녀답게 살 도리가 없습니다. 그것은 사람이 닭의 모이만을 먹고서는 사람 구실을 절대로 할 수 없는 것과 동일합니다. 우리 자신이 정녕 하나님의 자녀 되었음을 믿는다면 그것은 하나님의 말씀을 매일의 양식으로 삼는 것으로 증명되어야만 합니다. 진리의 말씀을 양식으로 삼지 않고서도 살 수 있다면 하나님의 자녀일 수가 없는 까닭입니다.

아울러 하나님의 자녀들은 그릇된 환경에서 벗어날 뿐만 아니라 잘못된 환경을 바로잡는 자들이어야 합니다. 그리스도인들이란 이 땅에 하나님의 나라를 건설하는 역군들인 것입니다. 지금 한보사태로 온 나라가 요란하기 짝이 없습니다. 그러나 이것은 비단 어제 오늘만의 일이 아닙니다. 80년대, 70년대, 60년대, 50년대 신문을 뒤져보십시오. 단지 사건의 주인공과 제목만 틀릴 뿐 소위 한보사태는 늘 있어 왔습니다. 어느 정권치고 새 시대, 새 사회, 새 역사를 소리쳐 외치지 않는 정권이 없었습니다. 다시 말해 정치, 사회, 경제, 문화적으로 모두 새로운 환경을 일구자고 역설했습니다. 그럼에도 불구하고 왜 나라를 뒤흔드는 대형 비리가 끝없이 계속되고 있습니까?

모두 다른 사람을 고치려고만 했지 자기를 바로 세우는 일을 등한시한 까닭입니다. 나를 바로 세우지 않고서는 이 세상이라는 환경은 절대로 개선되지 않습니다. 나에게는 다른 사람이 나의 환경이듯이, 그들에게는 내가 그들의 환경이기 때문입니다. 따라서 각각 타인의 환경인 우리 자신이 진리를 우리의 환경으로 삼아 진리 안에 설 때에만, 자연을 포함하여 이 세상이라는 환경이 비로소 새로워질 수 있고 그 새로워진 환경 속에서 밝고 건강한 삶이 보장되는 것입니다.

베드로를 보십시오. 대제사장의 집이라는 환경 속에서 예수님을 부인하고 저주했던 그가 그 이후 진리의 말씀을 양식으로 삼고 예수 그리스도를 환경으로 삼았을 때, 그에게 다가온 순교라는 최악의 환경이 그를 결코 무너뜨리지 못했으며 오히려 그에게 십자가 순교를 강요했던 로마제국이라는 세상의 환경이 그로 인하여 새로워지는 역사가 일어나게 되었음을 우리는 분명히 알고 있습니다. 베드로가 자기를 바로 세우지 않고 예수님을 부인하던 그대로 머물러 있었다면 결코 있을 수 없는 일이었습니다.

사랑하는 교우 여러분! 그리스도 안에서 하나님의 자녀 되었음을 믿습니까? 그리스도 안에서 우리의 뿌리가 새로워졌음을 믿습니까? 그렇다면 진리의 말씀을 양식으로 삼읍시다. 우리의 목자 되신 예수 그리스도 안에 거하여 그분을 우리의 환경으로 삼아 우리 자신들이 타인을 위한 바른 환경이 되십시다. 잊지 마십시오. 뿌리와 먹이와 환경의 바른 어우러짐 속에서만 개인의 역사도, 민족의 역사도 새로이 구축됩니다.

하나님!
추악한 아담의 후예로 태어나 죽을 수밖에 없는
죄인임에도 불구하고, 우리를 사랑하셔서
그리스도 안에서 하나님의 자녀 되는 권세를 주심으로
우리의 종자를, 우리의 뿌리를, 우리의 혈통을
근원적으로 바꾸어 주셨음을 진심으로 감사드립니다.
그러나 하나님의 자녀된 자답게 살아오지 못하였음을
용서하여 주시기를 바랍니다.
내가 바로 내 아내의 환경이며 내 남편의 환경임을 알지
못했습니다. 내가 근로자의 환경이며 경영자의 환경임을
인식치 못했습니다. 내가 내 형제와 이웃의 환경임을
자각치 못했습니다. 그래서 내가 나를 바로 세우려 하지
않고 다른 사람만을 바로 세우려다가 수많은 사람들을
치고, 법과 질서에 폭행을 가해 왔음을 이 시간 회개하오니

용서하여 주옵소서.
이제 하나님의 자녀된 자답게 진리의 말씀, 생명의 말씀을 우리의 양식으로 삼게 하옵시고, 우리의 목자 되신 예수 그리스도를 우리의 환경 삼아 오직 그분 안에 거함으로써 타인을 위한 바른 환경, 진리의 환경이 되게 하옵소서. 그리스도 안에서 종자, 양식, 환경이 바르게 어우러지는 우리의 삶으로 인해 이 세상이라는 환경이 맑고 밝아지는 역사가 시작되게 하옵소서. 아멘.

/ 8

끈 닭이 울더라

시몬 베드로와 또 다른 제자 하나가 예수를 따르니
이 제자는 대제사장과 아는 사람이라.
예수와 함께 대제사장의 집 뜰에 들어가고 베드로는
문 밖에 섰는지라. 대제사장과 아는 그 다른 제자가 나가서
문 지키는 여자에게 말하여 베드로를 데리고 들어왔더니
문 지키는 여종이 베드로에게 말하되
"너도 이 사람의 제자 중 하나가 아니냐?" 하니
그가 말하되 "나는 아니라" 하고
그때가 추운 고로 종과 하속들이 숯불을 피우고 서서 쬐니
베드로도 함께 서서 쬐더라.
대제사장이 예수에게 그의 제자들과 그의 교훈에 대하여 물으니
예수께서 대답하시되
"내가 드러내어 놓고 세상에 말하였노라. 모든 유대인들의
모이는 회당과 성전에서 항상 가르쳤고 은밀히는
아무 것도 말하지 아니하였거늘 어찌하여 내게 묻느냐?
내가 무슨 말을 하였는지 들은 자들에게 물어보라.

저희가 나의 하던 말을 아느니라."
이 말씀을 하시매 곁에 섰는 하속 하나가 손으로 예수를 쳐
가로되 "네가 대제사장에게 이같이 대답하느냐?" 하니,
예수께서 대답하시되 "내가 말을 잘못하였으면 그 잘못한
것을 증거하라. 잘하였으면 네가 어찌하여 나를 치느냐?"
하시더라. 안나스가 예수를 결박한 그대로 대제사장
가야바에게 보내니라.
시몬 베드로가 서서 불을 쬐더니 사람들이 묻되
"너도 그 제자 중 하나가 아니냐?"
베드로가 부인하여 가로되 "나는 아니라" 하니
대제사장의 종 하나는 베드로에게 귀를 베어 버리운 사람의
일가라. 가로되 "네가 그 사람과 함께 동산에 있던 것을
내가 보지 아니하였느냐?"
이에 베드로가 또 부인하니 곧 닭이 울더라.

요한복음 18:15~27

프랑스 작가 삐에르땅 빠셍이 쓴 작품 중에 '우리의 삶의 날들'이란 제목의 단편이 있는데 그 줄거리는 다음과 같습니다.
보그라는 마을에, 마음씨 착하기 그지없는 곱추 우그린이 누나 소랑케와 함께 살고 있었습니다. 아버지가 누구인지 알지 못하는 데다가 어머니는 중증의 알코올 중독자였기에, 누나인 소랑케가 온갖 궂은 일을 마다 않으며 곱추 동생 우그린을 키웠습니다. 어느 날 소랑케는 뜻밖에도 도둑의 누명을 쓴 채 옥살이를 하고 나오게 됩니다. 그리고 그 뒤로 소랑케는 일자리를 구할 수가 없었습니다. 자신은 맹세코 결백했지만 사람들은 믿어 주지 않았던 것입니다. 어쩔 수 없이 소랑케는 몸을 팔아 곱추 동생 우그린을 부양해야만 했습니다.
그러던 어느 날이었습니다. 곱추 우그린이 마을로 나갔을 때 마침 그 곳에 모여 있던 무리들이 우그린을 밀어 넘어뜨리고 발로 차고 밟으면서 '창녀의 동생'이라고 놀려댔습니다. 그 곳에 많은 사람들이 있었지만 모두가 다 똑같았습니다. 바로 그 순간 그 곳을 지나가던 마을 신부님이 그 장면을 목격하고 무리들에게 호통을 치며 피투성이가 된 우그린을 구출해 냈습니다. 그러나 그 일로 인해 말할 수 없이 큰 충격을 받은 곱추 우그린은 강에 투신하여 자살해 버렸고, 그 사실을 뒤늦게 알게 된 누나 소랑케는 권총으로 자신의 목숨을 끊어 버리고 말았습니다

소랑케와 우그린 남매의 자살 소식을 접한 신부님은 '이들은 자살한 것이 아니라 무자비한 인간들에 의해 살해당한 것이다'며 가슴을 치면서 탄식했습니다. 마침내 장례식 날이 되었습니다. 우그린 남매를 죽음에 이르게 했던 마을 사람들 역시 좋은 구경거리라도 생겼다는 듯 모두 장례미사가 거행되는 마을 성당으로 모여들었습니다. 그 마을 사람들을 바라보며 미사를 집례하는 신부님이 이렇게 설교했습니다.

"소위 기독교인들이여, 이 세상 마지막 심판 날 공의로우신 주님께서 '내 양떼들은 어디 있느냐?' 하고 물으신다면 나는 '모르겠습니다' 하고 대답할 것입니다. 주님께서 다시 '내 양떼들은 어디 있느냐?' 하고 물으신다고 해도 나는 여전히 '모르겠습니다' 하고 대답할 것입니다. 그러나 주님께서 마지막으로 '내 양떼들은 어디 있느냐?' 하고 또 물으신다면, 그때 나는 부끄러움과 송구스러움을 무릅쓰고 이렇게 대답할 것입니다. '주님이시여! 저들은 양떼가 아니었습니다. 저들은 이리떼들이었습니다."

신부님의 눈에는 착하디 착한 곱추 우그린과 마음씨 고운 누나 소랑키를 죽음에 이르게 했던 그 마을 사람들이 사람으로 보이지 않았던 것입니다. 주님을 믿는 주님의 양떼들로는 더더욱

여겨지지 않았습니다. 그들은 모두 잔인하기 이를 데 없는 이리 떼로 보였습니다. 그 이리떼들과 함께 얼굴을 마주보고 살아야 하는 그 신부님의 절망감과 좌절감이 얼마나 컸을지 그의 설교를 통해 넉넉히 짐작할 수 있습니다.

만약 보그 마을의 이 신부님이 오늘 이 땅에 와서 우리의 삶을 안팎으로 속속들이 살펴본다면 과연 무엇이라 말하겠습니까? 이 세상 마지막 심판날 공의로우신 주님께서 "내 양떼들이 어디 있느냐?"고 물으실 때 "주님, 주님의 양떼들은 서울에 모여 있습니다" 하고 대답할까요? 온갖 부정과 비리가 난무하고, 온 나라를 거덜나게 하고서도 누구하나 책임지는 사람없이 변명과 은폐에만 급급한 우리를 바라보면서 그 신부님은 부끄러움과 송구스러움을 무릅쓰고 똑같은 대답을 하지 않겠습니까? "주님이시여! 저들은 양떼가 아니었습니다. 저들은 이리떼들이었습니다."

우리 중 누구든 이 답변을 부정할 수 없다면, 이리떼들만이 득실거리는 이 시대 역시 절망의 시대요 좌절의 시대일 수밖에 없습니다. 이 암울한 시대에 우리는 어떻게 해야 하겠습니까? 이 신부님처럼 절망하고 탄식하는 것으로만 그치겠습니까? 아니면 지금 세인들처럼 비방과 비난, 그리고 비판으로만 일관하다가 모두 함께 멸망하겠습니까? 그럴 수는 없습니다. 우리는 그처럼 의미 없고 무가치한 삶을 살기 위해 이 땅에 태어난 것이 아닙니다. 그렇다면 이 시점에 우리에게 가장 절실하게 필요한 것은 발상의 대전환입니다.

우리가 이리떼 같은 인간들에 대해 절망하고 탄식하는 까닭은 하나, 곧 인간은 본래 이리가 아니었다는 생각 때문입니다. 결코 이리일 수 없는 인간이 하루 아침에 이리로 전락해 버리고 말았다면 인간사에서 그보다 더 절망스러운 일이 어디에 있겠습니까?

그러나 과연 그러합니까? 하나님의 밭을 유린한 채 에덴 동산에서 쫓겨난 아담이 이리가 아니었습니까? 동생 아벨을 단지 시기심으로 쳐죽였던 가인이 이리가 아니었단 말입니까? 아내야 어찌 되건 말건 자기 한 목숨 살겠다며 아내를 동생이라 속였다가 그 아내를 빼앗겼던 아브라함이 이리가 아니었습니까? 자기 마음에 들지 않는다고 애굽인을 때려 죽였던 모세가 이리가 아니었습니까? 삼촌을 교묘하게 속여 삼촌의 재산을 횡령하여 부정축재했던 야곱이 이리가 아니었습니까? 충복의 아내와 몰래 통정하고 사실을 은폐하기 위해 아예 충복을 살해해 버렸던 다윗이 이리가 아니었습니까? 예수님을 믿는 자들을 돌로 쳐죽이던 바울이 이리가 아니었단 말입니까? 드대체 성경에 나타난 인간 중 본래 이리가 아니었던 자가 단 한 사람이라도 있었습니까? 오죽했으면 성경이 이렇게 단언했겠습니까?

> 하나님이 하늘에서 인생을 굽어살피사
> 지각이 있어 하나님을 찾는 자가 있는가 보려 하신즉
> 다 치우쳤으며 함께 더러운 자가 되고 선을 행하는 자가
> 없으니 하나도 없도다. (시 14:2~3)

하나님이 보시기에 인간 같은 인간, 양 같은 인간은 이 세상에 한 명도 없었습니다. 하나님 보시기에는 모든 인간이 한결같이 이리떼들일 뿐이었습니다.

알겠습니까? 우리는 본래 모두 이리들이었습니다. 이것을 안다

면 우리에게는 더 이상 절망할 것이 없습니다. 이리가 이리 짓을 하는 게 당연한데 새삼스레 더 절망할 게 무엇이 있겠습니까? 오히려 인간이 본래 이리였음을 알 때 우리는 오히려 절망 속에서도 소망을 갖게 됩니다. 본래 이리와 같은 인간을 사람다운 사람, 인간다운 인간으로 거듭나게 해주시기 위해 이 땅에 오신 길이요 진리요 생명이신 예수 그리스도, 그분의 말씀, 그분의 사랑이 지금 우리와 함께 하고 계시기 때문입니다. 세상을 보면 탄식할 수밖에 없으나 눈을 들어 그분을 보면 우리에게 소망이 넘칩니다.

지금 예수님께서는 대제사장의 집 뜰에 서 계십니다. 군대와 천부장과 대제사장의 종들이 겟세마네 동산에서 예수님을 체포, 결박하여 그 곳으로 끌고 갔던 것입니다. 예수님을 잡아왔던 자들은 여전히 그대로 그 집안에 있습니다. 예수님을 본 대제사장은 즉각 예수님을 심문하기 시작했습니다. 예수님 곁에 있던 하속 한 명은 예수님의 답변 태도가 불손하다 하여 예수님을 주먹으로 쳤습니다. 베드로는 예수님을 모른다고 부인하며 예수님을 욕하고 저주하기까지 합니다. 또 다른 제자 한 명은 대제사장 측과 은밀하게 내통하고 있었음에도 불구하고 철저하게 자신의 신분을 감추고 있습니다. 말하자면 지금 대제사장의 집안에 있는 사람들은 대제사장에서부터 시작하여 베드로에 이르기까지 모두 사람이 아니었습니다. 그들은 한결같이 진리를 결박하고 폭행하고 저주하고 부인하고 조롱하는 이리떼들이었던 것입니다.

그런데 그 이리떼들 중의 한 사람인 베드로에게 놀라운 일이 일어났습니다. 본문은 이렇게 증거하고 있습니다.

이어 베드로가 또 부인하니 곧 닭이 울더라. (요 18:27)

베드로가 주님을 부인하며 이리 같은 짓을 서슴지 않았던 바로 그때 닭이 울었다는 것입니다. 새벽에 닭이 우는 것은 다반사로 있는 일이 아닙니까? 그런데 성경은 이 중요한 대목에서 왜 그런 것까지 증언하고 있습니까? 마태복음은 그 이유를 이렇게 증언하고 있습니다.

저(베드로)가 저주하며 맹세하여 가로되
"내가 그 사람을 알지 못하노라" 하니 닭이 곧 울더라.
이에 베드로가 예수의 말씀에 "닭 울기 전에 네가
세 번 나를 부인하리라" 하심이 생각나서 밖에 나가서
심히 통곡하니라. (마 26:74~75)

그 날 새벽 닭이 울었다는 것이 왜 중요합니까? 닭이 우는 바로 그 순간에, 베드로가 자신의 잘못을 통감하고 참회하면서 통곡했기 때문입니다. 다시 말하자면 그 순간이야말로 이리떼들 속에서 이리같이 행동하던 베드로가 인간성을 회복하는 순간이었기 때문입니다.

이와 같은 극적인 반전이 어떻게 가능했습니까? 닭이 우는 소리를 듣는 순간, "닭 울기 전에 네가 세 번 나를 부인할 것"이라는 주님의 말씀이 베드로의 심령을 쳤기 때문입니다. 그것은 단순한 닭 울음소리가 아니었습니다. 그 소리는 바로 주님의 음성이요 말씀이었습니다. 다시 말해서 주님의 말씀이 이리 같던 베드로의 심령 속에 인간성을 소생케 해주셨건 것입니다.

누가복음 22장 61절은 바로 이때, 닭이 우는 그 순간, 예수님과 베드로의 눈이 마주쳤다고 증거해 주고 있습니다. 베드로는 대제사장의 집 뜰에서 심문 당하고 계시는 예수님 곁에서 예수님을 부인하고 욕하고 저주했습니다. 예수님께서도 그 소리를 다 들으셨습니다. 그리고 예수님과 베드로의 눈이 마주친 것입니다. 그런데 베드로를 쳐다보시는 주님의 눈길은 예전과 조금도 변함이 없었습니다. 여전히 호수와 같이 잔잔한 사랑과 용서와 포용의 눈길이었습니다. 주님의 그 사랑, 그 생명의 말씀을 외면할 때 베드로는 이리와 다를 바가 없었지만 그 사랑, 그 말씀 앞에 바로 섰을 때 그는 참다운 인간으로 거듭나는 진정한 그리스도인이 되었던 것입니다.

본문 속의 대제사장 집은 보그 마을의 신부님이 그토록 통탄해 마지 않았던 이 세상의 축소판이라고 할 수 있습니다. 그 곳에는 온통 이리떼들밖에 없습니다. 이리떼들만 들여다보노라면, 절로 터지는 탄식과 더불어 그저 눈앞이 캄캄할 따름입니다. 그럼에도 불구하고 우리가 절망 가운데 침몰치 아니하고 오히려 소망을 가질 수 있는 것은, 이리를 거듭나게 하시는 생명의 주님, 진리의 주님이신 예수 그리스도께서 그 곳에 계시는 까닭입니다.

그리스도인이 경영하는 기업에 세무서에서 실사를 나왔습니다. 마침 실사를 나온 세무 공무원도 그리스도인입니다. 기업주와 세무 공무원이 함께 기도하고 세무실사를 시작합니다. 세무 공무원은 그 기업이 단돈 1원의 외형 누락도 없이 세무 자료를 100% 발생시키고 있는 데 감동을 받고, 기업주는 세무 공무원이 어떤 부당한 요구도 없이 법대로 처리하는 것을 보고 감동을 받습니다. 그리고 실사가 다 끝난 뒤에 단돈 1원의 덕값 수수도 없이 서로 격려하며 헤어집니다.

제가 이런 말을 하면 사람들은 도대체 그게 어느 나라 이야기냐고 반문할 것입니다. 그리고 우리나라의 이야기라고 하면 당치도 않다고 할 것입니다. 그러나 이것은 정말 우리나라에서 있었던 실화입니다. 제가 이처럼 단언할 수 있는 것은, 바로 작년 10월달에 저희 집 2층에서 있었던 일이기 때문입니다.

제가 살고 있는 합정동 2층에는 제가 1974년 설립하여 아직까지 '믿음의 글들'을 펴내고 있는 홍성사 사무실이 있습니다. 지난 해 10월 14일, 세무서에서 홍성사로 정기 법인세 실사를 나왔는데 그 날이 마침 월요일이어서 제가 서재에 있었습니다. 실사 나온 반장은 아직 법적으로 발행인인 저를 만나기를 원했습니다. 저는 홍성사 사무실로 가서 그분들에게 인사를 드리고 이렇게 말했습니다.

"홍성사는 하나님을 믿는 사람들이 일하고 있는 기업입니다. 그래서 우리는 창립이래 지난 22년 동안 단돈 1원도 외형을 누락시키거나 고의로 탈세한 적은 없었습니다. 이번에 실사 나오신 김에 잘 살펴보시고 저희들이 혹 잘못 알아 틀렸거나 혹은 계정을 잘못 처리한 부분이 있으면 가르쳐 주시기 바랍니다."

그러자 반장이 이렇게 말했습니다.

"저도 그리스도인이고 또 홍성사에 대해 알고 있습니다. 저도 예전에는 부끄러운 삶을 살았지만 주님을 만난 뒤로부터는 그리스도인답게 살아가기 위해 애쓰고 있습니다. 매일 새벽마다 교회에 나가 기도로 하루의 일과를 시작하면서 온갖 유혹을 이기고 있습니다. 오늘부터 세무 공무원의 양심으로 실사를 시작하겠습니다. 세무회계와 기업회계상의 차이 때문에 혹 추가로 세금을 더 납부하는 경우가 있더라도 이해해 주시기 바랍니다. 그리고 이제 저를 위해, 그리고 이 땅의 세무 공무원들을 위해 기도 한번 해주십시오."

저는 그분을 위해, 그리고 세무 공무원들을 위해 간절히 기도 드렸습니다. 기도가 끝났을 때 그분은 이런 당부를 잊지 않았습니다.

"목사님, 제가 지금처럼 바르게 살 수 있도록 생각날 때마다 저를 위해 기도해 주십시오."

그 이후 저는 그분을 위해 기도하고 있으며 이 땅의 공직자들이 그분 같아지기를 기도하고 있습니다.

요즈음 신문을 펼치면 비리에 연루된 공직자들이 얼마나 많습니까? 그런 기사를 보면 정말 절망적입니다.

지난달 노동법 변칙 처리와 관련하여 노동계가 펼쳤던 총 파업을 반박하는 전 5단 광고를 자비로 일간지에 게재하여 화제를 모았던 모기업 대표가 있었습니다. 그가 지난 14일 한국경영자총협회 주최 조찬 세미나에서 그 동안 사업상 상대했던 공직자들의 부패상을 발표하며 울분을 토했던 것으로 보도되었습니다. 그런 기사를 접하면 말 못할 절망감에 그저 숨이 막힐 따름입니다. 그럼에도 불구하고 우리가 절망에서 벗어날 수 있는 것은, 방금 말한 세무 공무원 같은 참다운 그리스도인이 있기 때문입니다. 이 사회가 아무리 썩고 부패했다 할지라도 아직까지 지탱되고 있는 것은 사회 요소 요소마다 그와 같은 참 인간, 참 그리스도인이 박혀 있기 때문임을 저는 확신합니다. 그들이야말로 이 시대, 이 사회, 이 민족의 희망이요 소망입니다. 그 소망의 근거가 무엇입니까? 이리와 같은 우리를 참 인간으로 거듭나게 하시는 주님의 사랑, 주님의 생명의 능력이 으리와 함께 하고 계시다는 것입니다.

사랑하는 교우 여러분, 지금 신문지상을 오르내리는 비리자들과 우리 사이에 무슨 차이가 있습니까? 차이가 있다면 그들은 적발되었고 우리는 아직 적발되지 않았다는 것뿐이지 않습니까? 주님의 사랑과 말씀을 외면했을 때 우리 모두 사람이 아니라 이리였음을 우리 자신이 알고 있지 않습니까? 오늘 사순절 첫째 주일을 맞이하여 우리 모두 이리였음을 회개하십시다. 그리고 그분의 사랑과 말씀 앞에 바로 섬으로써 버드로처럼 통곡하는 자들이 되십시다. 우리 각자의 통곡 속에만 이 민족의 소망이 있습니다. 왠지 아십니까? 이리는 통곡할 줄 모르지만 그리스도 안에서 거듭난 사람은 통곡할 줄 알기 때문입니다.

"볼지어다. 내가 문밖에 서서 두드리노니
누구든지 내 음성을 듣고 문을 열면 내가 그에게로 들어가
그로 더불어 먹고 그는 나로 더불어 먹으리라." (계 3:20)

우리는 이제껏 사람이 아니었습니다. 주님의 양떼는
더더욱 아니었습니다. 자기의 욕망 때문에 울부짖는
이리들이었을 뿐입니다. 그러고서도 남을 비난하고
비방했으며 이리가 이리를 욕하는 것과 같은 한심한
작태를 보였습니다.
그럼에도 불구하고 우리를 버리지 않으시고 주님께서
우리를 찾아오셔서 사랑으로, 생명의 말씀으로 함께

해주시니 감사합니다. 이 사랑과 말씀에 바로 응답하여
통곡하고 회개하는 베드로가 되게 하옵시고 참다운
사람으로 거듭나는 그리스도인들이 되게 하옵소서.
거듭난 베드로로 인해 인류의 역사가 새로워졌듯이,
거듭난 우리로 인해 이 사회가 정녕 새로워지게
하옵소서. 아멘.

# 9
# 서서 불을 쬐더라

시몬 베드로와 또 다른 제자 하나가 예수를 따르니
이 제자는 대제사장과 아는 사람이라.
예수와 함께 대제사장의 집 뜰에 들어가고 베드로는
문 밖에 섰는지라. 대제사장과 아는 그 다른 제자가 나가서
문 지키는 여자에게 말하여 베드로를 데리고 들어왔더니
문 지키는 여종이 베드로에게 말하되
"너도 이 사람의 제자 중 하나가 아니냐?" 하니
그가 말하되 "나는 아니라" 하고
그때가 추운 고로 종과 하속들이 숯불을 피우고 서서 쬐니
베드로도 함께 서서 쬐더라.
대제사장이 예수에게 그의 제자들과 그의 교훈에 대하여 물으니
예수께서 대답하시되
"내가 드러내어 놓고 세상에 말하였노라. 모든 유대인들의
모이는 회당과 성전에서 항상 가르쳤고 은밀히는
아무 것도 말하지 아니하였거늘 어찌하여 내게 묻느냐?
내가 무슨 말을 하였는지 들은 자들에게 물어보라.

저희가 나의 하던 말을 아느니라."
이 말씀을 하시매 곁에 섰는 하속 하나가 손으로 예수를 쳐
가로되 "네가 대제사장에게 이같이 대답하느냐?" 하니,
예수께서 대답하시되 "내가 말을 잘못하였으면 그 잘못한
것을 증거하라. 잘하였으면 네가 어찌하여 나를 치느냐?"
하시더라. 안나스가 예수를 결박한 그대로 대제사장
가야바에게 보내니라.
시몬 베드로가 서서 불을 쬐더니 사람들이 묻되
"너도 그 제자 중 하나가 아니냐?"
베드로가 부인하여 가로되 "나는 아니라" 하니
대제사장의 종 하나는 베드로에게 귀를 베어 버리운 사람의
일가라. 가로되 "네가 그 사람과 함께 동산에 있던 것을
내가 보지 아니하였느냐?"
이에 베드로가 또 부인하니 곧 닭이 울더라.

요한복음 18:15~27

며칠 전 어떤 행사에 참석하여 예배를 드린 다음 점심식사를 하게 되었습니다. 행사장에서 뷔페식으로 제공되는 점심이었기에, 동행했던 강석영 전도사님은 성경과 찬송이 든 가방을 한쪽 구석에 내려놓고 음식 테이블 앞에 가 섰습니다. 그때입니다. 전도사님의 행동을 유심히 살펴보고 있던 한 분이 느닷없이 "전도사님은 참 행복하시겠습니다" 하고 말했습니다. 무슨 의미인지 얼른 알아듣지 못한 듯한 표정을 짓고 있는 전도사님에게 그분이 이렇게 설명했습니다.

"저도 전도사님과 똑같은 가방을 들고 다닙니다만 속에 들어 있는 것이라곤 온통 수표장과 어음 쪽지들뿐입니다. 모두 제 골치를 아프게 하는 것들이지요. 그리고 어디에 가든지 불안해서 아무 데나 가방을 내려놓지 못합니다. 그런데 전도사님은 아무 걱정 없이 저렇게 어디든 가방을 둘 수 있으니 얼마나 행복하십니까? 또 설령 가방을 도둑 맞는다 해도, 가지고 간 사람이 그 속에 들어 있는 성경과 찬송을 보고 새 사람이 될 가능성도 있을 테니 아쉬울 게 뭐가 있겠습니까? 도둑 맞는 게 곧 전도 아니겠습니까? 정말 전도사님이 부럽습니다."

그 행사장에서 처음 만난 그분은 웃으면서 말했고, 그 말을 듣는 전도사님도 웃었습니다. 그러나 그분의 말은 전혀 농담으로 들리지 않았습니다. 그분은 진심으로 말하고 있었던 것입니다. 그래서 그분의 말은 제 마음속에 더 긴 여운을 남겼습니다. 그분의 그 말이야말로, 물질적 풍요로움 속에서 오히려 추위와 불안에 떨고 있는 현대인의 영혼을 반영하는 거울이었기 때문입니다.

물질의 풍요로움은 우리의 삶을 편리하게 만들어 줄 수 있습니다. 그러나 그것은 우리 영혼의 평안함과 따스함을 보장 해주지 못합니다. 오히려 우리의 영혼을 추위와 불안에 떨게 만드는 경우가 허다합니다. 영혼의 평안함과 영혼의 따스함은 같은 말입니다. 따스함 없이 평안함이 있을 수 없고, 평안이 배제된 따스함이라는 것은 애시당초 불가능합니다.

만약 우리 영혼이 따뜻하지 못하다면, 우리는 이 세상 그 무엇으로부터도 참된 평강과 행복을 얻을 수 없습니다. 그러나 내 영혼이 따뜻할 때에는 마치 광야에서 외치던 세례자 요한이 그러했던 것처럼, 텅 빈 주머니를 가지고서도 말할 수 없는 평강을 누리게 됩니다. 1년 내내 애썼음에도 불구하고 감람나무에 소출이 없고 우리에 양이 없을지라도 하박국 선지자처럼 지극한 행복을 구가할 수 있는 것입니다.

학개 선지자는 지금부터 2,500년 전 이렇게 탄식했습니다.

> 너희가 많이 뿌릴지라도 수입이 적으며,
> 먹을지라도 배부르지 못하며, 마실지라도 흡족하지 못하며,
> 입어도 따뜻하지 못하며, 일꾼이 삯을 받아도
> 그것을 구멍 뚫어진 전대에 넣음이 되느니라. (학 1:6)

먹으면 배가 불러야 되지 않겠습니까? 마시면 갈증이 해소되어야 하지 않습니까? 껴입으면 따뜻해야 되지 않습니까? 그런데 왜 아무리 먹어도 배부름이, 아무리 마셔도 시원함이, 아무리 입어도 따뜻함이 없습니까? 왜 아무리 삯을 받아도 구멍 뚫린 지갑에 넣는 것처럼 만족이 없습니까? 이유는 하나, 그 영혼이 추위와 불안에 떨고 있기 때문입니다. 추위와 불안에 떨고 있는 영혼을 가진 자에게는 어떤 경우에도 참된 만족, 참된 행복이 있을 수 없습니다.

그렇다면 왜 인간의 영혼이 추위와 불안에 떨고 있습니까? 학개 선지자는 그 이유를 하나님을 외면했기 때문이라고 간단명료하게 설명하고 있습니다. 추운 겨울 날 태양을 외면한 자의 육체가 추위와 불안에 떨 수밖에 없듯이, 생명의 빛이시요 구원자되신 하나님을 외면한 자의 영혼은 영적 한기와 불안 속에서 떨지 않을 수 없는 것입니다.

회개가 무엇이겠습니까? 영적 추위와 불안에 떨던 삶을 청산하는 것입니다. 무엇이 신앙이겠습니까? 내 영혼의 빛 되신 하나님 앞에서 내 영혼을 따뜻하게 가꾸는 것입니다. 아시겠습니까? 내 영혼을 따뜻하게 세우는 것으로부터 참된 그리스도인의 생애는 시작되는 것입니다. 왜 그렇습니까? 영혼이 따뜻한 사람만이 남을 따뜻하게 사랑하고 포근하게 감싸줄 수 있기 때문입

니다.

겟세마네 동산에서 체포, 결박당하신 예수님께서는 지금 대제사장의 집 뜰에서 심문을 받고 있습니다. 이때의 시각은 예수님께서 십자가에 못 박혀 돌아가시던 당일 첫 새벽녘이었습니다. 그리고 이 날은 지금 우리의 달력으로 3월 말에서 4월 초 사이입니다. 이스라엘은 12월부터 3월 말까지가 겨울에 해당됩니다. 따라서 3월 말에서 4월 초 사이는 겨울이 끝나가고 이른 봄이 막 시작하려는 때입니다. 그렇기 때문에 밤이 되면 기온이 뚝 떨어져 버립니다. 특히 예루살렘은 유다 광야에서 불어오는 바람 때문에 밤에는 유난히 추운데, 그 추위의 특성은 뼛속까지 사무친다는 것입니다. 바로 그와 같은 계절이었으니 그 날 새벽 대제사장의 집 뜰 또한 얼마나 추웠겠습니까? 그래서 본문은 이렇게 증거하고 있습니다.

> 그때가 추운 고로 종과 하속들이 숯불을 피우고 서서 쬐니 베드로도 함께 서서 쬐더라. (요 18:18)

베드로가 또 다른 제자의 주선으로 전임 대제사장이자 이스라엘 최고 실권자인 안나스의 집 뜰 안으로 들어갔을 때 얼마나 추웠던지 그 집 하속들이 숯불을 피워 놓고서 그 앞에서 불을 쬐고 있었습니다. 겟세마네 동산에서부터 걸어오느라 추위에 떨어야만 했던 베드로 역시 그 틈에 끼어 불을 쬐었습니다. 본문 24절에서 25절 상반절은 다시 이렇게 증거하고 있습니다.

안나스가 예수를 결박한 그대로 대제사장 가야바에게
보내니라. 시몬 베드로가 서서 불을 쬐더니

심문을 끝낸 안나스는 예수님을 자신의 사위이자 대제사장 현직에 있는 가야바에게 보냈습니다. 그 집 사람들도 숯불을 피워 놓고 있었고, 베드로는 이번에도 역시 그들 속에서 불을 쬐었습니다.

우리 성경에서 '숯'으로 번역된 'anthrakia'는 숯 몇 조각을 의미하는 단어가 아닙니다. 그것은 '활활 타오르고 있는 숯더미', 혹은 '무연탄 무더기'를 가리키는 말입니다. 말하자면 대단한 열량을 특별히 강조하는 단어입니다. 또 '쬐다'로 번역된 'thermaino'라는 단어는 '따뜻하게 하다'는 의미입니다.

추운 첫 새벽의 한기에 떨고 있던 베드로는 추위를 떨쳐 버리기 위해 안나스의 집 뜰에서 활활 타오르고 있는 숯 무더기 앞에서 몸을 녹이고 있습니다. 그러나 그는 따뜻함을 느끼지 못합니다. 여전히 춥습니다. 그래서 가야바의 집으로 옮겨가서도 그는 또다시 불 앞에 자리를 잡았습니다. 이번에는 베드로가 따뜻함을 얻었을까요? 그 뜨거운 숯불 무더기로 얼었던 손발이 녹을 수는 있었겠으나, 그의 심령은 결코 따뜻함을 얻지 못했을 것입니다. 정작 추위에 떨고 있는 것은 몸 이전에 그의 영혼이었기 때문입니다.

지난 3년 동안 베드로가 예수님을 따라다니긴 했지만, 그분을 성육신 하신 하나님으로 믿었던 것은 아니었습니다. 성자 하나님이라면 반드시 이런 분이어야 한다는 자기 자신의 생각, 즉 자신의 신념이 만들어 낸 하나님의 허상을 믿었던 것입니다. 그래서 겟세마네 동산에서 주님께서 무력하게 체포당하고 끌려가는, 자신의 생각과는 전혀 다른 상황이 전개될 때 그는 눈앞의 예수님을 주님으로 인정할 수가 없었습니다. 그래서 몸은 주님을 따라가고 있으면서도, 그의 영혼은 주님을 이미 외면해 버리고 말았던 것입니다. 주님을 외면한 베드로의 영혼은 추위와 불안에 떨 수밖에 없었습니다. 그의 영혼이 얼마나 불안하고 초조했던지 안나스의 집에서도, 가야바의 집에서도 베드로는 앉지도 못한 채 서서 불을 쬐었습니다. 그러나 그것은 타오르는 숯불을 쬔다고 가실 추위나 불안이 아니었습니다.

그의 영혼이 추위와 불안에 떨고 있을 때 그가 한 짓이라고는 고작 예수님을 부인하고 저주하며 욕하는 것이었습니다. 예수님을 향해 한 짓이 그 정도였으니 한기와 불안에 떨던 그 영혼으로 누구 한사람 제대로 사랑하며 포근하게 감싸줄 수 있었겠습니까? 그는 하나님을 위해서나 사람을 위해서나 아무런 쓸모 없는 무익한 인간이었을 뿐입니다.

그런데 그 무익하던 베드로가 새벽 닭이 우는 소리를 듣고서는 대제사장의 집을 뛰쳐나가 통곡하며 회개하기 시작했습니다. 추위에 얼어붙은 영혼으로는 통곡도, 회개도 불가능합니다. 베드로가 뛰쳐나간 한길 위에는 타오르는 숯불더미가 없었습니다. 그곳은 유다 광야에서 뼛속까지 스며드는 찬 바람만 몰아치는 한데였고, 불이 타오르는 대제사장의 집 뜰보다 훨씬 더 추운 곳이었습니다. 그 추운 한길 위에서 베드로는 어떻게 참회하며 통곡할 수 있었습니까?

지난 주일 깊이 묵상해 보았던 바와 같이 닭 울음소리로 인해 베드로가 주님의 갈씀과 사랑 앞에 바로 섰기 때문입니다. 굳이 외면했던 주님을 똑바로 향하였을 때 주님 말씀의 온기가, 주님 사랑의 따스함이 얼어붙었던 베드로의 영혼을 녹여 주었던 것입니다. 영혼의 온기를 지닌 자만이 말라붙은 눈물샘을 터뜨리며 통곡할 수 있습니다. 영혼의 따뜻함을 가진 자만이 열린 영안으로 자신의 실상을 바로 보고 참회할 수 있습니다. 우리가 대제사장 집 뜰 안, 타오르는 숯불 무더기 앞에 서 있는 베드로에게서는 얼음처럼 차가운 냉기만을 느끼는 반면, 찬바람이 몰아치는 한길 위에서 통곡하는 베드로에게서는 말할 수 없이 따뜻한 온기를 느끼게 되는 이유가 바로 여기에 있습니다. 이후에 베드로는 비로소 이 따뜻한 영혼으로 하나님과 사람을 진정으로 따뜻하게 사랑하는 참된 그리스도인이 될 수 있었습니다.

이에 반하여 가룟 유다는 어떠했습니까? 마가 다락방에서 주님과 함께 마지막 만찬을 끝낸 가룟 유다가 예수님을 팔아 넘기기 위해 집을 나설 때가 캄캄한 밤이었음을 요한복음 13장 3절은 강조하고 있습니다. 이때가 정확하게 언제입니까? 베드로가 대제사장의 집 뜰에서 예수님을 부인하고 저주하기 불과 몇 시간 전이었습니다. 다시 말해 추위를 견디다 못한 베드로가 타오르는 숯불더미 앞에서 몸을 녹이려 했던 바로 그 추운 날 밤이었습니다.

그 추운 밤에 가룟 유다가 집을 나섰다고 성경이 증거하고 있는 것은 무엇을 의미합니까? 그 날 밤 가룟 유다의 영혼이 추위로 인해 꽁꽁 얼어붙어 있었음을 의미합니다. 그의 영혼이 얼었을 때 그가 한 것이라고는 은 30냥을 받고 자신의 스승을 배신하는 것이 고작이었습니다. 그리고 그 이후로 가룟 유다는 다시 주님을 향해 돌아서지 않았습니다. 이것이 베드로와의 결정적인 차이였습니다. 그 결과 가룟 유다는 스스로 목매어 죽는 비참한 최후를 자초하고 말았습니다. 얼어붙은 그 차디찬 영혼으로는 타인은 고사하고 자기 자신마저 바르게 사랑할 수 없었던 것입니다. 영혼이 추위 속에서 벌벌 떨고 있는 자가 자기 자신을 위해 무엇을 행하든 그 본질은 자학이요 그 결과는 자멸일 뿐임을 아는 것이 곧 지혜입니다.

시인은 시편에서 자기 영혼을 향해 이렇게 노래하고 있습니다.

내 영혼아, 네가 어찌하여 낙망하며
어찌하여 내 속에서 불안하여 하는고.
너는 하나님을 바라라.
그 얼굴의 도우심을 인하여 내가 오히려 찬송하리로다.
(시 42:5)

시인은 추위와 불안 속에서 떨고 있는 자기 영혼을 향해 하나님을 바라며 하나님 앞에 바로 서라고 권고하고 있습니다. 이 시인은 한 가지 사실을 분명하게 알고 있었던 것입니다. 인간의 영적 추위와 불안은 하나님의 사랑과 진리의 말씀을 덧입을 때에만 가셔질 수 있고, 영혼의 온기를 되찾은 자만 참된 행복을 노래할 수 있다는 것을 말입니다.

북한 황장엽 비서의 망명과 때를 같이하여 지난 15일 밤, 귀순자인 이한영 씨가 괴한들에게 피격되어 중태에 빠져서 우리 모두들 안타깝게 하고 있습니다. 경찰은 17일에 이한영 씨가 피격 당시 옷과 손가방 속에 지니고 있던 소지품을 공개했습니다. 치솔, 치약, 수건 3장, 화장지 1통, 면도기, 휴대폰, 이삿짐 계약서, 이혼 확인서, 두통약, 소화제 등 총37종 119점이 전부였습니다.

그것들은 가족들과 떨어져 동가식서가숙하는 그의 모든 것이었음에도 불구하고 모두 다 합쳐도 손가방 하나를 다 채우지 못하는 양이었습니다. 이것으로 미루어볼 때 귀순한 지 10여 년이 지나도록 이 사회에 적응하지 못한 채 거액의 빚만 지고, 게다가 늘 북한의 암살 공포에 시달려온 그 젊은이의 영혼이 얼마나 춥고 불안했겠는지, 또 그로 인해 그의 심신이 얼마나 피곤했을는지 넉넉히 짐작할 수 있습니다. 오죽했으면 두통약과 소화제를 늘 지니고 다녔겠습니까?

우리는 어떻습니까? 이 가련한 청년에 비하면 참으로 많은 것을 가지고 있지 않습니까? 손가방 하나에도 못 미칠 정도가 아니라, 대형 트렁크 몇 개라도 모자랄 만큼 많은 것을 소유하고 있지 않습니까? 그 많은 소유가 우리 영혼을 추위와 불안으로부터 지켜주고 있습니까? 그 소유가 우리 영혼의 따뜻함과 평안함을 보장해 주고 있습니까?

절대로 그렇지 않습니다. 우리가 하나님 앞에, 그분의 사랑과 말씀 앞에 바로 서지 않는 한 소유가 많아지면 많아질수록 우리의 영혼은 더 얼어붙기 마련입니다. 그래서 자기 가방 하나 마음 놓고 아무 곳에나 두지 못하는 불신과 불안의 포로가 되고 맙니다.

추운 겨울 날 입을 옷을 쌓아 두고서도 태만하여 옷을 입지 않아 감기에 걸리고, 급기야 폐렴에 걸려 할 일을 하지 못하고 앓아 눕는다면 그것은 자기 육체에 대한 범죄 행위입니다. 오늘 아침에도 주님께서는 말할 수 없는 사랑으로 우리를 불러 주셨습니다. 이처럼 주님의 말씀과 사랑이 우리와 함께 하고 계심에도 불구하고 단지 무지와 나태함으로 우리의 영혼을 추위 속에 방치에 둔다면, 그 사람은 옷을 두고도 입지 않아 병드는 자와 같이 어리석은 자요, 그의 행위는 자신의 영혼에 대한 범죄이며 그 영혼을 주신 하나님에 대한 죄악인 것입니다.

그 동안 우리의 몸을 따뜻하게 해주는 난방시설이 놀랄 만큼 발전했습니다. 장작을 때던 시절에서부터 시작하여 무연탄 시대를 거쳐 보일러 시대에 이르렀습니다. 또 앞으로 얼마나 발전할는지 알 수 없습니다. 이에 비하여 우리 영혼을 따뜻하게 하기 위하여 우리는 얼마나 많은 노력을 기울여 왔습니까?

사랑하는 교우 여러분, 오늘 사순절 둘째 주일을 맞이하여 우리의 영혼을 추위와 불안 속에 방치했던 죄를 회개합시다. 영혼이 얼어 있었기에 한풍에 휩싸인 이웃과 이 사회를 녹이기는커녕 오히려 더욱 얼어붙게 하였음을 회개합시다. 이 시간부터 주님 앞에 바로 서서 주님의 따뜻한 말씀으로, 주님의 포근한 사랑으로 우리 영혼을 녹이고 영혼의 온기를 되찾는 자들이 되십시다.

누가 뭐라고 해도 지금은 난세입니다. 이 사회는 구심점을 상실한 채 표류하고 있습니다. 내일 아침 또 무슨 일이 일어날지 알 수가 없습니다. 그러나 이 시대가 아무리 난세라 할지라도 따뜻한 영혼의 소유자가 있는 한 소망이 있습니다. 역사를 허무는 자는 언제나 영혼이 얼어붙은 소위 영웅들이었지만, 분열과 증오와 다툼으로 찢기고 망가진 역사에 늘 사랑과 봉합의 틀을 지핀 자들은 그 영혼이 따뜻한 자들이었습니다.

잊지 마십시다. 우리에게 다가오는 내일의 역사는 그들에게 달려 있지 않습니다. 하나님을 향해 선 우리에게 달려 있습니다.

내가 사랑하는 내 자식에게 필요한 옷을 사 주었음에도
불구하고 내 자식이 그 옷을 입지 않고 벌거벗은 채
돌아다니다 중병을 얻어 눕는다면 그 자식이 얼마나
한심하며, 또 그 자식에 대한 우리의 배신감이
얼마나 크겠습니까?
하나님, 하나님 앞에서 우리의 모습이 그처럼
어리석었음을 회개하오니 용서하여 주옵소서.
그럼에도 우리를 일없다 버리지 않으시고, 오늘도 이렇듯
찾아오시어 우리와 함께 해주심을 진심으로 감사드립니다.
주님의 그 따뜻한 말씀과 포근한 사랑을 내 영혼의 옷으로
삼음으로써 우리 영혼이 온기를 회복하게 하옵소서.
주님의 사랑과 진리의 불꽃에 내 영혼을 쬠으로써
얼어붙은 우리의 영혼이 녹게 하옵소서.
주님의 체온이 우리의 체온이 되며
주님의 온기가 우리의 온기 되게 하옵소서.
그리하여 허물투성이고 또 한편으로는 꽁꽁 얼어붙은
이 세상을 포근하게 감싸주고 따뜻하게 녹여 주는 참된
사랑의 불씨, 진리의 불씨, 새 역사의 불씨들이 되게
해주옵소서. 아멘.

# 10
# 말씀을 응하게

저희가 예수를 가야바에게서 관정으로 끌고 가니 새벽이라.
저희는 더럽힘을 받지 아니하고 유월절 잔치를 먹고자 하여
관정에 들어가지 아니하더라.
그러므로 빌라도가 밖으로 저희에게 나가서 말하되
"너희가 무슨 일로 이 사람을 고소하느냐?"
대답하여 가로되 "이 사람이 행악자가 아니었더면
우리가 당신에게 넘기지 아니하였겠나이다."
빌라도가 가로되 "너희가 저를 데려다가 너희 법대로 재판하라."
유대인들이 가로되 "우리에게는 사람을 죽이는 권이 없나이다"
하니, 이는 예수께서 자기가 어떠한 죽음으로 죽을 것을 가리켜
하신 말씀을 응하게 하려 함이러라.

요한복음 18:28~32

네팔의 숲속에 살고 있는 코뿔소가 가장 좋아하는 것은 다른 동물은 거들떠보지도 않는 트레비아 나무의 열매입니다. 숲속을 거닐던 코뿔소는 트레비아 나무 열매를 발견하기만 하면 먹을 수 있는 만큼 포식을 한 뒤 그 자리를 떠납니다. 트레비아 나무 열매 입장에서 생각해 본다면 참으로 기막힌 일이 아닐 수 없습니다. 그 열매가 옹매로 여물어 떨어지기까지 얼마나 많은 시간과 정성과 노력을 기울였겠습니까? 단 하루, 단 한 시간도 어설프게 보내지 않았을 것입니다. 그럼에도 불구하고 익을 대로 익어 땅에 떨어지기가 무섭게 무지막지한 코뿔소의 밥이 되어버린다면 얼마나 허망한 일입니까? 열매로서는 가슴을 치고 통탄할 일이 아닐 수 없습니다.

그러나 신비로운 생명의 역사는 정작 그 순간에 시작됩니다. 코뿔소의 뱃속에 들어간 트레비아 나무 열매는 다 소화되어 버리지만, 그 속에 들어 있는 씨앗은 그대로 남아 있다가 다음날 코뿔소의 배설물에 섞여 다시 세상으로 나옵니다. 그리고 코뿔소의 배설물을 거름 삼아 싹을 틔우면서 나무로 자랍니다. 이 방법 외에는 트레비아 나무가 생존할 도리가 없습니다. 다 익어 숲 속 음지에 떨어진 트레비아 나무 열매는 음지에서는 절대로 싹을 틔우지 못합니다. 반드시 양지로 나가야만 생존할 수 있는데 스스로는 움직일 수 없기 때문에 자력으로 싹 틔우기는 전혀 불가능한 일입니다. 그런데 고맙게도, 어떤 짐승도 관심을 갖지 않는 그 열매를 유독 코뿔소만 좋아하여 자기 몸으로 음지에서 양지로 옮겨 주는 것입니다. 만약 네팔에서 코뿔소가 멸종해 버린다면 그 날은 곧 트레비아 나무의 장례식 날이 되는 셈입니다.

이처럼 놀라운 일은 아프리카의 아카시아와 코끼리 사이에서도 일어나고 있습니다. 아프리카의 아카시아 나무 열매들은 거대한 코끼리가 자기를 먹어치우는 것을 조금도 두려워하지 않습니다. 그 나무가 정작 두려워하는 것은, 코끼리와 비교한다면 미물에 불과한 조그마한 나방이의 유충입니다. 그 유충은 아카시아 나무의 열매를 먹을 뿐 아니라 그 속에 있는 씨앗까지 갉아 먹기 때문에 아프리카 아카시아를 멸종시킬 수 있는 가장 무서운 적입니다. 그러나 코끼리는 아카시아 열매와 거기에 붙어 있는 유충을 한꺼번에 먹어버리는 반면, 아카시아 열매 씨앗을 소화시킬 수 있는 효소는 갖고 있지 못하기 때문에 그 씨앗 역시 배설물과 함께 나와 배설물을 거름으로 새로운 삶을 시작하게 됩니다. 아카시아 열매에게 코끼리는 단순히 씨앗을 퍼뜨려 주는 역할뿐만 아니라 유충을 제거하는 살충제 역할까지 감당해 주는 은인입니다.

그런가 하면 남아프리카의 프로테아 나무는 씨앗이 가득 들어 있는 열매를 고스란히 품고서 몇 년이 지나도록 하늘을 보며 기다리고 있습니다. 마른 하늘에서 벼락이 떨어져 산불이 나기를 기다리는 것입니다. 그 나무는 산불의 열기에 의해서만 열매가 터지면서 씨앗을 퍼뜨릴 수 있기 때문입니다.

어디 그뿐입니까? 포플러 나무의 씨앗과 작은 꽃씨들은 바람을 타고 날아가 생존을 계속합니다. 새들은 검은 딸기나 노랑 무화과 나무의 열매를 먹고서는 먼 곳으로 날아가 그 씨를 배설해 냄으로써 그 나무들을 생존케 합니다. 열대 지방의 강가에서 서식하는 해변등나무 씨앗은 강을 타고 대해로 나가 수천 킬로미터 떨어져 있는 다른 대륙에 정착하여 새 삶을 시작합니다.

바람이 붑니다. 강물이 흘러갑니다. 창공에는 새가 날고 아프리카의 벌판에서는 코끼리가, 네팔의 숲속에는 코뿔소가 누비고 다닙니다. 때로는 마른 하늘에서 벼락이 떨어지고 건조한 산에서 산불이 일어납니다. 이 모든 것은 별 의미가 없어 보일 수 있습니다. 그러나 조금만 깊이 들여다보면, 그 속에서는 하나님의 역사가 한치의 오차도 없이 치밀하게, 오묘하게, 신묘막측하게, 신비스럽게 이루어지고 있음을 발견하게 됩니다.

아시겠습니까? 지금 내 눈에 보이지 않는다고 해서 하나님의 역사가 일어나고 있지 않은 것이 아닙니다. 내가 의식하든 의식치 못하든 상관없이 하나님께서는 하나님의 방법대로 하나님의 역사를 펼쳐가고 계십니다. 자연 속에서도 자연을 위해 이렇듯 신비스러운 역사를 이루어 가시는 분이시라면, 그토록 사랑하시는 인간사 속에서 인간을 위해 당신의 역사를 행치 않으시겠습니까? 우리 눈에는 보이지 않아도, 또 우리가 의식치 못하더라도 하나님께서는 이 순간에도 당신의 역사를 전개하고 계시는 것입니다.

아니, 보이지 않게 역사하시는 것이 아닙니다. 네팔의 트레비아 나무 열매와 코뿔소 사이에서 일어나는 하나님의 역사를 보려는 자는 볼 수 있듯이, 하나님께서는 그분의 역사를 보려는 자에게는 분명하게 보여 주시면서 오늘도 당신의 역사를 확연하게 펼치고 계십니다. 참된 믿음의 근저가 무엇입니까? 내가 가장 절망할 수밖에 없는 순간에도 하나님께서는 역사하고 계신다는 것입니다. 우리 삶의 소망과 사고의 성숙이 여기에서 시작됩니다.

오늘 본문은 이렇게 시작되고 있습니다.

> 저희가 예수를 가야바에게서 관정으로 끌고 가니 새벽이라.
> (요 18:28상)

여기에서 관정이란 당시 유대 총독이었던 빌라도의 공관을 의미합니다. 대제사장 안나스와 가야바의 심문을 차례로 받았던 예수님께서는 그들의 지시에 따라 이번에는 빌라도 총독에게로 끌려갔는데, 그때의 시각은 십자가에 못 박히시던 당일, 즉 금요일 새벽이었습니다. 본문 28절 하반절부터 29절은 이렇게 계속되고 있습니다.

> 저희는 더럽힘을 받지 아니하고 유월절 잔치를 먹고자 하여 관정에 들어가지 아니하더라.
> 그러므로 빌라도가 밖으로 저희에게 나가서 말하되

"너희가 무슨 일로 이 사람을 고소하느냐?"

마침 그 날 저녁부터는 유대인들의 최대 명절인 유월절이 시작될 예정이었습니다. 그래서 예수님을 빌라도의 공관까지 끌고 온 유대인들은 빌라도의 공관으로 들어가려 하지 않았습니다. 유대인들은 모든 이방인들의 거처는 부정하기 때문에 부정한 이방인의 거처로 들어가면 곧 부정을 타게 되고 그 부정함이 일주일간 계속된다고 믿었습니다. 그렇게 될 경우 그 날 밤부터 시작되는 유월절에 정결한 몸과 마음으로 참여할 수가 없기 때문에 빌라도의 공관에 당도하였음에도 불구하고 누구 한 명 감히 그 안으로 들어가려 하지 않았던 것입니다.

얼마나 웃기는 이야기입니까? 빌라도 총독이 공관으로 쓰는 건물은 궁전의 일부였습니다. 유대인들의 거처와는 비교가 되지 않을 정도로 화려하고 웅장하고 깨끗한 곳입니다. 목욕도 유대인들보다 빌라도 총독이 훨씬 더 자주 했을 것입니다. 입고 있는 옷이나 사용하는 화장품도 빌라도의 것이 월등히 나았을 것입니다. 오히려 빌라도의 입장에서 보면 유대인들이 불결하기 짝이 없었을 것입니다. 그런데도 유대인들은 빌라도가 살고 있던 공관이 부정하고 더러워서 들어갈 수 없다고 합니다. 그러면서도 지금 진리이신 예수 그리스도를 포박하고 능욕하는 자신들이 얼마나 더러운 존재인지 알지 못하고 오히려 가장 정결한 자로 스스로 착각하고 있으니 얼마나 가관입니까?

빌라도 총독은 역시 노련한 정치가였습니다. 유대인들이 자신과 자신의 거처를 종교적으로 부정하게 여기고 있음을 잘 알고 있는 그는 두말 없이 공관 밖으로 나가 무리들 앞에 섰습니다.

그리고 그들이 끌고 온 예수님을 보고서는 무리를 향해 대체 무슨 일로 꼭두새벽부터 저 사람을 고소하려는지 이유를 물었습니다. 이때 유대인들의 답변은 우리로 하여금 더더욱 고소를 금치 못하게 합니다.

> 대답하여 가로되 "이 사람이 행악자가 아니었더면
> 우리가 당신에게 넘기지 아니하였겠나이다." (요 18:30)

그들은 자신들이 이른 새벽부터 소동을 피우고 있는 이유는 자신들이 끌어온 예수님이 행악자이기 때문이라고 대답했습니다. 여기에서 '행악자' 라는 단어 'kakopoyos'는 법률 위반 여부를 떠나 심성과 인격 자체가 사악하기 짝이 없는 인간을 가리키는 말입니다. 얼핏 보면 그들은 사악한 행악자를 만나기만 하면 시간과 장소를 가리지 않고 고소치 않고 못 배기는 정의의 선봉장인 것처럼 보입니다. 그러나 그들이야말로 진리이신 예수님을 행악자로 무고하게 모함하는 행악자들 중의 행악자였음에도 불구하고 그 사실을 전혀 자각치 못하고 있으니, 이 얼마나 어처구니 없는 일입니까? 본문은 이렇게 계속 증언하고 있습니다.

> 빌라도가 가로되 "너희가 저를 데려다가
> 너희 법대로 재판하라." 유대인들이 가로되
> "우리에게는 사람을 죽이는 권이 없나이다" 하니 (요 18:31)

무리들이 예수님을 끌고 온 이유가 그들의 종교적인 문제임을 알아차린 빌라도 총독은 그들의 종교법대로 예수님을 재판하라고 명령했습니다. 그런 문제에 개입하기를 꺼렸기 때문입니다. 그러자 무리들은 자기들에게는 사람을 죽일 권한이 없다며 버텼습니다.

그들에게 과연 사람을 죽일 권한이 없었습니까? 그렇지 않습니다. 요한복음 8장에 의하면 유대인들은 간음한 여인을 돌로 쳐죽이려고 했습니다. 사도행전 7장에 의하면 스데반 집사는 유대인들이 던진 돌에 맞아 죽었습니다. 예수님을 만나기 전 사도 바울이 하던 짓은 대제사장의 허락 하에 예수 믿는 자들을 돌로 쳐죽이는 일이었습니다.

이처럼 유대인들에게는 그들의 종교법에 따라 사람을 돌로 쳐죽일 수 있는 권한이 분명히 있었습니다. 그럼에도 불구하고 그들에게 사람을 죽일 권한이 없다고 빌라도 총독 앞에서 강변한 것은, 예수님을 십자가에 못 박아 죽일 권한이 없다는 의미였습니다. 십자가 위에서 사람을 사형에 처하는 것은 로마법이 의해서만 가능했고, 로마법은 로마 총독에 의해서만 집행될 수 있었던 까닭입니다.

그렇다면 우리는 여기에서 한 가지 질문을 제기하게 됩니다. 유대인들이 자신들의 종교법으로 예수님을 돌로 쳐죽이면 그만이지, 왜 구태여 십자가 위에서 사형시키려고 했는가 하는 질문입니다. 대제사장 집단이 유대인들을 뒤에서 사주하여 예수님을 국사범으로 몰면서까지 십자가 처형을 시키기 위해 왜 그토록 치밀하게 공작을 했습니까?

그것은 "나무에 달린 자는 하나님께 저주를 받았음이니라"는 신명기 21장 23절의 말씀을 인위적으로 실현하기 위함이었습니다. 그들이 예수님을 죽이려고 했던 이유는 단 하나, 예수님의 출현이 그들의 종교적 기득권을 뒤흔든다고 판단했기 때문이었습니다. 따라서 예수님을 죽여도 그냥 죽이는 것이 아니라, 무슨 수를 동원해서라도 나무 십자가 위에 매어 달아 하나님께 저주받아 죽은 자임을 만천하에 공포함으로써 예수님 사후에라도 그를 따르는 무리가 없도록 하기 위함이었습니다. 유대인들은 하나님께 저주받은 자와는 결코 상종치 않음을 누구보다 잘 알고 있었기 때문입니다.

자, 한번 생각해 보십시다. 진리이신 예수님이 사악한 안나스와 가야바에게 끌려가 심문을 받으십니다. 행악자가 되어 빌라도의 재판을 받고 하나님께 저주받은 자로 십자가에 매달리기 직전입니다. 인류 역사상 진리가 불의에 의해 이보다 더 농락당했던 적이 있었습니까? 이처럼 진리가 사악한 인간들에 의해 철저하게 유린되는 시기라면 이 시기야말로 절망과 암흑의 시기입니다. 이 속에 무슨 소망이 있으며 무슨 삶의 의미가 있겠습니까? 그러나 놀랍게도 본문은 이렇게 증거하고 있습니다.

> 이는 예수께서 자기가 어떠한 죽음으로 죽을 것을 가리켜
> 하신 말씀을 응하게 하려 함이러라. (요 18:32)

진리가 유린당하는 그 순간에도 우리 하나님께서는 역사하고 계셨습니다. 사악한 무리들은 예수님을 영원히 저주받은 자로 만들기 위해 기를 쓰고 십자가 위에 매달려고 했지만, 하나님께서는 예수님께서 이미 말씀하셨던 바와 같이 예수님이야말로 인간의 형벌을 대신 받으셨다가 죽음을 깨뜨리고 부활하신 인류의 구원자이심을 만방에 보여 주시기 위하여 인류 역사 위에 지금 생

명의 십자가를 세우고 계시는 것입니다. 예수님을 행악자로 몬 유대인들에게는 십자가가 죽음과 저주의 상징이었지만, 그 십자가를 허락하시는 하나님에게는 구원과 부활의 표징이었던 것입니다.

예수님께서 불의한 인간들에게 행악자로 몰려 십자가에 못 박히는 능욕을 받으시면서까지 끝까지 그리스도의 길을 벗어나지 않고 오히려 당신을 못 박는 자들을 용서하실 수 있었던 것은 그 절망적인 순간에도 한치의 오차 없이 당신을 위해 역사하고 계시는 하나님을 아셨고, 보셨고, 믿으셨기 때문이었습니다.

잊지 마십시다. 하나님의 역사는 매순간 결코 중단됨이 없이 언제나 계속되고 있다는 사실을 믿는 사람만이 어떤 상황 속에서도 소망을 가질 수 있고, 어떤 여건 속에서도 하나님의 방법을 추구할 수 있으며, 어떤 조건하에서도 한 알의 썩는 밀알이 될 수 있습니다.

작년 3월 1일, 유관순 기념교회인 매봉감리교회에서 3·1절 77주년 기념예배를 드렸습니다. 그 날 설교자는 일제시대 때 신사참배를 끝까지 반대하다 순교하신 주기철 목사님의 아드님 되는 주광조 장로님이었는데, 그 날 설교 중 이런 내용이 들어 있었습니다.

선친 주기철 목사님은, 예수님을 위하여 죽도록 충성하라고 외친 그대로 당신도 죽음으로 충성하는 본을 보여 주셨습니다. 아버지는 예수님을 죽도록 사랑했을 뿐 아니라, 죽음에 이르는 마지막 순간까지 당신이 섬기던 교회와 당신의 조국인 조선을 사랑했습니다. 아버지는 제가 이 세상에 태어났을 때, 위의 세 형들에게 붙여 주었던 돌림자를 마다하고 '조선아, 빛나라'는 의미로 '광조'라는 이름을 지어줄 만큼 나라를 사랑했습니다. 그러나 7년간 일본과 투쟁하면서, 단 한 번도 공개 석상에서 '조선 독립' '조선 광복'이란 구호를 사용한 적이 없었고, 일본 천황을 비난한 적도 없었습니다. 아버지는 말로써 일본과 투쟁한 것이 아니라 행동으로 실행했고, 죽음까지 이르는 믿음의 실천으로 당신의 생을 마감했습니다.

3·1운동 당시 독립선언식에 참여했던 33인 중에 과반수가 기독교인들이었습니다. 그보다 앞서 일본 동경 YMCA회관에서 2·8독립선언서를 낭독한 분들도 그리스도인들이었습니다. 그분들은 조선의 독립과 조국의 해방을 부르짖으며, 결사적으로 일본과 싸워 나라의 광복을 되찾자고 목이 터져라 외쳐 많은 사람들로부터 박수와 환호와 존경을 받았지만, 얼마 되지 않아 그들 중 많은 사람들이 변절하여 민족의 반역자로 일본에 아부하면서 자신의 영달만을 꾀하였습니다.

그러나 일본 경찰은 '조선의 독립'이라는 구호 한번 외치지 않았던 아버지를 일곱 번이나 가두어 갖은 고문을 다했고, 끝내는 감옥에서 죽여버리고 말았습니다. 아버지는 나라 사랑을 말로 외치지는 않았지만 오히려 행동으로 나라 사랑을 실행했기에, 아버지의 그 말없는 실천과 행동이 일본 경찰들을 견딜 수 없게 만들었던 것입니다. 말없이 죽음에 이르는 삶을 통하여 아버지는 우리에게, 믿음은 죽기까지 실천하는 것이라는 가장 큰 교훈을 주었습니다. 즉 나라 사랑과 하나님 사랑은 입으로 하는 것이 아니라 실천과 행동으로 해야 한다는 것입니다.

진리가 능욕받고 유린당하던 그 절망의 시대에 그분이 결코 조국광복에 대한 소망을 잃지 않고 하나님의 법과 하나님의 방법을 추구하면서 혀황된 구호를 외치기보다는 한 알의 밀알처럼 진리를 위해 말없이 죽어가는 순교자가 될 수 있었던 것은, 아무리 역사가 얼어붙은 것처럼 보이는 한겨울, 한밤중이라 할지라도 하나님의 역사는 한치의 오차도 없이 반드시 진행되고 있다는 사실을 강철처럼 굳게 믿었던 까닭입니다.

만약 그 믿음이 없었던들 그분 역시 중간에서 변절했거나, 아니면 무력을 더 신봉하여 폭력도 불사하는 투사가 되었을는지도 모릅니다. 그러나 그분은 우리를 위해 쉼 없이 역사하시는 하나님을 믿어 의심치 않았기에, 감옥에서 무력하게 그의 생을 마쳤음에도 불구하고 오늘 한국 교회의 정통성과 정결성은 그분을 통해 계승되고 있는 것입니다. 오늘 사순절 셋째 주일을 맞이하여 주 목사님처럼 하나님을 온전히 믿고 온전히 살지 못했음을 회개합시다.

지금 이 사회는 정치 경제 사회적으로 참으로 어수선하기 짝이 없습니다. 모든 여건이 절망적으로 보입니다. 그럼에도 불구하고 우리가 결코 절망치 않고 오히려 소당을 지님은, 무력하게 유린당하는 것같이 보이는 진리의 길을 추구함은, 요란한 구호보다는 하나님과 조국을 위해 떨어지는 한 알의 밀알이 되기 원함은, 오늘 이 시간에도 하나님께서 이 나라와 백성을 위해 당신의 역사를 한치의 오차도 없이, 친히 펼치고 계심을 믿기 때문입니다.

바람이 붑니다. 강물이 흘러갑니다. 코뿔소는 트레비아 열매를 먹고 코끼리는 아카시아 열매를 삼킵니다. 새들은 창공을 날고 때로는 산불이 납니다. 그리고 그 가운데에서 하나님의 역사는 한순간도 쉼 없이 오묘하게, 신묘막측하게, 신비스럽기 그지없이 펼쳐지고 있습니다. 그 놀라우신 하나님께서 지금 우리와 함께 하고 계십니다. 우리를 위해 당신의 역사를 친히 전개하시면서 말입니다.

진리이신 주님께서 불의한 자들에게 농락당하시던
그 절망적인 순간에도 하나님께서는 치밀하게 하나님의
역사를 펼치시고 계셨음을 일깨워 주시니 감사합니다.
그 하나님께서 지금 우리의 하나님 되심을 진정으로
감사드립니다. 군대도 없이 그저 맨손으로 독립만세를
불렀을 뿐인데 광복을 주셨던 것을 감사드립니다.
공산당의 남침으로 사흘 만에 수도 서울을 빼앗기고
전국토가 유린당하였음에도 하나님의 방법으로 구원해
주셨음을 감사드립니다. 5,000년 동안의 가난과
빈곤으로부터 출애굽시켜 주셨던 것을 감사드립니다.
대통령도 권력을 남용하면 죄수가 되는 시대를 주셔서
감사합니다. 대통령도 권력을 사유화하면 백성 앞에
머리숙여 백배사죄하지 않고는 못 배기는 시대를 주셔서
감사합니다. 모래 위에 지은 집은 아무리 화려해 보여도
반드시 무너지고 만다는 사실을 확인해 주셔서
감사합니다. 불의의 결과는 무엇이며 진리의 결국은

어떠한지를 그 어떤 드라마보다 구체적으로 보여 주셔서
감사합니다. 이 민족을 사랑하셔서 불의와 죄악 속에
버려두지 않으시고, 과거를 망각한 채 사치와 방종과 죄악
속에 빠진 우리를 날마다 하나님의 방법으로 깨우쳐
주시고 바로 설 수밖에 없도록 역사해 주심을 진심으로
감사합니다.
가장 절망적인 순간이라 할지라도 실은 하나님께서는
하나님의 방법으로 하나님의 역사를 신실하게 이루어가고
계심을 분명하게 믿는 자들 되게 하옵소서.
그리하여 늘 충만한 소망 속에서 하나님의 법과 방법을
추구하게 하시고, 내게 주어진 삶을 위해 최선을 다하며,
요란한 구호를 외치기보다는 진리 안에서 썩는 한 알의
밀알이 되게 하옵소서.
한 개인의 역사이든, 한 가정의 역사이든, 한 나라의
역사이든, 절당의 사람이 아니라 오직 소망의 사람들에
의해서만 새로워짐을 잊지 말게 하옵소서. 아멘.

## 내 나라는

저희가 예수를 가야바에게서 관정으로 끌고 가니 새벽이라.
저희는 더럽힘을 받지 아니하고 유월절 잔치를 먹고자 하여
관정에 들어가지 아니하더라.
그러므로 빌라도가 밖으로 저희에게 나가서 말하되
"너희가 무슨 일로 이 사람을 고소하느냐?"
대답하여 가로되 "이 사람이 행악자가 아니었더면
우리가 당신에게 넘기지 아니하였겠나이다."
빌라도가 가로되 "너희가 저를 데려다가 너희 법대로 재판하라."
유대인들이 가로되 "우리에게는 사람을 죽이는 권이 없나이다"
하니 이는 예수께서 자기가 어떠한 죽음으로 죽을 것을 가리켜
하신 말씀을 응하게 하려 함이러라.
이에 빌라도가 다시 관정에 들어가 예수를 불러 가로되
"네가 유대인의 왕이냐?"
예수께서 대답하시되 "이는 네가 스스로 하는 말이뇨?
다른 사람들이 나를 대하여 네게 한 말이뇨?"
빌라도가 대답하되 "내가 유대인이냐? 네 나라 사람과
대제사장들이 너를 내게 넘겼으니 네가 무엇을 하였느냐?"
예수께서 대답하시되
"내 나라는 이 세상에 속한 것이 아니라."

요한복음 18:28~36상

작년 12월 19일 새벽 2시 30분, 목 오른쪽 경정맥이 짧지 않은 간격을 두고 두 번 희미하게 뛴 것을 마지막으로 어머님께서 86세의 생애를 이 땅에서 마감하셨을 때, 머리맡에서 어머님의 임종을 지켜보고 있던 큰 누님이 이렇게 말했습니다.
 "이제 가셨다."
 그러나 그것은 비통에 찬 어감이 아니었습니다. 그것은 듣는 이에게 말할 수 없는 평강을 느끼게 해주는 소망의 말이었습니다. "이제 가셨다"는 그 한마디는, 영원하신 하나님의 나라로 가셨다는 것을 의미함을 모두 알고 있었기 때문입니다. 그 날 이후 지난 80일 동안 어머님을 생각할 때마다 그 마지막 장면이 제 머리 속에 떠오르곤 합니다. 마치 주무시는 듯 평화로이 운명하신 어머님, "이제 가셨다"고 나지막히 말하는 큰 누님, 그리고 그 방을 가득 채우던 신비스러운 하나님의 평강—제가 이 땅에 살아 있는 동안에는 잊지 못할 장면입니다.

　이와 동시에 그 장면을 연상할 때마다 제 마음속에는 지울 수 없는 반문이 일어납니다. 믿지 않는 분들 역시 죽은 사람을 가리켜 '돌아가셨다'고 말합니다. 믿는 우리의 표현과 똑같습니다. 그러나 그 의미마저 같을 수는 없습니다. 믿지 않는 분들이 돌아가셨다고 말할 때 도대체 어디로 돌아가셨다는 것입니까? 소위 죽은 자의 귀신이 떠돌아다닌다는 구천입니까? 아니면 북망산으로 대표되는 공동묘지입니까? 그것도 아니라면 이번에 타계한 철저한 유물론자 등소평 주석의 유언처럼 단순한 물질로의 회귀입니까? 똑같은 세상을 똑같이 살아가서 이 세상을 떠날 때가 이르렀을 때 갈 곳이 어디인지 알고서 가는 자와, 그 곳이 어디인지 도무지 알지도 못한 채 떠나가는 자의 삶이 이 땅에서 결코 동일할 수는 없을 것입니다.

　지나온 그분의 삶의 족적을 보건대 사회적으로나 신앙적으로나 가정적으로나 모든 면에서 존경하지 않을 수 없는 한 원로께서, 지나온 당신의 생애를 하나님 앞에서 총정리하는 글을 쓰고 계시는데 그 글의 제목이 '세상을 다녀가며'입니다.

　'세상을 다녀가며'

　이 한 구절은 그분의 신앙관과 인생관을 아주 뚜렷하게 잘 보여 주고 있습니다. 세상을 다녀간다는 말은 앞으로 갈 곳뿐만 아니라, 어디로부터 왔는지도 알고 있음을 의미합니다. 자신의 시원과 최후의 목적지를 알지 못하는 것에서 인간의 혼돈과 인생의 혼미는 시작되고 심화됩니다. 내가 어디에서 와서 어디로 가는지를 바르게 인식하고 있는 사람만이 이 세상을 목적이나 우상으로 삼지 않고, 무엇을 위해 이 세상을 다녀가는지를 바로 알고 바르게 살 수 있는 것입니다.
 시편의 시인은 이렇게 노래하고 있습니다.

 여호와가 우리 하나님이신 줄 너희는 알지어다.
 그는 우리를 지으신 자시요 우리는 그의 것이니
 그의 백성이요 그의 기르시는 양이로다. (시 100:3)

 시인은 '우리는 우리를 지으신 여호와 하나님의 것'임을 잊지 말라고 권고합니다. 다시 말해 우리는 우리를 지으신 하나님으로부터 나서 하나님께로 돌아갈 존재라는 것입니다. 따라서 이 세상을 다녀가는 동안에 이 세상에서 하나님의 백성으로, 하나님의 양으로 살아야 함을 일깨워 주고 있습니다. 우리 주님께서도 이렇게 말씀하셨습니다.

 "내가 아버지께로 나와서 세상에 왔고 다시 세상을 떠나
 아버지께로 가노라." (요 16:28)

 그리스도를 믿는 우리의 시발점도, 종착역도 오직 하나님 아버지이심을 분명히 일러주고 계십니다.
 그렇다면 하나님께로 나서 하나님께로 돌아가야 할 우리가 이 세상을 다녀가야 할 이유가 무엇이겠습니까? 바꾸어 말해 우리가 이 세상을 다녀가는 동안 이 세상에서 추구해야 할 삶의 목표가 있다면 무엇이겠습니까? 우리는 아버지께로 나와서 이 세상에 오셨다가 이 세상을 떠나 아버지께로 돌아가신 예수님께서 이 세상에 계시는 동안 무엇을 하셨는지 살펴봄으로써 그 해답

을 알 수 있습니다. 누가복음 8장 1절은 예수님께서 이 땅에 계시는 동안 각 성과 촌을 두루 다니시면서 하나님의 나라를 반포하셨다고 증언하고 있습니다. 예수님께서 이 땅을 다녀가신 목적은 오직 하나님의 나라에 있었습니다. 하나님의 나라를 단지 입으로 외치기만 한 것이 아니라 그 나라의 구현을 위해 당신의 몸을 송두리째 십자가 위에 던지셨습니다. 그 십자가야말로 이 땅의 죄인들을 하나님의 나라에 이르게 하는 구원의 능동적 수송선인 동시에 이 땅 위에 하나님의 나라를 임하게 하는 통로인 것입니다. 따라서 하나님으로부터 지음을 받고 하나님께로 나서 하나님께로 돌아갈 우리가 이 땅을 다녀가는 절대적 이유 또한 이 땅에 하나님의 나라를 구현하는 하나님의 도구로 쓰임 받기 위해서인 것입니다.

시편 100편을 노래한 시인의 고백처럼 우리가 이 땅에 사는 동안 하나님의 백성과 그분이 기르시는 양으로 살아야 할 이유가 있다면, 그 자체가 목적이어서가 아니라 하나님의 나라를 구현하기 위함입니다. 진리 안에서 하나님의 백성과 하나님의 양떼로 살지 않고서는 하나님의 나라를 이 땅에 임하게 하는 도구로서의 책임을 다할 수 없기 때문입니다.

작금 우리나라가 모든 면에서 혼미하기 짝이 없는 것은 이 나라의 통치권이 제대로 확립되지 못하고 있기 때문입니다. 이 지경이 되기까지에는 여러 가지 이유가 복합적으로 작용했을 것입니다. 그러나 어떻든지 간에 하루 빨리 원인을 분석하고 시정하여 나라의 통치권을 바르게 세우지 않는 한, 현재의 무질서와 혼란은 더욱 심해질지언정 수습되기는 어려울 것입니다.

하나님의 나라를 이 땅에 구현한다는 것은 이 세상 속에 하나님의 통치가 임하게 하는 것이요, 그리스도인인 우리 자신이 하나님의 통치권을 확립하는 도구가 되는 것을 의미합니다. 우리 그리스도인 개개인의 삶이 누구보다도 더욱 구체적이며 현실적이지 않으면 안 될 까닭이 바로 여기에 있습니다.

　우리 주 예수 그리스도께서는 이 땅의 역사와 현실과는 무관하게 천상에서만 거하신 분이 아니셨습니다. 주님께서는 성육신, 즉 인간의 몸을 입고 인간으로 이 땅에 오셔서 이 땅의 역사와 현실 속에 하나님의 나라를 구현하시기 위해 누구보다도 구체적으로 사셨던 분이었습니다. 구체적인 현실 속에 구체적인 하나님의 나라를 구체적으로 구현하기 위해서는 구체적인 삶이 아니고서는 불가능했기 때문입니다.

　오늘날 이 땅의 많은 그리스도인들의 삶이 몰역사적이요 비현실적이요 반사회적이라고 해서 지탄을 받고 있습니다. 그 이유가 도대체 무엇입니까? 그리스도인들의 목표가 하나님의 나라에 있다고 할 때, 이 하나님의 나라를 우리가 죽어서야 가는 곳으로 잘못 이해하고 있는 까닭입니다. 이처럼 하나님의 나라를 사후 목적지만으로 오인할 때, 이 땅의 역사와 현실을 도외시하거나 혹은 그것으로부터 도피하는 것이 마치 이상적인 양 우리의 삶은 왜곡되어 버리고 맙니다.

　그러나 하나님의 나라는 우리의 궁극적인 목적지인 동시에, 이 땅을 살아가는 동안 우리가 이 땅에서 구현해야 될 삶의 목표인 것입니다. 그래서 이 땅에 오신 주님께서 우리에게 "너희는 이렇게 기도하라"며 친히 가르쳐 주신 '주님의 기도'는 이렇게 시작되고 있습니다.

하늘에 계신 우리 아버지여,
이름이 거룩히 여김을 받으시오며
나라가 임하옵시며

여기에서 말하는 '나라'는 두말할 것도 없이 '하나님의 나라'입니다. 주님의 기도는 무엇보다도 우리 삶을 통한 하나님 나라의 구현이 우리 삶의 가장 큰 목표임을 분명히 일깨워 주고 있습니다. 이것을 바르게 인식할 때 그리스도인들은 그 누구보다 역사에 대한 정확한 통찰력을 지니고, 현실이 아무리 암울하다 할지라도 회피하거나 도피하지 않고 그 현실을 뚫고 나가며 극복하고 바르게 개선해가는 구체적인 삶의 주체가 될 수 있는 것입니다.

그리스도인들이 이 땅의 역사와 현실 속에서 누구보다도 구체적인 삶을 살아야 한다는 말의 의미는 이 땅에 하나님 나라의 구현을 위해 진리를 구체적으로 살아야 한다는 것입니다. 그리고 그것은 무엇보다 때와 장소를 가리지 않는 것으로부터 시작합니다. 때와 장소를 보아가며 진리를 선별적으로 살아가는 자는 하나님의 통치권 확립을 위한 온전한 통로가 될 수 없기에, 그 사람을 통해서는 하나님의 나라가 바로 구현될 수 없습니다. 언제나 어디서나 진리를 사는 자를 통해서만 하나님의 나라가 실현될 수 있다는 것은 두말할 나위가 없습니다. 우리 주 예수 그리스도께서는 오늘 본문을 통하여 친히 우리에게 그 좋은 본을 보여 주고 계십니다.

예수님을 체포한 무리들은 대제사장 안나스와 가야바의 사주에 따라 결박당하신 예수님을 이번에는 빌라도 총독의 공관으로 끌고 갔습니다. 그러나 공관 앞에 당도한 유대인 중 누구 한 명 그 안으로 들어가려는 자는 없었습니다. 이미 지난 주일 살펴본 바와 같이 유대인들은 이방인들의 거처는 다 부정하고, 그 속에 들어가면 부정을 타 그 부정이 일주일 동안 계속된다고 믿었기 때문입니다. 다시 말하면 설령 빌라도 총독의 공관처럼 웅장한 궁궐이라 할지라도 유대인들은 이방인의 거처 속에는 하나님의 나라가 도래할 수 없다고 믿었던 것입니다. 한마디로 그들은 장소를 가리는 자들이었습니다.

그뿐만이 아니었습니다. 그들은 그 날 밤부터 유월절 예식이 시작되기 때문에 그들의 몸을 정결하게 지키려 했습니다. 정결해야 할 때가 따로 있다고 믿었던 것입니다. 말하자면 그들은 때와 장소를 가려가며 선택적으로 진리를 실천하려 했던 자들이었습니다. 그 결과 그들은 이중적인 위선자의 삶에서 벗어날 수 없었고, 오히려 하나님의 나라와 세상을 가로막는 차단막이 되어 버리고 말았습니다. 그런데 오늘 본문 33절은 이렇게 시작되고 있습니다.

 이에 빌라도가 다시 관정에 들어가
 예수를 불러 가로되 "네가 유대인의 왕이냐?"

유대인들이 왜 총독 공관 안으로 들어오려 하지 않는지 그 이유를 잘 알고 있던 빌라도는 밖으로 나가 유대인을 만났습니다. 그 곳에서 유대인들로부터 예수님을 십자가형에 처해 달라는 요구를 받은 빌라도는 다시 공관으로 되돌아가 예수님을 그 안으로 불러들였습니다. 그리고 공관 안에서 빌라도 총독과 예수님 사이에 문답이 시작되었습니다.

이 땅에 오셨던 예수님께서 로마인이었습니까? 아닙니다. 예수님 역시 유대인이었습니다. 빌라도의 공관이 부정하다며 공관 안으로 들어오기를 거부하던 유대인들과 똑같은 유대인이었습니다. 그럼에도 불구하고 예수님께서는 그 유대인들과는 달리 나도 그 안으로는 들어갈 수 없다며 밖에서 버티시지 않았습니다. 조금도 개의치 않고 공관 안으로 들어가셨습니다. 빌라도의 공관을 전혀 부정하게 여기지 않았던 것입니다. 예수님께서도 유대인이셨음에도 불구하고 어떻게 그 사고와 행동이 이처럼 유대인들과는 판이하게 다를 수 있었겠습니까?

우리는 그 해답을 본문 36절이 증거하는 바 "내 나라는 이 세상에 속한 것이 아니라"는 주님의 답변 속에서 찾을 수 있습니다. 만약 주님께서 추구하시던 주님의 나라가 이 세상에 속한 것이었다면, 주님 역시 부정한 곳과 정결한 곳을 따지시며 반드시 장소를 가려야만 하셨을 것입니다. 그것이 세상의 관습이요 가치관이기 때문입니다. 그러나 주님 안에서 이 땅에 도래한 주님의 나라는 이 세상에 속하지 않은 하나님의 나라였기에, 주님께서는 이 세상의 장소를 따질 필요도 없으셨고 또 따져서도 안 되었습니다. 하나님 나라의 통치권을 이 세상 속에 편만하게 확립하기 위해서는 이 세상 어디든 구별없이 가셔야 했기 때문이었습니다.

게다가 주님께서 아무 거리낌없이 빌라도의 공관으로 들어가시던 시각은 꼭두새벽이었습니다. 주님은 날이 밝기를 기다려 달라고 당부치 않으셨습니다. 주님께서는 진실로 때와 장소를 가리지 않으시고 기회가 주어지는 대로 하나님께서 인도하시는 대로, 언제 어디서나 진리의 실천을 통한 하나님의 통로가 되셨습니다. 그래서 그 고난과 수치와 죽음의 십자가 위에 당신의 몸을 송두리째 내던지기까지 하셨습니다. 그것이 이 땅을 다녀가시는 동안 이 땅에서 행하여야 할 당신의 의무라는 것과, 죽기까지 진리를 행하는 한 하나님 아버지께서 반드시 당신을 붙들어 책임져 주실 것이요 또 당신을 통해 이 땅에 하나님의 나라를 도래케 하실 것임을 확신하셨기 때문입니다.

과연 주님의 믿음은 헛되지 않았습니다. 십자가의 죽음까지 기꺼이 감수하신 주님을 하나님께서 붙드셔서 부활의 주로 세우셨을 뿐만 아니라, 오늘도 주님의 이름으로 주님을 믿는 참된 그리스도인들을 통해 하나님의 나라를 친히 펼치고 계십니다. 이 모든 것은 주님께서 때와 장소를 가림 없이 진리를 온전히 사셨던 당연한 결과였습니다.

하나님께서 우리를 오늘이라는 시간과, 대한민국이라는 공간 속에서 유독 대한민국 사람으로 살게 하신 이유와 의미가 무엇이겠습니까? 바로 지금 부정과 부패가 난무하는 이 땅에서 하나님 나라 구현을 위한 진리의 도구로 쓰시기 위함입니다. 법과 질서가 유린당하고, 불의와 온갖 비리가 판을 치는 이 땅에서 때와 장소를 가리지 않고 진리를 살아간다는 것은 대단히 무모하고 어리석어 보일 수 있습니다. 대부분의 사람들이 그렇게 하듯 요령껏 세상과 타협하며 사는 것이 훨씬 더 실속있는 것처럼 여겨질 수도 있습니다.

그럼에도 불구하고 이 땅에 살아 있는 동안 적어도 그리스도인이라면 언제나 어디서나 진리를 따르는 자가 되어야 하는 이유는 첫째로 이 세상이 우리의 목적지가 아니라 단지 다녀가는 경유지일 뿐이기 때문이요, 둘째로 이 땅을 다녀가는 우리의 목표가 하나님의 나라를 이 땅에 구현하는 것이기 때문이요, 셋째로 하나님의 나라는 진리를 좇는 사람에 의해서만 구현되기 때문이요, 넷째로 우리가 진리를 따르다가 고난과 불이익을 당한다 할지라도 하나님께서는 우리의 마지막을 반드시 붙들어 책임져 주시며 우리를 통해 당신의 나라를 확장해 가실 것이기 때문입니다.

카톨릭 사제인 헨리 누웬(Henry Nouwen)은 그의 저서 〈죽음, 가장 큰 선물〉(Our Greatest Gift)에서 그가 만났던 공중곡예사에 대한 이야기를 소개하고 있습니다. 공중을 마치 우아한 무용수처럼 이리저리 날아오르고 서로 붙잡아 주는 것은 얼마나 매혹적인 일입니까? 그런데 그처럼 환상적인 공중곡예가 가능한 것은, 날아가는 사람이 아니라 붙잡아 주는 사람이 중요한 역할을 하기 때문이라고 합니다. 붙잡아 주는 사람은 그네에 거꾸로 매달린 채 0.1초의 정확성으로 날아오는 사람의 위치로 이동하여 공중점프를 하면서 날아오는 사람을 정확하게 잡아챔으로써 곡예를 펼쳐갑니다. 날아가는 사람이 저지를 수 있는 최악의 실수는 잡아 주는 자를 자신이 붙잡으려는 것입니다. 그 경우에는 십중팔구 붙잡아 주는 자의 손목을 부러뜨리거나, 아니면 자기의 손목이 부러지게 되어 두 사람은 모두 끝장이 나버리고 맙니다. 따라서 날아가는 사람이 할 수 있는 것은, 아무 것도 하지 않고 단지 두 팔을 뻗침으로써, 붙잡는 사람이 반드시 자기를 붙잡아 아름다운 곡예를 펼쳐갈 것을 의심없이 신뢰하는 것뿐입니다.

결국 아름다운 공중곡예를 최종적으로 가능하게 하는 것은 날아가는 사람과 붙잡아 주는 사람 사이의 믿음이라는 것을 알게 됩니다. 그러나 그것은 끊임없이 거듭된 훈련의 결과임을 잊어서는 안 됩니다.

우리의 능력으로 어찌 이 땅에 하나님의 나라를 일구어갈 수 있겠습니까? 이 땅의 현실이 아무리 암울하고 난마처럼 얽혀 있다 할지라도 우리가 이 땅 위에 하나님 나라를 구현하기 위해 언제 어디서나 우리의 삶을 내던질 때, 하나님께서는 천지를 창조하신 당신의 팔로 우리를 붙드셔서 우리를 통해 하나님의 나라를 친히 펼쳐 가시는 것입니다.

사랑하는 교우 여러분! 진정 이 나라가 새로워지기를 원하십니까? 그렇다면 때와 장소를 가리지 말고 진리를 발판 삼아 하나님을 향해 삶을 던지십시오. 그것이 이 나라를 살리는 유일한 길이며, 그때 우리는 하나님께 부끄럼없이 돌아갈 수 있습니다. 잊지 마십시오. 이 세상은 목적지가 아니라 경유지란 사실을 말입니다.

폭염이 이글거리는 광야에서, 해가 저문 벳세다 벌판에서,
폭풍우가 몰아치는 캄캄한 바다 위에서, 이른 새벽 빌라도
총독의 공관에서, 그리고 한낮 죽음의 십자가 위에서까지
때와 장소를 가리지 않고 몸을 던져 진리를 사심으로써
이 땅에 하나님의 나라를 도래케 하는 통로가 되셨던
주님!
우리들은 주님의 제자들입니다. 그리고 불법과 무질서가
횡행하는 이 대한민국에서의 삶을 명령받았습니다. 그러나

이제껏 이 땅 위에 하나님의 나라를 구현하는 진리의
증인이 되지 못한 것을 이 사순절 넷째 주일 아침
회개하오니 용서하여 주옵소서.
이제부터 언제나 어디서나, 주님처럼 구체적으로 진리를
행하게 하옵소서. 주님을 본받아 오직 하나님을
신뢰함으로써 하나님을 위해, 하나님을 향해 우리를
던지게 하옵소서.
그리하여 우리를 붙잡아 책임져 주시는
하나님의 능력을 의지하여 이 땅의 암울한 현실 속에
하나님의 통치권을 확립하고 나라를 일구어가는 참된
그리스도인들이 되게 하옵소서. 이 세상이 우리의
목적지가 아니라 하나님 나라의 구현을 위해 잠시
다녀가는 경유지임을 늘 기억하게 하옵소서. 아멘.

# 12
# 무엇을 하였느냐

이에 빌라도가 다시 관정에 들어가 예수를 불러 가로되
"네가 유대인의 왕이냐?"
예수께서 대답하시되 "이는 네가 스스로 하는 말이뇨?
다른 사람들이 나를 대하여 네게 한 말이뇨?"
빌라도가 대답하되 "내가 유대인이냐? 네 나라 사람과
대제사장들이 너를 내게 넘겼으니 네가 무엇을 하였느냐?"
예수께서 대답하시되
"내 나라는 이 세상에 속한 것이 아니라.
만일 내 나라가 이 세상에 속한 것이었더면 내 종들이 싸워
나로 유대인들에게 넘기우지 않게 하였으리라.
이제 내 나라는 여기에 속한 것이 아니니라."
빌라도가 가로되 "그러면 네가 왕이 아니냐?"
예수께서 대답하시되 "네 말과 같이 내가 왕이니라.
내가 이를 위하여 났으며 이를 위하여 세상에 왔나니
곧 진리에 대하여 증거하려 함이로라.
무릇 진리에 속한 자는 내 소리를 듣느니라" 하신대
빌라도가 가로되 "진리가 무엇이냐?" 하더라.

요한복음 18:33~38하

1분 1초를 다투는 현대사회에서 떨어지는 모래로 시간을 측정하는 모래시계는 단순한 장식품 이상의 가치를 인정받지 못합니다. 그럼에도 불구하고 엉성한 모래시계가 주는 교훈만큼은 그 어떤 첨단 시계보다 더 지대합니다. 그것은 모든 시간에는 끝이 있다는 교훈입니다. 배터리가 장착되어 있는 현대 시계는 언제 그 배터리가 다 소진되어 초침이 멎을지 알 도리가 없습니다. 그러나 모래시계는 아래쪽에 쌓인 모래를 통해서는 이미 지나가버린 시간을, 그리고 위쪽에 남아 있는 모래로는 남아 있는 시간을 한눈에 식별케 해줍니다. 그렇기에 떨어지는 모래는 단순한 모래가 아닙니다. 그것은 끝을 향해 달려가고 있는 살아 있는 시간인 동시에, 지나간 모든 과거의 축적인 것입니다. 이런 의미에서 인생을 모래시계로 비유할 줄 안다는 것은 크나큰 지혜가 아닐 수 없습니다.

손목시계의 초침은 쉬지 않고 끝없이 회전을 계속하고 있습니다. 그것만 들여다보고 있노라면 우리에게 주어진 시간 역시 끝이 없는 것처럼 여겨집니다. 그러나 인생이란 끝을 알 수 없는 손목시계가 아닙니다. 분명히 그 끝이 있는 모래시계입니다. 또한 주간이 흘러갔다는 것은, 모래시계 위쪽의 남아 있는 모래가 그만큼 줄어들었다는 말인 동시에, 아래쪽에 떨어진 모래가 일주일 만큼 더 늘어났음을 의미합니다. 시간이 흐를수록 아래쪽 모래가 늘어나면 늘어났지 위쪽이 늘어나는 법은 없습니다. 그렇기에 흘러가는 시간은 단순한 시간일 수가 없습니다. 그것은 남아 있는 내 인생의 끝을 향해 나아가는 내 생명 자체인 동시에, 이미 지나온 내 인생의 실상이요 실체인 것입니다. 이것을 아는 자만 매순간 진리를 따라 바르게 행할 수 있습니다. 지금 진리 안에서 바르게 행하는 자가 모든 지금의 총집합인 자신의 인생을 바르게 세울 수 있고 이 세상에서 생이 끝나는 순간 하나님 앞에 바로 설 수 있는 것입니다.

이제 여러분들께 묻겠습니다. 지난 일주일 동안 여러분들께서는 무엇을 하셨습니까?

이 질문을 받고서 자신이 지난 일주일 동안 무엇을 했는지 선뜻 기억할 수 없는 분들도 저마다 그 이유는 같지 않을 것입니다. 그러나 만에 하나라도 그 이유가 여러분의 인생을 끝없이 돌아가는 손목시계로 착각하고 아무 의미 없이, 생각 없이 살았다는 데 있는 것은 아닙니까? 자신의 인생이 정녕 모래시계임을 깨달아 그 모래시계의 끝을 보면서 일주일 동안 떨어지는 모래를 진리 안에서 자신의 생명을 담아 바르게 가꾸어 보내었더라면, 몇 달 혹은 몇 년 전도 아닌 바로 지난 주간 동안 내가 무엇을 하며 살았는지는 답변할 수 있어야 하지 않겠습니까?

여러분들께 다시 묻겠습니다. 지난 일주일 동안 여러분들께서는 무엇을 하셨습니까?

적지 않은 분들이 "나는 지난 일주일 동안 이런 일들을 했다"고 정확하게 기억하며 답변할 수 있을 것입니다. 그러나 그분들 중 행여라도 "나는 지난 일주일 동안 모든 것을 진리 안에서 바르게 행하였다"고 답할 수 없는 분이 있다면, 그것 또한 자신의 인생이 모래시계임을 깨닫지 못했기 때문이 아닙니까?

인생이란 참으로 모래시계요 떨어진 모래는 소멸되어 없어져 버리는 것이 아니라 산 모습 그대로 고스란히 쌓인다는 사실, 그리고 지금 떨어지는 모래를 바르게 가꾸어야만 이미 떨어진 모래 역시 바르게 축적되어 바른 인생이 구축될 수 있다는 사실을 알면서 지난 한 주간도 살았던 사람이라면 최소한 "나는 모든 면에서 부족하지만 지난 한 주간도 진리 안에서 모든 것을 바르게 행하려고 노력했습니다"라고 대답할 수는 있어야 하지 않겠습니까?

빌라도 총독은 꼭두새벽부터 유대인들이 끌고 와 십자가에 처형해 달라고 고발한 예수님을 자신의 공관 안으로 불러들였습니다. 그리고 단도직입적으로 물었습니다.

"네가 유대인의 왕이냐?" (요 18:33하)

유대인들이 예수님을 스스로 유대인의 왕으로 참칭하며 로마 황제에게 맞서려는 행악자로 고발했기 때문입니다. 이에 대해 본문은 이렇게 증거하고 있습니다.

> 예수께서 대답하시되 "이는 네가 스스로 하는 말이뇨?
> 다른 사람들이 나를 대하여 네게 한 말이뇨?" (요 18:34)

예수님께서는 빌라도에게 "네가 왕이냐?"는 질문이 빌라도 자신의 판단에 따른 것인지, 아니면 단순히 유대인들의 고발 내용을 전한 것인지를 물으셨습니다. 만약 전자의 경우라면 그것은 정치적 왕을 의미하는 것이기에 대답은 '아니다'여야 했고, 후자의 경우라면 종교적 메시아를 뜻하기에 그 답변은 '맞다'였기 때문입니다. 이에 대해 본문 35절은 이렇게 증거하고 있습니다.

> 빌라도가 대답하되 "내가 유대인이냐? 네 나라 사람과
> 대제사장들이 너를 내게 넘겼으니 네가 무엇을 하였느냐?"

빌라도는 "네가 왕이냐?"는 질문은 자신의 판단이 아니라 단순히 유대인의 고발 내용에 기인한 것임을 분명히 밝혔습니다. 그리고 예수님을 향하여 새로운 질문을 던졌습니다. "네가 무엇을 하였느냐?" 네가 도대체 무엇을 하였기에 유대인들이 모두 널 죽이려 하느냐는 의미입니다. 그러나 우리는 이 질문을 그냥 지나칠 수가 없습니다.

"네가 무엇을 하였느냐?"

이것은 곧 우리 모두를 향한 하나님의 질문이기 때문입니다. 가인은 한순간의 질투심을 억누르지 못해 동생 아벨을 들로 끌고 가 쳐죽여 버리고 말았습니다. 그리고는 아무 일도 없었다는

듯 손을 씻고 되돌아갔습니다. 자신이 도대체 무엇을 하였는지 생각조차 하려 들지 않았습니다. 죄의식을 느끼지도 않았습니다. 자신에게는 아벨을 죽일 수밖에 없는 충분하고도 합리적인 이유가 있다고 여겼기 때문이었습니다. 그것으로 모든 문제는 다 해결되었다고 생각했습니다.

그러나 그것은 문제의 해결이 아니라, 문제의 시작이었습니다. 하나님께서는 가인을 찾아오셔서 물으셨습니다. "네가 무엇을 하였느냐?" 하나님의 그 질문 앞에서 가인은 비로소 인류 최초의 살인자, 그것도 한 피를 나눈 형제를 쳐죽인 부끄러운 자기 자신의 실상을 보았지만 그것은 이미 엎질러진 물이었습니다. 그러나 "네가 무엇을 하였느냐?"는 하나님의 이 질문 앞에서 가인은 남아 있는 여생만큼은 바로 가꿀 수 있었습니다.

"네가 무엇을 하였느냐?"고 물으셨던 하나님께서는 그 이후 모든 인간을 향하여 매순간마다 "네가 무엇을 하고 있느냐?"고 묻고 계십니다. 그 이유가 무엇인지 아십니까? 그 대답은 너무나 간단합니다. 참된 신앙 유무 여부는 오직 내가 지금 무엇을 하고 있느냐로 드러나기 때문입니다.

"네가 무엇을 하였느냐?"

"네가 지금 무엇을 하고 있느냐?"

여기에서 '하다'는 동사 'poyeo'는 참으로 의미심장한 뜻을 지니고 있는 단어입니다. 그 단어는 첫째로 '행하다'라는 뜻입니다. 따라서 "네가 무엇을 하였느냐?"는 질문의 의미는 "네가 진리를 행하였느냐, 아니면 죄를 행하였느냐?"는 뜻인 것입니다. 둘째는 '만든다'는 의미입니다. "네가 네 인생을 진리의 전으로 만들었느냐, 아니면 강도의 굴혈로 만들었느냐?"는 것입니다. 셋째는 '이룬다'는 의미입니다. "네가 네 삶으로 이룬 것이 진리의 열매인가, 아니면 죄의 열매인가?" 하는 뜻입니다. 넷째는 '좇는다'는 의미입니다. "네가 지금 좇고 있는 것이 진리인가, 아니면 허망한 욕망인가?" 하는 것입니다. 다섯째는 '베푼다', 혹은 '나눈다'는 의미입니다. "내가 지금 누구에게 무엇인가 나누어주고 있다면 그것은 진리 안에서의 생명인가, 아니면 죄악 속의 죽음인가?" 하는 것입니다. "네가 무엇을 하였느냐?"는 질문 속에는 이 모든 의미가 함축되어 있는 것입니다.

"네가 무엇을 하였느냐?"

이 질문에 대한 주님의 답변을 본문은 이렇게 증거하고 있습니다.

예수께서 대답하시되
"내 나라는 이 세상에 속한 것이 아니라.
만일 내 나라가 이 세상에 속한 것이었더면 내 종들이 싸워
나로 유대인들에게 넘기우지 않게 하였으리라.
이제 내 나라는 여기에 속한 것이 아니니라." (요 18:36)

이것은 주님께서 세속권력을 위해서가 아니라 오직 하나님의 나라를 위해 살아오셨음을 밝히시는 답변인 바, 여기에 대해서는 지난 시간에 상세히 살펴보았습니다. 본문 37절은 이렇게 계속됩니다.

빌라도가 가로되 "그러면 네가 왕이 아니냐?"
예수께서 대답하시되 "네 말과 같이 내가 왕이니라.

내가 이를 위하여 났으며 이를 위하여 세상에 왔나니,
곧 진리에 대하여 증거하려 함이로라.
무릇 진리에 속한 자는 내 소리를 듣느니라."

주님께서는 진리의 왕이요, 바로 그 진리를 위하여 이 땅에 오셔서 그 진리를 삶으로 증거하셨다는 것이 "네가 무엇을 하였느냐?"는 빌라도의 질문에 대한 주님의 답변이었습니다. 다시 말해 주님께서는 어떤 경우에도 진리만을 행하셨다는 말입니다. 이 땅에서의 당신의 인생을 오직 진리의 전으로만 가꾸셨다는 뜻입니다. 당신의 인생으로는 진리의 열매만을 결실하셨다는 의미입니다. 진리이신 하나님의 말씀만 좇았다는 고백입니다. 당신이 만나는 모든 사람들에게 오직 진리 안에 있는 참 생명만 나누어 주셨다는 답변입니다.

얼마나 당당한 선포입니까? 우리와 같은 인간의 몸을 입고 오셨던 주님께서 당신의 삶에 대하여 어떻게 이처럼 당당하게 고백하실 수 있었겠습니까? 우리는 그 해답을 요한복음 13장 1절에서 찾아볼 수 있습니다.

유월절 전에 예수께서 자기가 세상을 떠나 아버지께로
돌아가실 때가 이른 줄 아시고, 세상에 있는 자기 사람들을
사랑하시되 끝까지 사랑하시니라.

예수님께서는 세 가지 사실을 분명히 알고 계셨습니다. 첫째, 육신을 입고 이 땅에 오신 당신의 삶은 마치 모래시계처럼 반드시 끝날 때가 있다는 것과 그 때가 언제냐 하는 것을 알고 계셨

습니다. 둘째, 이 세상에서의 삶이 끝난 뒤에는 하나님 아버지께로 돌아가야 된다는 사실을 아셨습니다. 셋째, 그러므로 마치 모래시계의 모래처럼 흘러내리는 당신의 시간을 오직 하나님의 말씀으로만 엮어가야 된다는 사실을 알고 계셨습니다. 그렇기에 이 땅에 흘러내린 그분의 삶은 축적된 진리 그 자체였으며, "네가 무엇을 행하였느냐?"는 빌라도의 질문에 "나는 진리를 위하여 났고, 진리를 위해 이 세상에 왔으며, 진리를 삶으로 증거했노라"고 거침없이 답변하실 수 있었습니다.

그런데 여기에서 우리가 한 가지 간과해서는 안 될 사실이 있습니다. 예수님을 향해 "네가 무엇을 하였느냐?"고 묻고 있는 빌라도는 지금 도대체 무엇을 하고 있습니까? 그는 지금 진리를 심문하고 있는 것입니다. 그가 진리를 잘 알아서입니까? 주님의 답변을 다 들은 그는 본문 38절을 통해 "진리가 무엇이냐?"고 물을 정도로 진리에 무지한 자였음에도 불구하고 진리를 심판하고 있습니다. 한마디로 빌라도는 자기 자신이 무엇을 하고 있는지를 전혀 모르는 자였습니다. 그 결과 그는 진리를 못 박는 가장 수치스럽고 가장 어리석은 자가 되고 말았습니다.

지금 온 나라는 대통령의 둘째 아들을 향하여 "네가 무엇을 하였느냐?"는 질문공세를 퍼붓고 있습니다. 그러나 사태가 이 지경이 되기까지 "나는 무엇을 했던가?" 자문하고 자성하는 언론기관이나 사법기관이나 정치인은 아직까지 없습니다. 타인이 무엇을 했는지에 관심을 쏟는 것도 물론 중요할 때가 있지만 그렇다고 해서 내가 지금 무엇을 하고 있는지는 전혀 생각조차 않다가 스스로 자멸해 버리는 어리석은 빌라도가 되어서는 안됩니다.

다시 여러분께 묻습니다. 대통령 차남이 무엇을 했는지 그토록 알고 싶어하는 당신은 지난 일주일 동안 도대체 무엇을 했습니까? 당신이 좇고 따르고 행했던 것이 진리였습니까? 아니면 죄와 욕망이었습니까? 당신의 인생을 진리의 전으로 가꾸었습니까? 아니면 강도의 굴혈이 되게 했습니까? 당신의 주위 사람들에게 나누어준 것이 있다면 그것은 생명의 열매입니까? 아니면 죽음의 씨앗입니까? 우리는 이 사순절 다섯째 주일 아침에 회개하는 마음으로 자문해 보아야 합니다.

인생은 손목시계가 아니라 모래시계임을 잊지 마십시오. 그런 사람만 인생에 끝이 있음을 알고 끝을 대비하면서 살아갈 수 있습니다. 지나간 나의 모든 시간들은 사라지지 않고 고스란히 남아 있다는 사실도 잊어서는 안 되겠습니다. 대통령 차남이 의사와 나눈 대화와 행적만 남는 것이 아니라 하나님 앞에서 우리의 모든 대화와 행적이 고스란히 남겨지기 때문입니다.

이 세상에서 우리의 삶이 다하는 순간 우리는 하나님 앞에 서야 하고 그때 하나님께서 우리에게 던지실 첫 질문이 "네가 무엇을 하였느냐?"일 것이라는 것도 잊어서는 안 됩니다. 그때에만 진리를 행하는 삶으로 응답할 수 있습니다. 이 세상을 떠날 때 우리가 하나님 앞에 무엇을 들고 가서 보여 드릴 수 있는지도 알아야겠습니다. 이 세상에 산더미처럼 쌓아둔 재물이나 권력이나 명예가 결코 아닙니다. 작가 가브리엘 엑셀(Gabriel Axel)은 그 날 하나님 앞에 들고 갈 수 있는 것은 이 세상에서 진리를 위하여 스스로 포기했던 것과 남에게 나누어 주었던 것뿐이라고 했습니다. 그것을 하나님께 드리고 하나님의 것으로 되돌려 받습니다. 다시 말해 진리를 위해 선택치 않은 것은 아무 것도 가져가지 못합니다. 진리를 행한다는 것이 바로 이것입니다. 진리를 위해 포기할 것을 포기하고 진리에 따라 나눌 것을 나누는 것입니다. 그렇기에 진리는 사유 속에서가 아니라 삶 속에서만 실현되는 것입니다.

주님을 보십시오. 그분은 진리이신 하나님의 말씀을 위해 세상을 온전히 포기하셨고 하나님의 말씀 때문에 당신의 생명을 인간에게 송두리째 나누어 주셨습니다. 그리고 하나님에 의해 구세주가 되심으로써 세상을 얻으셨고 부활주가 되심으로써 영원한 생명이 되셨습니다. 그래서 그분은 "내가 곧 진리"라고 선포하실 수 있었던 것입니다.

사랑하는 교우 여러분, 자세히 보십시오. 우리 인생이 지금도 모래시계의 모래처럼 흘러내리고 있지 않습니까? 윗부분이 점점 더 비어가고 있는 것이 보이지 않습니까? 지금 포기해야 할 것을 포기하고 나누어야 할 것을 나누는 자가 되십시오. 그 때에만 우리의 모래시계가 다하는 순간 하나님 앞에 부끄럼 없이 설 수 있습니다. 우리를 사랑하시는 하나님께서 그 날을 위해 오늘 아침에도 묻고 계시지 않습니까?

"네가 무엇을 하였느냐?"

주님! 우리는 이제껏 남이 무엇을 하였는지에 대하여는
지대한 관심을 가져왔지만 정작 내가 무엇을 하고 있는지
자문해 보지 않았습니다. 그래서 빌라도처럼 진리와
무관한 어리석은 삶을 사느라 참으로 귀한 시간들을
덧없이 많이 버리고 말았습니다.
그러나 오늘도 우리를 사랑하시고 불러주셔서

우리의 인생이 모래시계임을 알게 하시니 감사합니다.
이미 흘러내린 시간과 남아 있는 시간을 확연하게 보게
해주시니 감사합니다. 흘러내린 시간은 소멸되는 것이
아니라 고스란히 축적됨도 알게 하시니 감사합니다.
이 모든 것을 알게 해주셨으니 성령의 조명 아래서 지금도
계속 흘러내리는 우리의 시간을 오직 진리로 바르게
엮어가게 하옵소서. 진리를 위해 버려야 할 것을 미련없이
버리게 하시고, 진리를 따라 베풀어야 할 것을 기꺼이
베푸는 자들이 되게 하옵소서.
그리하여 우리의 모래시계가 다하는 순간 기쁨으로 아버지
앞에 나아가게 하옵소서. '네가 무엇을 하였느냐'는
하나님의 질문이야말로 우리를 바로 세우시기 원하는
하나님의 우리를 향한 가장 위대한 사랑의 고백임을 잊지
말게 하옵소서. 아멘.

# 13
# 채찍질하더라

이 말을 하고 다시 유대인들에게 나가서 이르되
"나는 그에게서 아무 죄도 찾지 못하노라.
유월절이면 내가 너희에게 한 사람을 놓아주는
전례가 있으니 그러면 너희는 내가 유대인의 왕을
너희에게 놓아주기를 원하느냐?" 하니
저희가 또 소리질러 가로되
"이 사람이 아니라. 바라바" 하니 바라바는 강도러라.
이에 빌라도가 예수를 데려다가 채찍질하더라.
군병들이 가시로 면류관을 엮어 그의 머리에 씌우고
자색 옷을 입히고 앞에 와서 가로되
"유대인의 왕이여, 평안할지어다" 하며
손바닥으로 때리더라.

요한복음 18:38하~19:3

불경 도왕삼매론(寶王三昧論)에 다음과 같은 말이 기록되어 있습니다.

몸에 병이 없기를 바라지 마라.
몸에 병이 없으면 탐욕이 생기기 쉽나니
그래서 부처님께서 말씀하시되
"병으로 양약을 삼으라" 하셨느니라.

세상살이에 곤란이 없기를 바라지 마라.
세상살이에 곤란이 없으면
업신여기는 마음과
사치한 마음이 생기나니
그래서 부처님께서 말씀하시되

"근심과 곤란으로 세상을 살아가라" 하셨느니라.

여기에서 말하는 병, 곤란, 근심을 우리 용어로 표현하면 한마디로 '고난'이라는 의미입니다.

석가모니께서는 사카국의 국왕이었던 정반왕의 첫째 아들로 왕궁에서 태어나신 분입니다. 왕위 계승권을 가진 태자였던 것입니다. 그렇기에 어린 시절은 물론이요 16세에 결혼하여 아들을 얻은 뒤의 젊은 시절 역시 유복하였습니다. 그러나 뜻한 바 있어 29세 되던 해 모든 것을 버리고 출가하여 깨달음을 얻기까지 6년여에 걸친, 마치 가시밭길과 같은 고행의 기간이 있었지만 이 땅에서의 삶을 다 마치고 떠날 때에 그분은 참으로 평화로이 입적하셨습니다.

그 이후 그분의 제자들에 의해 태동된 불교는 철저한 자력 종교입니다. 각자 스스로 깨달아 부처가 됨으로써 자기가 자신을 구원하는 것입니다. 그럼에도 불구하고 불교는 고난을 피하라고 가르치고 있지 않습니다. 오히려 고난의 유익함을 설파하고 있습니다.

예수님께서는 왕궁과는 거리가 먼 비천한 여인의 몸에서, 그것도 짐승의 우리에서 태어나셨습니다. 그나마 당신의 고향에서 살 수도 없으셨습니다. 헤롯 대왕의 유아 대학살이 시작되었기에 애굽으로 피신하지 않을 수 없었기 때문이었습니다. 세월이 흘러 고향 땅으로 되돌아가신 후에는, 찢어지는 가난 속에서 목수 생활로 하루하루 연명하셔야만 했습니다. 그리스도로서의 공생애를 시작한 후에도 편할 날이 없었습니다. 공중의 새에게도 보금자리가 있고 여우에게도 굴이 있건만, 주님께는 머리 둘 곳조차 없었습니다. 그리고 한 제자에게 배신을 당하시고, 끝내는 인간의 죄값을 치루시려고 십자가 위에 못 박혀 비참하게 돌아가셨습니다. 그분의 삶 자체가 고난의 연속이었습니다.

그 후 그분으로부터 비롯된 기독교는 철저한 타력 종교입니다. 우리에게는 죄로부터 우리 자신을 구원해낼 능력이 전혀 없기에, 십자가에 못 박혀 돌아가셨던 주님께서 부활하셔서 우리를 위한 구원자가 되어 주시는 것입니다. 우리를 살리기 위해 고난을 당하셨던 그분의 영이 우리와 함께 하고 계시는 것입니다.

그렇다면 그리스도인들 역시, 이 땅을 살아가는 동안 부딪치게 되는 크고 작은 고난을 회피하려고 해서는 안 됩니다. 아니 불교도들보다 고난의 더 깊은 의미를 깨달아야 하며, 고난으로부터 더 큰 유익을 얻는 자들이 되어야 합니다. 고난의 주님께서 주시는 고난이라면, 주님께서 나와 함께 하심에도 불구하고 내게 고난이 주어졌다면, 그 고난의 결과는 나의 유익함으로 귀결될 것이 명약관화합니다. 그럼에도 불구하고 목전에 닥친 고난을 두려워하고 근심하고 회피하려고만 한다면, 우리가 어찌 십자가의 고난을 자처하셨던 주님을 믿는 참된 그리스도인일 수 있으며, 주님의 도우심으로 구원받고 살아가는 우리가 자기 자신을 스스로 구원해야 하는 불교도들보다 나을 게 무엇이겠습니까?

구한말 이 땅에 선교사로 와서 복음 전파는 물론이요 한국 문화 연구와 한국의 독립을 위해서도 애썼던 헐버트 박사는 그의 저서 〈대한제국멸망사〉에서, 한국인의 종교를 이해하기는 대단히 어렵다는 것을 전제하면서 다음과 같이 말하고 있습니다. "한국인들은 사회적으로는 유교도이며, 철학적으로는 불교도이고, 고난을 당할 때는 영혼 숭배자, 즉 미신적이 된다. 따라서 어느 한국인의 종교가 무엇인지 알려면 그가 고난에 빠졌을 때 어느 쪽으로 기우는지를 살펴보면 된다."

참으로 놀라운 통찰력입니다. 역사적으로 볼 때 우리 민족의 모든 삶의 규범은 유교에 바탕을 두고 있습니다. 오늘날 소위 신세대를 기성세대가 이해하지 못하는 까닭도 따지고 보면 유교적인 규범 때문입니다. 그런가하면 우리의 명상과 사색의 근간을 이루는 것은 불교적 사상입니다. 이를테면 인생무상, 인간은 작은 우주, 모든 본질은 둘이 아닌 하나라는 불이(不二)사상, 요즈음 유행하는 신토불이 같은 사상들이 다 불교에서 유래된 것입니다. 그러나 고난을 당하면 너나 할 것 없이 한결같이 미신적이 되었습니다. 다시 말해 수단과 방법을 가리지 않고 고난을 피하려 하거나 비굴하게 굴종했지, 주어진 고난의 의미와 가치를 깨닫고 감사하면서 그 고난을 적극적으로 수용하며 극복하려고는 하지 않았습니다. 이 점에 관한 한 그리스도인도 예외는 아니었습니다.

우리가 그리스도인으로서 그리스도인다운 삶의 규범과 사고를 가지는 것은 대단히 중요합니다. 그러나 그것만으로 참다운 신앙 여부가 가려지는 것은 아닙니다. 참다운 신앙은 고난의 때에 판가름 납니다. 원치 않은 고난을 당했을 때 오히려 더욱 주님을 사랑하고 더 깊이 신뢰한다면, 그는 이미 성숙한 그리스도인이 된 자입니다. 그러나 고난 때문에 주님을 원망하고 고난으로 인해 주님을 불신할 수밖에 없다면, 아직까지 전능하신 하나님을 진정으로 믿는 자일 수는 없는 것입니다.

주님께서 무엇이라고 말씀하셨습니까?

"너희 중에 누가 아들이 떡을 달라 하면 돌을 주며
생선을 달라 하면 뱀을 줄 사람이 있겠느냐?
너희가 악한 자라도 좋은 것으로 자식에게 줄 줄 알거든
하물며 하늘에 계신 너희 아버지께서 구하는 자에게
좋은 것으로 주시지 않겠느냐?" (마 7:9~11 )

지금 당장 내가 원치 않는 고난이 주어진다고 해서 하나님을 원망한다면 그것은 하나님을 세상의 악한 부모보다 더 못한 존재로 여기고 있음에 불과한 것이니, 그리고서야 어찌 하나님을 믿는다 할 수 있겠습니까?

목회를 하면서 정말 가슴이 아플 때가 있습니다. 평소 믿음이 출중하게 보이던 분이 뜻하지 않은 고난을 당하면서 하나님을 원망하는 것을 보기란 얼마나 가슴 아픈 일인지 모릅니다. 그 반면에, 신앙연륜이 지극히 짧음에도 불구하고 뜻하지 않은 고난을 당했을 때 오히려 그 고난으로 인해 하나님과의 관계가 더 깊어지는 분을 만나는 것은 목회의 가장 큰 보람입니다.

마태복음은 이렇게 증거하고 있습니다.

예수께서 즉시 제자들을 재촉하사 자기가 무리를 보내는
동안에 배를 타고 앞서 건너가게 하시고
무리를 보내신 후에 기도하러 따로 산에 올라가시다.
저물매 거기 혼자 계시더니
배가 이미 육지에서 수 리나 떠나서 바람이 거슬리므로
물결을 인하여 고난을 당하더라. (마 14:22~24)

주님께서 벳세다 들판에서 빵 다섯 조각과 물고기 두 토막으로 남자 장정만 5,000명이 넘는 대 군중을 배불리 먹이시는 오병이어의 기적을 일으키시던 밤, 무리가 흩어진 뒤 주님께서는 기도하러 산으로 올라가셨고 제자들은 배를 타고 갈릴리 바다를 건너게 되었습니다. 배가 바다 한 가운데 이르렀을 때 갑자기 바다에 역풍이 몰아 닥치면서 무서운 폭풍 속에 휩싸였습니다. 성경은 그 상황을 제자들이 '고난을 당했다'고 묘사하고 있습니다. 제자들은 모두 공포에 질려버리고 말았습니다. 고난을 당하는 순간, 그들은 그들이 믿던 주님을 까맣게 잊어버리고 말았던 것입니다. 그들이 따르던 주님께서 방금 전 벳세다에서 오병이어의 능력을 베푸셨던 사실조차 기억치 못했습니다.

산 위에서 그 모습을 보고 계시던 주님께서 제자들을 구출하시기 위해 파도가 끓어오르는 바다 위를 걸어오셨습니다. 주님의 모습을 발견한 제자들은 더 큰 무서움에 비명을 지르기까지 했습니다. 바다 위를 걸어오시는 분이 주님이라고는 상상도 못한 제자들이 분명 유령일 것이라 생각한 까닭이었습니다. 주님께서는 제자들에게 말씀하셨습니다. "안심하라. 내니 두려워 말라."

그러나 제자들은 믿을 수가 없었습니다. 그때 베드로가 여전히 공포에 질린 모습으로 외쳤습니다. "정말 당신이 주님이시라면 지금 당장 내게 명령하여 나도 물 위를 걷게 해보십시오." 주님께서 즉석에서 베드로에게 물 위를 걸어오라고 명령하셨습니다. 그러나 한 발 두 발 물 위에서 조심스럽게 발을 옮기던 베드로는 몰아치는 폭풍을 보는 순간 공포에 사로잡혀 그만 물 속에 빠져 버리고 말았습니다. 그때 주님께서 베드로에게 다가가시어 베드로를 건지시며 말씀하셨습니다. "믿음이 적은 자여, 왜 의심하였느냐?"

 이것은 우리 모두를 향한 주님의 물으심이란 사실을 아십니까? 믿음은 부드러운 미풍을 위해서 뿐 아니라 몰아치는 폭풍을 위해 필요한 것입니다. 우리 믿음의 참됨 여부는 잔잔한 호수 위에서가 아니라 끓어오르는 고난의 파도 속에서 가려지는 것입니다. 그 날 밤 제자들에게 닥쳤던 그 고난의 폭풍은 주님과의 더 깊은 사귐을 위해 주님께서 베풀어 주셨던 은총이요 선물이었음을 그들은 몰랐던 것입니다.

 오늘 본문은 이렇게 시작되고 있습니다.

> 이 말을 하고 다시 유대인들에게 나가서 이르되
> "나는 그에게서 아무 죄도 찾지 못하노라.
> 유월절이면 내가 너희에게 한 사람을 놓아주는
> 전례가 있으니, 그러면 너희는 내가 유대인의 왕을
> 너희에게 놓아주기를 원하느냐?" (요 18:38하~39)

 총독 빌라도는 예수님을 심문해 보았지만, 십자가 사형에 처할 만한 죄를 찾아볼 수가 없었습니다. 그래서 유월절이면 죄수 한 명을 특사로 풀어주는 관례에 따라 예수님을 풀어주기 위하여 예수님을 십자가 사형에 처해 달라 고발한 유대인들에게 다시 나가 그들의 의견을 물었습니다. 그러자 대제사장들의 사주를 받은 유대인들은 한 목소리로 예수님이 아니라 강도 바라바를 풀어 달라고 외쳤습니다. 본문은 그 이후의 일을 이렇게 증거하고 있습니다.

> 이에 빌라도가 예수를 데려다가 채찍질하더라.
> 군병들이 가시로 면류관을 엮어 그의 머리에 씌우고
> 자색 옷을 입히고 앞에 와서 가로되
> "유대인의 왕이여, 평안할지어다" 하며
> 손바닥으로 때리더라. (요 19:1~3)

드디어 예수 그리스도에게 죽음의 고난이 구체적으로 시작되었습니다. 못보다 더 예리한 가시관이 머리에 씌워져 이마가 찢겨져 나가고, 잔인한 채찍질로 인해 살점이 떨어져 나가고 핏방울이 튀어 오릅니다. 무지막지한 로마 군인들의 손바닥에 마구 뺨을 맞는 수모도 당하십니다. 그러나 그것은 단지 고난의 시작일 뿐이었습니다. 그 고난은 십자가 위에서 사지가 찢어져 죽는 죽음으로까지 연장되었습니다.

그러나 이때야말로 인간의 몸을 입고 이 땅에 오셨던 예수님의 그리스도 되심이 가장 극명하게 드러나는 순간이었습니다. 그 참혹한 죽음의 고난 속에서도 그분은 그리스도의 길을 포기치 않았기 때문입니다. 서두에 말씀드린 헐버트 박사의 말을 빌린다면 예수님께서는 상상조차 하기 힘든 그 최악의 고난 속에서 그리스도로서 따라야 할 하나님의 명령만을 따르셨기에 명실공히 그리스도가 되실 수밖에 없었던 것입니다. 그래서 히브리서 12장 2절은 "저는 그 앞에 있는 즐거움을 위하여 십자가를 참으사 부끄러움을 개의치 아니하시더니 하나님 보좌 우편에 앉으셨다"고 증거하고 있습니다. 만약 예수님께서 그 고난에 연연하며 한 순간이라도 비굴해지셨더라면 결코 그리스도가 되실 수 없었다는 의미입니다.

그렇다면 하나님께서는 당신의 사랑하는 독생자로 하여금 왜 그 참혹한 고난을 당하게 하셨습니까? 인간의 죄를 대신 지시고 죽는 고난을 당케 하시므로 인류의 구원자로 삼으시기 위함이었습니다. 그분이 내 죄를 위해 죽지 않았다면 어찌 나의 구원자가 되실 수 있겠습니까? 그 뿐만이 아닙니다. 죽으시고 무덤 속에 장사 지낸 바 되셨다가 그 무덤을 깨뜨리고 다시 살아난 부활주로 삼으시기 위함이었습니다. 그렇지 않고서야 그분이 어찌 언젠가는 죽어 무덤 속에 시체로 드러누울 수밖에 없는 우리를 영원한 생명으로 인도하는 부활주가 되실 수 있겠습니까?

이 땅에 우리와 같은 육신을 입고 오셨던 예수님께서는 그 참혹한 고난을 통하여 온 인류의 구원자가 되셨고 영원한 부활주가 되셨습니다. 결국 주님께서 십자가 위에서 당하신 그 죽음의 고난이야말로 죽을 수밖에 없는 우리 인간을 구원하시려는 하나님의 사랑의 결과인 동시에 당신의 독생자를 위한 하나님의 은총이자 선물이었던 것입니다.

하나님을 진심으로 경외하는 자에게 주어지는 고난은 고난만으로 끝나지 않습니다. 그것은 당신의 자녀를 더욱 더 정금같이 빚어 주시려는 하나님 아버지의 사랑의 손길이요 사랑의 선물입니다. 그래서 시인은 이렇게 노래했습니다.

내가 고난을 당하기 전까지는 잘못된 길을 걸었지만
이제는 주님의 말씀을 지킵니다.

> 고난을 당한 것이 오히려 내게는 유익이 되었습니다.
> 고난 때문에 나는 주님의 법도를 배웠습니다.
> 주님께서 제게 친히 일러주신 그 법이
> 제게는 천만 금은보다 더 귀중합니다. (시 119:67, 71, 72)

아무리 훌륭한 도자기라 할지라도 고난의 가마불을 지나지 않고서 어찌 예술품이 될 수 있겠습니까? 쇠붙이가 고난의 용광로 속에서 연단되지 않고서 어찌 강철이 될 수 있겠습니까? 금광석이 고난의 풀무불 속에서 녹지 않고서 어찌 정금이 되겠습니까?

지금 고난을 당하고 있습니까? 지금이야말로 죄의 길에서 돌아서 하나님을 향할 때입니다. 지금 고난을 통과하고 있습니까? 지금이야말로 내가 믿던 하나님을 더 깊이 알 때입니다. 고난 속에 있습니까? 지금이야말로 내 영혼이 정금같이 제련될 유일한 기회입니다.

지금 대기업들이 연쇄적으로 도산하고 적자는 걷잡을 수 없이 커지고 외채는 눈덩이처럼 불어나고 있습니다. 한보사태와 대통령 차남의 일로 인해 정부와 공권력의 위신은 추락했고 정국은 혼미를 거듭하고 있습니다. 한마디로 국가의 위기입니다. 바꾸어 말해 고난의 시대가 우리 앞에 펼쳐지고 있습니다.

그러나 우리 앞에 닥쳐온 이 고난을 하나님께 감사드립시다. 이 고난이 아니라면, 자신의 분수를 망각한 채 교만과 사치와 방종과 타락과 온갖 죄악에 빠져 경거망동하던 이 민족이 정신을 차릴 좋은 기회를 언제 또 얻을 수 있겠습니까? 이 고난이야말로 하나님께서 이 민족을 아직 사랑하시는 증거이며 이 민족을 다시 살리시려는 하나님의 은총입니다. 고난 자체를 두려워할 것이 아니라, 이 고난의 시기에 우리 각자가 하나님 앞에서 바로 서지 못하는 자가 될까 두려워합시다. 고난의 의미와 가치를 아는 자에게 고난은 고난일 수가 없습니다. 고난보다 더 큰 하나님의 은총은 없습니다. 고난이야말로 찬란한 부활을 향한 유일한 발판이기 때문입니다.

> 그대여, 당신은 아십니까?
> 휘몰아치는 폭풍우 속에 그트록 날 감동시키는
> 그 무엇이 있다는 사실을 말입니다.
> 폭풍우가 휩쓸고 지나갈 때 어찌하여 나는 더욱 강해지고
> 참된 삶에 대한 확신은 더욱 커지는 것인지
> 나는 그 이유를 알지 못합니다.
> 그러나 나는 폭풍우를 사랑합니다.
> 이 세상 그 무엇보다도 나는 몰아치는 폭풍우를
> 몇 배나 더 사랑합니다.
> ― 칼릴 지브란

사랑의 주님!
우리에게 고난의 폭풍우가 몰아치지 않는다면
우리의 추악한 죄악과 교만, 오만과 방종이 어찌 깨끗하게
씻길 수가 있겠습니까?
고난의 폭풍우가 아니라면 우리가 어찌 진리를 향해
더 깊이 뿌리를 박을 수 있겠습니까?
고난의 폭풍우가 없다면 우리의 영혼이 어찌 찬란한
무지개로 성숙할 수 있겠습니까?

오직 우리를 사랑하시기에 고난이라는 최대의 선물을
주심을 감사드립니다. 이 고난주일 아침, 고난의 참
가치와 의미를 깨닫게 해주셔서 더욱 감사합니다.
영광스러운 부활의 발판은 오직 고난뿐이라는 사실을 어떤
경우에도 망각치 아니함으로써 우리의 삶이 날로 정금같이
변모케 하여 주옵소서. 아멘.

# 14
# 하나님의 아들이라

이 말을 하고 다시 유대인들에게 나가서 이르되
"나는 그에게서 아무 죄도 찾지 못하노라.
유월절이면 내가 너희에게 한 사람을 놓아주는
전례가 있으니 그러면 너희는 내가 유대인의 왕을
너희에게 놓아주기를 원하느냐?" 하니
저희가 또 소리질러 가로되
"이 사람이 아니라. 바라바라" 하니 바라바는 강도러라.
이에 빌라도가 예수를 데려다가 채찍질하더라.
군병들이 가시로 면류관을 엮어 그의 머리에 씌우고
자색 옷을 입히고 앞에 와서 가로되
"유대인의 왕이여, 평안할지어다" 하며
손바닥으로 때리더라.
빌라도가 다시 밖에 나가 말하되
"보라, 이 사람을 데리고 너희에게 나오나니
이는 내가 그에게서 아무 죄도 찾지 못한 것을
너희로 알게 하려 함이로라" 하더라.
이에 예수께서 가시 면류관을 쓰고 자색 옷을 입고 나오시니
빌라도가 저희에게 말하되
"보라, 이 사람이로다" 하매,
대제사장들과 하속들이 예수를 보고 소리질러 가로되
"십자가에 못 박게 하소서. 십자가에 못 박게 하소서"
하는지라. 빌라도가 가로되 "너희가 친히 데려다가
십자가에 못 박으라. 나는 그에게서 죄를 찾지 못하노라."
유대인들이 대답하되
"우리에게 법이 있으니 그 법대로 하면 저가 당연히 죽을
것은 저가 자기를 하나님 아들이라 함이니이다."

요한복음 18:38하~19:7

빌라도 총독은 십자가형에 처해 달라고 유대인들이 고발한 예수님을 심문해 보았지만, 그를 죽일 만한 죄를 찾을 수가 없었습니다. 마침 그 날 저녁부터 유월절이 시작하게 되어 있었으므로, 유월절이면 죄수 한 명을 특사로 풀어줄 수 있는 관례에 따라 빌라도는 유대인의 왕으로 고발당한 예수님을 풀어주려 했습니다. 그러나 유대인들은 강도 바라바의 특사를 소리 높여 요구했습니다.

1차적으로 자신의 뜻이 무산된 빌라도는 일단 예수님을 군병들에게 내주었고, 군병들은 예수님에게 무자비한 채찍질을 가한 뒤에 그 머리에 왕관 대신 가시관을 씌우고 몸에는 왕을 상징하는 붉은 망토를 씌웠습니다. 유대인의 왕으로 고발된 예수님을 조롱하기 위함이었습니다. 그리고 그것도 모자라 "유대인의 왕이여, 평안할지어다" 하고 놀리면서 손바닥으로 마구 구타하기까지 했습니다.

  총독 빌라도는 온몸이 피투성이가 된 예수님을 다시 유대인 앞으로 끌고 나와 이렇게 말했습니다.

> 빌라도가 다시 밖에 나가 말하되
> "보라, 이 사람을 데리고 너희에게 나오나니
> 이는 내가 그에게서 아무 죄도 찾지 못한 것을
> 너희로 알게 하려 함이로다." (요 19:4)

너희들이 보는 바와 같이 이 정도로 혼을 내주었으니 이제 풀어 주겠다는 의미였습니다.
  그러나 빌라도의 말이 끝나자마자 무리들은 예수님을 십자가에 못 박아 죽이라고 함성을 지르기 시작했습니다. 일종의 시위였던 것입니다. 기분이 언짢아진 빌라도는 6절 하반절을 통해 이렇게 말했습니다.

> "너희가 친히 데려다가 십자가에 못 박으라.
> 나는 그에게서 죄를 찾지 못하노라."

'자꾸 십자가 십자가 하는데, 어디 할 테면 너희들 마음대로 해봐라. 내가 판결을 내리지 않는 한 그런 일은 절대로 있을 수 없을 것이다'는 의미입니다. 그러자 유대인들이 "우리에게도 법이 있다"고 소리쳐 응수했습니다. '로마인 너희들에게만 법이 있는 것이 아니라, 유대인인 우리에게도 예수를 십자가에 못 박아 죽이라고 요구할 법이 있다'는 것입니다. 본문은 이렇게 증거하고 있습니다.

> 유다인들이 대답하되
> "우리에게 법이 있으니 그 법대로 하면 저가 당연히 죽을
> 것은 저가 자기를 하나님의 아들이라 함이니이다." (요 19:7)

유대인들은 예수님을 죽여 마땅한 이유를, 예수님께서 당신 자신을 하나님의 아들이라 말씀하신 데서 찾고 있었습니다. 사람의 아들은 사람이요 개의 새끼는 개이듯이 하나님의 아들이라면 곧 하나님이라는 것을 의미하기 때문이었습니다. 우대인들은 인간이 하나님일 수 있다는 것, 그것도 초라하기 짝이 없는 빈민 출신 예수님이 하나님의 아들, 아니 하나님일 수 있다는 것을 결코 용납할 수 없었습니다. 그것은 그들이 믿는 거룩하신 하나님에 대한 모독이었습니다. 그래서 그들은 그들이 믿는 하나님을 위하여 하나님의 아들을 자처하는 예수님을 죽이지 않을 수 없었습니다.

그러나 결과는 어떠했습니까? 결코 하나님의 아들일 수 없다며 그들이 십자가에 못 박아 죽이기를 주저치 않았던 유대인들이 믿었던 대로 과연 예수님은 하나님의 아들이 아니었습니까? 유대인들의 확신과는 달리 그분은 정말 하나님의 아들이셨고, 그분이 바로 삼위일체 하나님이셨습니다.

그 증거가 무엇입니까? 십자가에 못 박혀 돌아가셨음에도 불구하고 무덤을 깨뜨리고 부활하신 것이 증거입니다. 죽음의 권세를 깨뜨리고 사망을 이길 수 있는 분은 참 생명이요 영원한 생명이신 하나님뿐이시기 때문입니다. 인간이 모든 면에서 하나님

을 흉내낼 수 있지만 결코 흉내낼 수 없는 것 한 가지가 있으니, 그것은 스스로 죽음을 이기는 것입니다. 그것은 하나님 외에는 그 누구도 할 수 없는 일입니다.

　2,000년 전 죽음을 깨뜨리시고 부활하신 예수 그리스도, 하나님의 아들이신 예수 그리스도, 삼위일체 하나님 되신 예수 그리스도, 그분은 오늘도 우리와 함께 하시면서 우리를 진리 가운데로 인도해 주고 계십니다. 그분이 부활치 아니하셨다면, 그분이 우리와 함께 하시지 않는다면 어찌 우리가 그분의 이름으로 이처럼 거듭날 수 있겠습니까?

　우리 각자를 향한 부활하신 주님의 사랑이 얼마나 지극하시며 자상하신지, 이제 구체적인 실례를 직접 들어보기로 하겠습니다.

　　안녕하십니까?

　저는 3교구를 담당하고 있는 강정호 목사입니다. 저는 너무나 평범한 가정에서 2남 3녀 중 둘째로 태어났습니다. 제가 초등학교 3학년이던 1967년 8월 6일, 저희 아버님께서 오랜 병환과 두 번에 걸친 대수술 끝에 위암으로 돌아가시고 의료보험도 없던 그 시절, 저희 집은 가세가 기울어 도저히 살아갈 수 없을 지경이 되었습니다. 어머님은 저희 다섯 남매를 양육하시기 위해 새벽부터 밤늦게까지 애쓰셨지만 점점 심해지는 어려움을 견디지 못하고 저와 두 여동생과 당시 네 살이었던 막내를 보육원에 맡기셨습니다. 사실은 버리신 것입니다. 1968년 3월 28일, 저와 세 동생들은 지금은 돌아가신 외할머님의 손에 이끌려 전라남도 순천시에서 약 10리 정도 떨어진 외진 골짜기에 소재했던 보육원에 맡겨졌습니다.

주위 어른들은 저희들이 보육원에 가게 되면 새로운 희망의 삶을 살 수 있을 것이라고 말씀해 주셨지만 실제 보육원에서의 생활은 말로 듣던 것과는 상당히 달랐습니다. 저와 동생들은 각각 다른 방에서 살아야 했고 그때까지 한 번도 겪어보지 못했던 단체생활에 적응해야만 했습니다. 보육원에서는 규율을 잡기 위해 아침 저녁의 집합이 있었고, 집합 끝에는 으레 기합이 따랐으며 매가 덤으로 추가되는 경우도 종종 있었습니다.

엄마 품을 떠나 생면부지의 친구, 형들과 사귐을 가지는 것도 힘들었지만, 더욱 참고 견디기 어려웠던 것은 이제 보육원에 들어간 저에게 집중되는 다른 아이들의 시선이었습니다. 다른 아이들보다 비교적 공부를 잘했지만 몸집이 왜소했던 저의 행동거지 하나하나가 친구들의 놀림감이 되었고 대부분 친구들의 따돌림과 놀림 속에서 저는 해꼬지의 대상이 되었습니다. 형들에게 개인적인 일로 불려가 얻어맞을 때마다 생각나는 것은 살벌한 보육원 분위기와는 너무나 달랐던 다정한 엄마의 얼굴이었습니다. 형에게 얻어맞고 외진 언덕 바위 위에 앉아서 엄마를 생각하며 홀로 울다가 보육원 형에게 발각되어 또다시 얻어맞기도 했습니다.

이런 일들은 당시 열한 살이었던 저에게는 너무나 견디기 어려운 일들이었습니다. 엄마는 저와 동생들을 보육원에 넣을 때 학교를 다녀서 훌륭한 사람이 되려면 보육원에 가야 한다고 말씀하셨지만 저에게는 장래에 훌륭한 사람이 되는 것보다 지금 당장의 이 고통에서 해방되는 것이 더욱 절실한 문제가 되었습니다.

보육원 생활이 힘들수록 엄마가 보고 싶은 마음은 더했고, 결국 저는 세 동생들을 내버려 두고 보육원에서 도망쳐서 엄마를 찾아갔습니다. 엄마가 보고 싶은 마음이야 지금 저의 막내딸과 똑같이 당시 네 살배기 아기였던 저의 막내 남동생이나 저의 여동생들이 훨씬 더했겠지만, 저는 저만 의지하고 바라보는 동생들을 생각할 겨를도 없이 그들을 버려 두고 엄마를 찾아 홀로 도망쳤습니다. 큰길로 가면 행여 보육원 형들과 선생님들을 만날까봐 산길로 10리 길을 걷고, 안전한 길에 들어서서 다시 시내를 끝까지 가로질러 기차역까지 걸었습니다. 기차에 몰래 숨어들어 갖은 고초를 겪어야 했지만 그래도 엄마를 만날 수 있다는 희망에 추위와 배고픔과 힘든 것도 몰랐습니다. 엄마가 너무나 그립고 보고 싶었고, 엄마 품에 안겨서 그 동안의 모든 고통과 괴로움을 잊고 싶었습니다.

　전에 살던 곳으로 가서 사람들에게 물어물어 엄마를 찾을 수 있었습니다. 엄마는 저를 보시더니 끌어안고 우셨습니다. 하지만 엄마 품은 이미 제가 꿈에 그리던 안식처가 아니었습니다. 엄마는 다른 아저씨와 새로운 삶을 시작하고 있었습니다. 그래도 좋았습니다. 엄마하고 같이 살 수만 있다면 그런 것은 얼마든지 참을 수 있었고, 엄마하고 같이 살 수만 있다면 무슨 일이든지 할 수 있었습니다.

　하지만 엄마는 저에게 다시 보육원으로 돌아가라고 했습니다. 제가 보육원에서 공부를 마치고 훌륭한 사람이 되면 그때 같이 살자고 했습니다. 엄마 품을 떠나 보육원으로 돌아가는 것은 죽기보다 싫은 일이었지만 저는 엄마 품을 다시 떠날 수밖에 없었습니다. 마치 도살장에 끌려가는 소가 된 심정으로 보육원으로 발길을 돌렸습니다. 보육원 근처까지는 갈 수 있었지만 도저히 보육원으로 들어갈 수 없어서 보육원에서 새어나오는 불빛을 멀리서 바라보며 산 속에서 떨며 밤을 보내기도 했고, 기차대합실에서 쪼그리고 밤을 지새우다가 경찰아저씨에게 붙잡히기도 했습니다. 엄마한테 다시 가서 엄마하고 같이 살게 해달라고 부탁했지만, 엄마는 이 세상에 엄마가 없는 것으로 생각하라고 했고 엄마를 잊어버리고 열심히 공부하여 나중에 훌륭한 사람이 되어서 다시 만나자고 했습니다.

  엄마에게 거절당했지만, 그렇다고 보육원에 들어가 살 엄두가 나지 않아서 보육원 근처에서 배회하다가 산길을 걷고 시내를 가로질러서 기차를 몰래 숨어 타고 다시 엄마를 찾아서 같이 살게 해달라고 부탁한 것이 네 번이었습니다. 결국 엄마와 재혼하신 아저씨의 손에 잡혀 보육원 총무에게 넘겨지면서 저는 다시는 엄마를 찾지 않을 것이라고 모진 마음을 먹었습니다. 엄마 말처럼 저를 거절하고 쫓아낸 엄마는 이제 엄마가 아니라고 생각하기로 했고 우리 엄마는 이제 이 세상에 없다고 마음을 굳게 고쳐먹었지만, 엄마에게 거듭 거절당했던 일은 저의 마음속에 깊은 슬픔과 절망과 분노로 자리잡았습니다.

  그 후로도 저의 보육원 생활은 여전히 힘들었고, 모든 게 귀했고 모두가 가난했던 그 시절 보육원 사정도 너무나 힘들었습니다. 꽁보리밥과 보리죽이 주 메뉴였고 점심식사의 고정 메뉴는 미국에서 원조해 준 옥수수 가루를 물에 풀어서 쑨 죽이었는데, 그 옥수수마저 없어서 한 끼를 건너뛸 것이라는 불안한 소식도 심심찮게 들려왔습니다. 그래서 자신에게 필요한 것은 무엇이나 스스로 해결해야 했는데, 보육원 난방을 위해서 오후마다 보육원 근처 산에서 나무를 해오는 일은 그 중에서도 큰 일이었습니다. 세 명이 한 조가 되어서 죽은 나뭇가지를 모으거나 이미 잘린 나무의 썩은 등걸을 괭이나 삽으로 캐서 한 가마니씩 채워가지고 오는 것이었는데, 해온 나무 양이 적어 방이 따뜻하지 못할 때는 고참 형이 몽둥이로 내 엉덩이에 불을 지펴 주었기 때문에 무슨 수를 써서라도 나무는 확실히 해 가지고 와야 했습니다. 나무를 하다가 산 주인에게 발견되어 도망다니기가 다반사였고, 가까운 산에서는 땔감으로 쓸 나무를 구하기가 어려워서 먼 산으로 홀로 나무를 하러 갔다가 산에서 길을 잃고 헤매기도 여러 번이었습니다.

　초등학교를 졸업했지만 정규 중학교를 갈 수가 없어서 재건학교라고 오후에만 네 시간씩 공부하는 학교를 다녔습니다. 오전에는 일을 하고 오후에는 왕복 20리 길을 걸어서 학교를 다녔는데, 까만 교복을 입고 학생 모자를 쓰고 정규 중학교 교육을 받는 친구들이 그렇게 부러울 수가 없었습니다. 재건학교에서도 학교 건물을 짓는다고 작업에 동원되기 일쑤였고 캄캄해서 보육원에 돌아오면 꽁보리밥에 간장종지가 우리를 반갑게 맞아 주었습니다.

　검정고시를 거쳐 고등학교를 가고 싶었지만 보육원의 어려운 형편 때문에 도저히 고등학교에 갈 수 없어서 혼자 고민하고 있었는데, 마침 그때가 보육원에서 개척했던 교회의 부흥회 기간이었습니다. 부흥회 기간 내내 고등학교에 보내달라고 하나님께 생떼를 쓰고 있었는데, 부흥회 3일째 되는 밤에 마침 저의 옆자리에 보육원 원장이신 장로님께서 앉으셨습니다. 기도하다가 옆자리에 앉으시는 원장님을 본 순간 다시 올 수 없는 절호의 기회가 왔다는 생각이 들었습니다. 저는 원장님이 저의 기도소리를 들으시라고 더욱 큰 소리로 '고등학교에 보내주시면 주님께서 기쁘게 여기시는 착한 사람으로 살아가겠다'고 간절히 기도했습니다. 그리고 주님께서 저의 큰 기도 소리를 들으셔서 고등학교에 진학할 수가 있었습니다.

제가 고등학교에 다니는 것은 보육원에서 일을 돕는 친구들에 비해 그야말로 큰 특권을 누리는 일이었고 너무나 감사한 일이었습니다. 통학버스를 타기 의해서 매일같이 새벽밥을 먹고 하루에 왕복 20리 길을 걸어서 고등학교를 졸업했습니다. 고등학교를 졸업했지만 대학에 진학한다는 것은 꿈도 꿀 수 없는 형편이었기 때문에 대학진학 예비고사를 치루는 것으로 만족해야 했습니다. 고등학교를 졸업하고 스스로 생활할 수 있는 나이가 되어서 보육원을 나왔습니다.

생각해 보면 제가 어린 시절을 보육원에서 보낼 수밖에 없었던 일은 극복하기 힘들었던 불행이요 고통이었습니다. 어린 나이에 아버님을 여의고 그리운 엄마 품을 떠나 보육원에서 살아야만 했던 삶은 마치 삭풍이 몰아치는 광야에 홀로 버려져서 스스로 생존의 방법을 찾는 것 같은, 참으로 힘들고 고통스러운 나날이었습니다. 초등학교 4학년 때부터 고등학교를 졸업할 때까지 9년 동안의 길지도, 짧지도 않은 기간이었지만 저의 어린 기억을 온통 눈물과 외로움과 고통으로 장식해 버린 그때의 일들은 20년이 지난 지금까지 아무에게도 꺼내 보여 주기 싫어 저의 마음속 깊은 곳에 몰래 감추어 두었던 저 혼자만의 아픈 추억입니다.

그러나 한편 제가 보육원에서 살았던 그 기간은 주님께서 저의 삶을 강권적으로 주장하시려고 준비시키신 기간이기도 했습니다. 보육원에 들어가기 전까지 저는 예수님을 알지 못했습니다. 유치부 나이였던 시절에 근처 교회에 잠깐 다녔을 뿐 예수님이 어떤 분이신지, 왜 예수님을 믿어야 하는지, 예수님의 십자가와 부활이 나에게 어떤 의미가 있는지, 예수님의 사랑이 어떤 것인지, 예수님을 믿어야 할 필요가 무엇인지 전혀 느끼지 못한 채 살고 있었습니다. 보육원에서 살면서 비로소 주님을 믿는 법을 배웠고 그때의 외로움과 고통과 눈물을 통하여 저의 모든 것 되시고 힘과 위로가 되시는 주님을 가까이 하게 되었습니다. 알고 보니 주님은 저에게 너무나 좋은 분이셨습니다. 하나님은 육신의 부모님을 대신하여 저의 부모님이 되어 주시겠다 말씀하셨고 '비록 육신의 부모는 너를 버렸어도 나는 언제까지나 너를 결코 버리지 않고 함께 있을 것'이라고 약속해 주셨습니다. 사랑이 지극하신 주님은 언제라도 기꺼이 저의 한풀이 기도를 들어주셨고 제가 울 때에는 저의 눈물을 닦아주셨고 제가 슬퍼할 때에는 저의 마음을 위로해 주셨고 낙망하고 절망할 때에는 저의 마음을 따뜻하게 감싸주시고 제가 희망을 갖고 살아가게 해주셨습니다. 어떻게 살아가는 것이 바르게 살아가는 것인지 가르쳐 주셨고 온갖 시련에도 불구하고 용기를 잃지 않고 긍정적으로 살아가도록 해주셨습니다. 제가 제 힘으로 어쩔 수 없는 한계상황에 부딪힐 때마다 광야에서 이스라엘 백성들을 인도하셨던 것처럼 강권적으로 역사하셔서 저의 앞길을 인도해 주셨습니다.

만약 그때, 저에게 주님이 계시지 않았더라면 저는 결코 정상적인 가치관을 가진 사람이 되지 못했을 것입니다. 버림받은 저 자신에 대해 절망하고 또 저를 버린 이 사회에 대한 불신과 반감 때문에 방종하고 타락한 인생길을 걷는 사람이 될 수밖에 없었을 것입니다. 주님께서는 절망과 한숨 속에서 살아가는 저에게 다가오셔서 당신의 존재를 알리셨고 당신의 사랑을 깨닫게 하셨으며 부모님처럼 저의 모든 생활을 챙겨주시고 간섭해 주시고 언제나 함께 계셔서 저의 삶을 주장하시고 제가 오직 주님만 바라고 의지하게 하셨습니다.

고등학교를 졸업하고 여수에 있는 조그마한 선탁회사에서 일을 하게 되었는데, 어느 날 배에서 숙직을 하다가 난로를 잘못 건드려 목조선박에 불을 내고 말았습니다. 불길은 엎질러진 석유를 타고 순식간에 배를 온통 감싸 버렸습니다. 불은 선실 바닥에서 시작하여 석유가 가득 들어 있는 플라스틱 석유통이 있는 선실 내의 조그마한 창고로 옮겨 붙고 있었는데 만약 그 플라스틱 석유통이 불길에 녹아서 안에 있던 석유가 흐른다면 불길을 잡는다는 것은 거의 불가능한 일이 되었을 것입니다. 천만다행으로 옆 배에 있던 여러 사람들의 도움으로 불길을 잡을 수 있었지만, 불을 끈 후에 석유통이 있던 창고 안을 살펴보니 석유통이 불기에 녹아 온통 찌그러져 있었습니다. 그 중에 한 군데라도 더 녹아 석유가 샜더라면 어떻게 됐을까? 그 생각만 하면 지금도 등에 식은 땀이 흐릅니다. 선박의 화재는 순전히 저의 실수로 인한 사고였지만 주님께서는 그 순간에도 저와 함께 하셔서 제가 감당할 수 없는 어려움을 겪지 않도록 강하고 의로운 오른손으로 저를 붙들어 주시고, 하마터면 실패의 수렁에 빠져서 다시 좌절할 뻔 했던 저를 지켜 주셨습니다.

화재사건으로 회사에서 쫓겨나게 되었지만 평소에 저를 귀엽게 보신 분의 배려로 쫓겨난 회사와는 비교할 수 없을 정도로 좋은 회사에 다시 취직할 수 있었던 것 또한 저의 삶을 예리하게 주시하시고 일마다, 때마다 은혜를 베푸시는 주님의 은총이었습니다.

고등학교를 졸업한 지 2년 후에 당시 보건사회부 소속 국가기관에서 직장생활을 했습니다. 고등학교를 졸업할 때까지는 내가 장차 무슨 일을 해야 할 것인지에 대한 확실한 목표와 계획이 없었고 인생을 차분히 설계해 볼 마음의 여유도 없었습니다. 5년 3개월 동안의 말단 공무원 생활은 저에게 어느 정도 생활의 안정을 가져다 주었고, 지금까지 지내온 저의 인생을 돌이켜 보고 그 삶에 의미를 부여하고 지금보다 더 나은 미래를 위해 다시 한번 도약할 수 있는 디딤돌이 되었습니다.

현실에 만족하는 삶이 아니라, 내 자신만을 위한 삶을 살 것이 아니라, 제가 가장 어렵고 힘들었던 순간에 저와 함께 계셔서 말할 수 없는 사랑과 은혜를 베풀어 주셨던 주님을 기쁘시게 해드리고 의지할 데 없는 저와 동생들을 거두어 주고 키워 주었던 보육원과, 보육원을 통해서 저와 동생들에게 도움을 주었던 우리나라와, 그리고 저에게 사랑을 베풀어 주셨던 많은 분들의 은혜를 조금이나마 갚을 수 있는 삶을 살아야겠다고 다짐했습니다. 이런 생각에서 목회자의 길을 걷고 싶었지만 제 자신의 연약함과 부족함을 익히 잘 알기 때문에 자신이 없었던 데다가 점차 직장생활에 재미를 느끼게 되었습니다. 그래서 아직도 보육원에서 생활하고 있던 저의 남동생에게 목회자의 길을 걷게 하고 저는 동생이 목회자의 길을 걷도록 도와주어야겠다는 생각을 점차 가지게 되었습니다.

하지만 그때 하나님께서 뜻하지 아니한 사고로 남동생을 먼저 하나님 나라로 불러 가셨습니다. 겨울에 보육원 앞 저수지에서 얼음을 지치고 놀던 한 아이가 얼음물에 빠지게 되었는데 물에 빠진 아이를 건져주러 가다가 그만 제 동생이 얼음 속에 빠지고 만 것입니다. 동생이 건져주러 간 아이는 얕은 곳에 빠져서 깨진 얼음을 잡고 나올 수 있었지만 저의 동생은 깊은 곳에 빠져서 얼음구멍을 찾아 나오지 못한 채 그만 짧은 생을 마감하고 말았습니다. 저의 성격이 모난 데가 있고 이기적이기도 하고 소심했던 반면에, 제 동생은 성품이 무난하고 착하고 남을 생각하고 배려할 줄 아는 아이였는데 하나님께서는 동생을 세상에 두시는 것보다 하나님 나라로 불러 가시는 것을 더 선하게 여기셨는지, 네 살 때 보육원에 들어와 중학교 3학년이 될 때까지 평생 엄마 아빠 사랑도 받지 못하고 못난 형의 보살핌도 받지 못한 채 어렵게 자란 제 동생을 당신의 품으로 불러 가셨습니다. 슬픔과 외로움을 딛고 꿋꿋하게 살려 했던 동생, 나쁜 이 형의 따뜻한 보살핌을 받지 못했어도 형을 원망하지 않고 항상 서글서글했던 제 동생의 차디찬 죽음을 생각하면 지금도 가슴이 미어지는 듯합니다.

동생을 먼저 하나님 나라로 보내고 저는 다시 저의 인생을 생각했습니다. 그 동안 죽 생각만 해오던 대입학력고사를 다시 치기로 결심한 때는 제가 스물여섯 살이 되던 해였습니다. 평소 저를 아껴주시던 상사 분께서 시험준비를 할 수 있도록 업무를 줄여 주셨고 직장에서도 공부할 수 있도록 사무실 건물의 조그마한 빈 방을 내주셨습니다. 제가 고등학교를 졸업하면서 대입시험을 칠 때는 '예비고사'라고 해서 거기에 합격만 하면 어느 대학에도 지원할 수 있었는데, 고등학교를 졸업하고 6년이 지나 7년째 되던 그때는 '학력고사'로 이름이 바뀌었고 학력고사 점수에 따라 대학에 지원하도록 제도가 바뀌어 있었습니다. 그리고 학교 교과과정에도 많은 변화가 있었고 고등학교 다닐 때 조금 공부해 놓은 것도 영어를 빼면 거의 잊어버린 형편이었습니다. 성도님 여러분의 가정에도 대입을 준비하는 자녀분들이 계시겠지만, 고등학교를 졸업하고 7년이 되는 해에 대학에 새로 도전한다는 것은 쉬운 일이 아니었고, 의지할 데 없이 살았던 사람이 스물여섯의 나이에 인생을 새로 시작하기 위해 직장을 버린다는 것도 쉽게 결단할 수 있는 일이 아니었습니다.

상사 분의 배려로 시험준비를 할 수 있었지만 근무규칙상 제가 원하는 대로 무작정 많은 시간을 얻을 수는 없었고 본격적인 공부를 할 수 있는 기간은 두 달여에 불과했습니다.

그때 저는 제가 할 수 있는 최선을 다해 공부했습니다. 하지만 아무리 최선을 다해도 그것은 다른 학생들도 저와 똑같이 하는 것이고, 그 학생들이 3년 이상 계속 공부해도 쉽지 않은 시험인데 고등학교를 졸업한 지 6년 지나 7년째에 대입시험을 치면서, 그것도 본격적으로 공부한 기간은 두 달여에 불과했던 제가 공부를 했으면 얼마나 했겠습니까?

  시험을 치고 점수를 대충 계산해 보니 도저히 대학에 갈 수 있는 점수가 안 되었습니다. 그렇다고 마음을 낮추어 문교부에서 학위를 주지 않는 신학교에 가기는 싫어서 내심 포기하고 있었는데, 학력고사 점수표를 받아보니 이게 웬일입니까? 점수표에는 제가 예상했던 것보다 무려 80점 정도나 더 많은 점수가 적혀 있었습니다. 혹시 다른 사람의 통지서가 잘못 배달된 것이 아닌가 눈을 크게 뜨고 다시 살펴도 그것은 분명 제 이름이 적힌 저의 성적표였습니다. '혹시 다른 사람의 점수가 내 것으로 잘못 채점된 것은 아닐까? 며칠 후에 사과편지와 함께 정정통보가 오지 않을까?' 불안한 마음으로 며칠을 기다리기도 했습니다. 제가 저의 실력에 비해 월등히 많은 점수를 받을 수 있었던 것은 제가 알지 못한 채 선택한 답들이 정답이 되도록 주님께서 역사하셨기 때문이었습니다. 정답을 알지 못했음에도 불구하고 제가 정답을 선택할 수 있도록 주님께서 저에게 지혜를 주시고 저 대신 핀대를 움직여 주셨기 때문이었습니다.

  신학교를 다니면서도 주님께 나의 모든 것을 온전히 맡겨드리는 삶을 살지 못했고 목회자가 된 지금도 주님께 온전히 순종하는 삶을 살지 못하는 모습은 여전합니다. 그러나 주님은 저의 이런 연약하고 부족한 모습에도 불구하고 변함없이 저를 사랑하셨고, 저의 못남을 그대로 용납해 주셨고, 은혜를 베푸시고, 저의 삶을 인도해 주셨습니다. 언제나 저와 함께 하시겠다는 약속대로 일마다 때마다 당신의 은혜와 넘치는 사랑을 보여 주셨습니다.

  모든 면에서 부족할 수밖에 없는 제가 오늘날 목회자로서 주님의 교회와 성도님 여러분들을 섬기게 된 것은 전적으로 주님의 은혜입니다. 저의 수많은 인간적인 결점들과 연약한 점들, 그리고 성인이 되기까지 저질렀던 그 수많은 실수들과 시행착오들을 생각하면 이 자리에 서 있기가 부끄러울 뿐입니다. 언제나 신실하셔서 저와 함께 계시고, 외로웠던 저에게 좋은 상담자가 되어 주시고, 육신의 부모님 대신 저의 부모님이 되어 주시며, 저와 함께 웃고 울어 주신 주님, 성도님 여러분께서도 아시는 것처럼 목회자로서 특별한 능력이나 달란트도 없이 부족하기만 한 사람을 부족하다 말씀하지 않으시고 충성스럽지도 못한 저를 충성스럽게 여기셔서 당신의 말씀을 증거하는 목회자로 세워 주신 주님의 은혜를 생각하면 그저 감읍할 따름입니다. 세상에 오셔서 모든 연약한 자들의 연약함을 감당해 주시고 그들과 함께 즐거움과 슬픔을 나누셨던 주님을 본받는 작은 목회자가 되려고 늘 기도하고 있습니다.

  항상 제 마음에 고통이 되고 있는 한 가지는 '네 부모를 공경하라'는 주님의 말씀에 아직도 온전히 순종하지 못하고 있다는 것입니다. 주님의 말씀을 알고, 제 자신에 대한 주님의 뜻을 분명히 깨닫고 있으며, 또 어떻게 어머님을 공경해야 할지 그 방법까지 익히 알고 있으면서도 부모를 공경하라는 주님의 명령에 온전히 순종하기에는 아직도 멀었음을 저 스스로 잘 알고 있습니다. 저를 낳아주시고 돌이 지나서부터 초등학교에 입학할 때까지 계속해서 병을 앓았던 저를 보살펴 주셨던 어머니, 어린 저희 남매를 보육원에 보내시고 한순간도 편히 살지 못하셨을 어머니를 생각하면 늘 마음이 아픕니다.

그러나 한편 어린 자식들을 고아원에 맡기고 엄마하고 같이 살고 싶어서 매달려 애원하던 저를 애써 외면하시던 그 모습을 생각하면 어머니께 서운했던 마음을 완전히 지워버리기가 쉽지 않습니다. 몇 년 전까지만 해도 저희를 고아원에 버렸던 어머님이 미웠고, 이제 와서 자식들을 고아원에 버릴 수밖에 없었던 상황을 당연히 이해해 줄 것을 요구하는 어머님이 미웠고, 이제는 성장한 자식들에게 부모로 공경해 줄 것을 요구하시는 어머님이 미웠습니다.

그러나 지금은 어머님이 밉지 않습니다. 제가 외롭고 흔들고 괴로울 때마다 베풀어 주신 크신 은혜에도 불구하고 주님을 온전히 의지하고 순종하지 못하는 부족하고 연약한 저를 이해하시고 인정해 주시는 주님을 생각하면 당시 홀로 사시기엔 너무나 젊으셨던 어머님을 이해할 수 있습니다. 지나온 인생 동안 주님의 인도하심과 사랑하심을 늘 경험했음에도 불구하고 주님만을 바라보지 못하고 주님만을 의지하지 못했던 저를 이해하시고 용납하셨던 주님을 생각하면 어린 저희 남매를 고아원에 보내셨던 어머님을 용납할 수 있습니다. 나 같은 죄인을 사랑하셔서 이 세상에 인간으로 오시고 내가 받아야 할 죄값을 대신하여 온갖 조롱과 모욕과 고난을 당하시고 십자가에 죽어 주신 주님, 나에게 영원한 생명을 주시려고 죽음을 깨치시고 다시 살아나신 주님의 그 사랑과 은혜를 생각하면 당신의 인생을 위해 저희를 고아원에 버리시고 외면하셨던 어머님을 공경하기 위하여 좀더 많은 노력을 할 수 있고 어머님을 사랑하기 위해서 더 많은 애를 쓸 수 있습니다. 그리고 저 같은 사람을 택하시고 그 삶을 인도하셔서 당신의 사랑을 증거하는 목회자로 세워 주신 주님의 말할 수 없는 사랑과 감당할 수 없는 은총을 생각하면 앞으로도 주님을 위한 삶을 살아갈 수밖에 없습니다.

이제껏 제가 살 수 있었던 것은 순전히 주님의 은혜와 사랑과 인도하심 때문이었습니다. 아버님께서 병환으로 세상을 버리시고 어머님께서 어린 저와 동생들을 고아원에 버리셨을 때, 저와 동생들은 세상에서 버려진 존재들이었고 그 후로도 저는 세상에 희망을 두고 살 수 없었던 사람이었습니다. 죄악 때문에 버려진 존재와도 같았던 세상 사람들을 찾아오시고 함께 계시며 위로하시고, 온 세상을 위해 십자가에 죽으시고, 다시 살아나심으로써 영생을 선물로 주시는 큰 사랑을 보여 주셨던 주님께서는 또한 저를 찾아오셔서 저의 친구가 되어 주셨고, 저의 위로자가 되어 주셨으며, 저의 힘과 능력이 되어 주셨습니다. 주님께서는 모든 것을 잃어버린 저에게 모든 것이 되어 주셨고, 어떻게 살아야 할지 알지 못하고 방황하는 저를 은혜 가운데 일일이 주장하셨습니다. 제가 의식하지 못하는 순간에도 주님은 저와 언제나 함께 계셔서 저의 문제를 해결해 주셨고, 제가 감당할 수 없는 어려움을 당할 때에는 강권적으로 역사하셔서 어려움을 이겨나갈 수 있게 해주셨을 뿐 아니라 그 어려움을 통하여 더욱 큰 은총을 베풀어 주셨습니다.

만약 주님께서 부활치 아니하셨더라면 어찌 저에게 이런 일이 있을 수 있으며 제가 이런 모습으로 살아 있을 수 있으며 어찌 감히 제가 주님의 이름으로 설 수가 있겠습니까? 그래서 제가 감히 사랑한다고 고백할 수밖에 없는 주님은 또한 바로 여러분의 주님이 되십니다. 그 주님은 우리를 사랑하셔서 십자가를 지신 예수 그리스도이시며, 우리에게 영원한 생명을 주시려고 죽음을 이기시고 다시 부활하신 하나님의 아들이십니다. 그 하나님의 아들이 지금 우리와 함께 하고 계십니다. 부활하신 주님이 우리나라와 함께 하고 계십니다. 그래서 우리에게는 소망이 있습니다.

우리의 친구가 되시고 위로가 되시며
우리 힘과 능력이 되시는 주님!
저희 같은 사람을 사랑하셔서 말할 수 없는 은혜를 베풀어
주심을 감사드립니다.
주님께서 저희를 사랑하셨던 것처럼, 언제까지나 주님을
사랑하는 백성들이 되게 하시고 주님께서 저희에게
신실하셨던 것처럼, 주님 앞에서 언제까지나 신실한 자로
살아가는 자들이 되게 하옵소서.
주님께서 결코 저희를 버리지 아니하시고 언제나 함께
계시는 것처럼 주님만을 바라고 의지하는 자들이 되게
하시며 주님만이 저희의 모든 것 되시는 삶을 살아가게

하옵소서.
저희를 한없이 사랑하시고 저희의 연약함과 부족함을
이해하시고 용납하신 주님이 저희 모든 인생의 주님
되심을 알게 하시고, 가장 괴롭고 힘들었던 순간에 크고
강한 손으로 저희 모든 삶을 은혜로 주장하셨던 주님이
온 세상을 위해 십자가에서 죽으시고 다시 살아나신
부활의 주님이시요 지금 우리와 함께 하고 계시는
분이심을 알게 하옵소서.
오직 부활하신 주님의 은총과 능력 속에서 이 나라와
민족이 정녕 새로워지게 하옵소서.
연약한 죄인들을 사랑하신 예수 그리스도의 이름으로
기도하옵나이다. 아멘.

# 15
# 바라바라 하니

이 말을 하고 다시 유대인들에게 나가서 이르되
"나는 그에게서 아무 죄도 찾지 못하노라.
유월절이면 내가 너희에게 한 사람을 놓아주는
전례가 있으니 그러면 너희는 내가 유대인의 왕을
너희에게 놓아주기를 원하느냐?" 하니
저희가 또 소리질러 가로되
"이 사람이 아니라. 바라바라" 하니 바라바는 강도러라.
이에 빌라도가 예수를 데려다가 채찍질하더라.
군병들이 가시로 면류관을 엮어 그의 머리에 씌우고
자색 옷을 입히고 앞에 와서 가로되
"유대인의 왕이여, 평안할지어다" 하며
손바닥으로 때리더라.
빌라도가 다시 밖에 나가 말하되
"보라, 이 사람을 데리고 너희에게 나오나니
이는 내가 그에게서 아무 죄도 찾지 못한 것을
너희로 알게 하려 함이로라" 하더라.
이에 예수께서 가시 면류관을 쓰고 자색 옷을 입고 나오시니
빌라도가 저희에게 말하되
"보라, 이 사람이로다" 하매,
대제사장들과 하속들이 예수를 보고 소리질러 가로되
"십자가에 못 박게 하소서. 십자가에 못 박게 하소서"
하는지라. 빌라도가 가로되 "너희가 친히 데려다가
십자가에 못 박으라. 나는 그에게서 죄를 찾지 못하노라."
유대인들이 대답하되
"우리에게 법이 있으니 그 법대로 하면 저가 당연히 죽을
것은 저가 자기를 하나님 아들이라 함이니이다."

요한복음 18:38하~19:7

지난 3월 29일, 서울구치소의 요청으로 구치소 강당에서 부활절 축하 기념예배를 드렸습니다. 예배가 끝난 뒤 이미 사형 확정을 받아 집행일만 기다리고 있는 사형수 9명의 특송이 있었습니다.

세상에서 방황할 때 나 주님을 몰랐네
내 맘대로 고집하며 온갖 죄를 저질렀네
예수여, 이 죄인도 용서받을 수 있나요
벌레만도 못한 내가 용서받을 수 있나요

많은 사람 찾아와서 나의 친구가 되어도
병든 몸과 상한 마음 위로받지 못했다오
예수여, 이 죄인을 불쌍히 여겨 주소서

의지할 것 없는 이 몸 위로받기 원합니다

이 죄인의 애통함을 예수께서 들으셨네
못 자국난 사랑의 손 나를 어루만지셨네
내 주여 이 죄인이 다시 눈물 흘립니다
오 내 주여, 나 이제는 아무 걱정 없어요

내 모든 죄 무거운 짐 이젠 모두 다 벗었네
우리 주님 예수께서 나와 함께 계신다오
내 주여 이 죄인이 무한 감사드립니다
나의 몸과 영혼까지 주를 위해 바칩니다
주를 위해 바칩니다

 일반 수인들과는 달리 사형수임을 나타내는 붉은 명찰을 달고서, 극악무도한 범죄를 저질렀기에 사형언도를 받았음이 분명한 그들이 '예수여 이 죄인도 용서받을 수 있나요' 하고 외치는 소리는 말할 수 없는 감동을 안겨 주는 동시에 처절하기 짝이 없었습니다. 앳된 소년의 얼굴에서부터 장년의 모습에 이르기까지 9명의 사형수들이 언제 사형을 집행당할는지 알 수는 없으나 남아 있는 시간 동안 '나의 몸과 영혼을 주를 위해 바칩니다'는 결단으로 찬양을 끝맺는 모습은 실로 비장해 보이기까지 했습니다.
 특송을 마친 후 원언식 씨가 잠시 마이크 앞에 섰습니다. 그분은 몇 해 전 온 세상을 떠들썩하게 했던 장본인이었기에 낯설지 않았습니다. 원주에서 한 직장에만 20년을 다닐 정도로 착실했던 그는 어느 날 아내가 '여호와의 증인'에 빠져 가정을 내팽개

치기 시작하면서부터 심각한 가정불화를 겪게 되었습니다. 그 날도 가정을 마다하고 '여호와의 증인' 회관에 나가 있는 아내와 아내를 불러내는 사람들을 혼내주기 위해 석유통을 들고 회관을 찾은 그는 입구에 석유를 뿌리고 성냥을 그었습니다. 불길은 삽시간에 집회장 안으로 번져갔고, 그 방화로 인하여 따로 비상구가 없는 실내에 있던 사람 중 무려 15명이나 되는 사람이 그 자리에서 불에 타 죽었습니다. 그 아비규환의 현장을 한번 생각해 보십시오. 얼마나 끔찍한 범죄요 살인행위입니까? 사형제도가 없다면 모르되 법에 사형이 명시되어 있는 한, 그처럼 엄청난 범죄를 저지른 사람에게 사형이 언도되지 않는다는 것은 있을 수 없는 일일 것입니다.

그는 마이크 앞에서 두 손으로 얼굴을 감싸며 눈물을 훔친 뒤 이렇게 말했습니다.

"제 직장 상사 내외분이 제게 전도하기 위해 목사님과 함께 저희 집으로 심방을 왔던 적이 있었습니다. 그 날 나는 일부러 술집에 앉았다가 밤 12시가 넘어서야 귀가했습니다. 만약 그 날 내가 예수님을 영접했더라면 이렇게 되지는 않았을 것입니다. 여러분! 예수님을 믿고 예수님을 좇으십시오. 예수님 아니면 여러분들도 저처럼 붉은 명찰을 달게 될 것입니다."

이것이 어찌 그 사형수와 사형수의 말을 듣는 수인들에게만 국한된 이야기이겠습니까?

정말 귀한 교우님이 있습니다. 예수님을 만난 이후에 대사에 철저하게 주님의 말씀을 따라 살아가기에 존경치 않을 수 없는 그런 분입니다. 그분은 한때 도박에 빠져 젊음을 탕진해 버렸던 분입니다. 그래서 예수님을 믿게 된 이후에도 가족들에게 그 사실을 늘 미안하게 생각하고 있었습니다. 말하자면 도박만 하지 않았더라면 참으로 행복했을 것이라는 생각을 가지고 있었던 것입니다.

지난 95년 9월 넷째 주 수요예배 시간에 '자서전을 쓰자'고 권해드린 적이 있었습니다. 이것은 단순히 이청준 씨의 소설제목이 아닙니다. 자서전이란 거창한 사람들만의 전유물이 아닙니다. 무릇 살아 있는 자들은 원고지 단 10장이라도 반드시 자서전을 쓸 의무가 있습니다. 자서전을 쓰면 자신의 인생을 글로 정리해 봄으로써 주님 앞에서 우리의 실상이 얼마나 형편없는지, 그럼에도 불구하고 주님께서 베풀어 주신 은총이 얼마나 큰지 비로소 구체적으로 확인하면서 주님만을 좇는 더 분명한 삶을 살 수 있게 됩니다.

그 날 밤 그 성도님 역시 자신의 자서전을 쓰기 시작했습니다. 그분의 글로 직접 들어보시겠습니다.

자서전을 써보라는 설교를 듣던 날 밤, 아내와 아이들에게 자랑스럽게 변한 저의 대견스러운 모습을 확인해 주기 위하여 연필을 잡았다가 그만 저 자신의 적나라한 실상을 발견하게 되었습니다. 그 날 밤 제가 확인한 것은 삶 자체가 더러운 죄인이었던 제 자신의 추하디 추한 모습이었습니다. 주마등처럼 스쳐가는 지난날의 제 모습은 가롯 유다보다 더 흉칙했습니다. 저는 주님을 향해 외치지 않을 수 없었습니다.

'오 주님! 저 많은 죄를 정말 제가 다 지었군요. 제가 언제 저토록 많은 죄를 범했습니까? 저 많은 사람들에게 어떻게 사죄를 구해야 합니까? 주님! 이 용서받지 못할 죄인을

용서하여 주옵소서!'

무슨 뜻입니까? 그 전까지는 자신이 범한 죄는 도박뿐이라고 생각했던 것입니다. 그러나 그 날 밤 하나님 앞에서 자신의 인생을 정리해 봄으로써, 자신의 삶 속에서 죄 아니었던 것이 없음을 비로소 알게 된 것입니다.

이것은 너무나 당연한 이야기가 아닙니까? 진리요 생명이신 예수 그리스도를 푯대로 삼지 않는 자가 어찌 죄 아닌 것을 선택할 수 있겠습니까? 그와 같은 자들은 자기 욕망에 따라 선택하는 자인즉, 그들이 선택하는 것의 형태가 어떠하든지 그 본질은 죄일 수밖에 없는 것입니다.

예수님을 심문한 총독 빌라도는 예수님을 죽일 만한 죄를 발견할 수가 없었습니다. 그래서 유월절이면 죄수 한 명을 특사로 풀어줄 수 있는 전례가 있음을 상기한 빌라도는 예수님을 풀어주기 위하여 예수님을 고발한 유대인들에게 본문을 통해 이렇게 말하였습니다.

"유월절이면 내가 너희에게 한 사람을 놓아주는
전례가 있으니, 그러면 너희는 내가 유대인의 왕을
너희에게 놓아주기를 원하느냐?" (요 18:39)

빌라도 총독의 말이 떨어지기가 무섭게 유대인들이 이렇게 외쳤습니다.

저희가 또 소리질러 가로되

"이 사람이 아니라. 바라바라" 하니, 바라바는 강도러라.

(요 18:40)

유대인들은 예수님 대신 바라바를 선택했는데 바라바는 강도였다고 성경은 증거하고 있습니다. 마가복음 15장 7절은 '바라바는 민란을 꾸미고 이 민란 중에 살인을 저지르고 체포된 자'라고 기록하고 있습니다. 한마디로 자기 욕망을 위해서는 어떤 불법이나 폭력, 심지어는 살인도 불사한 흉칙한 사형수였던 것입니다. 그럼에도 불구하고 그들은 진리이신 예수님을 마다하고 추악한 욕망의 상징인 강도 바라바를 선택하였습니다. 그들 자신이 진리는 안중에도 없는 더러운 욕망의 노예들이었기 때문입니다. 그래서 그들은 그들이 선택한 바라바와 함께 파멸해 버리고 말았습니다.

예수냐? 아니면 바라바냐?

이 양자에 대한 선택의 문제는 2,000년 전 유대인들만의 문제가 아닙니다. 인생이 무엇인지 아십니까? 인생 자체가 이 양자에 대한 선택의 연속입니다. 예수님을 선택할 것인가, 혹은 강도 바라바를 선택할 것인가에 따라 내가 어떤 사람인지가 드러나게 되고, 또 내가 어떤 사람이냐에 따라 선택의 대상이 달라지는 것입니다. 따라서 내 삶이 근본적으로 이 양자 중 무엇을 선택했느냐에 따라 일차적으로는 신·불신이 결정되고, 삶 속에서 매 순간 순간마다 어느 쪽을 선택하느냐에 따라 우리 신앙의 질이 결정되는 것입니다.

우리는 4년 전 수요예배 시간을 통해 로마서를 공부할 때, 로

마서 8장 29절에서 30절까지 깊이 묵상해 보았습니다.

> 하나님이 미리 아신 자들로 또한 그 아들의 형상을
> 본받게 하기 위하여 미리 정하셨으니,
> 이는 그로 많은 형제 중에서 맏아들이 되게 하려 하심이니라.
> 또 미리 정하신 그들을 또한 부르시고,
> 부르신 그들을 또한 의롭다 하시고,
> 의롭다 하신 그들을 또한 영화롭게 하셨느니라.

하나님께서 강도 바라바와 같던 우리를 먼저 하나님의 자녀로 예정해 주시고, 하나님의 때가 되었을 때 하나님의 자녀로 친히 불러주시고, 주홍보다 더 붉고 먹보다 더 검은 우리의 죄를 예수 그리스도의 십자가 보혈로 씻으셔서 의롭다 인정해 주시고, 우리가 하나님의 영광을 드러내는 거룩한 성도가 되도록 인도해 주셨다는 말입니다.

여기에 등장하는 '예정' '소명' '칭의' '성화', 이 네 단어는 '복음의 황금사슬'이라 불리우고 있습니다. 복음의 요체가 이 네 단어 속에 고스란히 담겨 있는 까닭입니다. 칼빈은 이 중에서 '예정'을 '하나님의 선행적 은혜'라 불렀습니다. 우리가 하나님을 위하여 어떤 선을 행하기도 전에, 여전히 죄 가운데 있을 때 우리를 이미 예정해 두셨다는 의미입니다. 그 다음 '소명'은 '하나님의 불가항력적 은혜'라 했습니다. 하나님께서 불러 주시면 강도든 창녀든 살인자든, 그 누구도 피할 수 없다는 것입니다. 하나님께서 우리를 불러 주시는 은혜가 불가항력적인 은혜가 아니었다면 우리 같은 죄인들이 어찌 이 아침, 이 귀한 자리에 앉아 있을 수 있겠습니까? 그리고 '칭의'는 '필승불패의 은혜'라 했습니다. 내가 아무리 흉악한 죄인이라 할지라도 하나님께서 의롭다 인정하시면 그 누구도 이의를 제기할 수 없다는 뜻입니다. 그래서 바울은 자신있게 이렇게 단언하고 있습니다.

누가 능히 하나님의 택하신 자들을 송사하리요?
의롭다 하신 이는 하나님이시니 누가 정죄하리요? (롬 8:33)

그렇다면 우리 그리스도인들에게 남아 있는 것은 성화에 대한 의무와 책임입니다. 하나님의 예정과 소명, 그리고 칭의의 은혜에 의해 의롭다 구원받았음을 정녕 믿는다면, 정말 구원받은 자답게, 의인답게 거룩한 삶에 대한 의무를 다해야 한다는 것입니다. 하나님의 예정, 소명, 칭의가 하나님께서 거저 주시는 은총이요 선물이라면, 성화는 철저하게 우리 자신의 책임 사항인 것입니다.

하나님의 은혜에 의해 본질적으로 예수님을 향하게 되었음에 만족하는 것이 아니라, 삶의 매 상황 상황마다 강도 바라바를 선택치 않고 어떤 경우에도 진리이신 예수님을 선택할 수 있도록 자기를 쳐서 복종시키는 자기 훈련, 경건의 훈련을 게을리 해서는 안 된다는 말입니다. 그때 우리의 신앙은 성숙해지고 우리는 하나님의 도구로 아름답고 바르게 쓰일 수 있는 것입니다.

우리가 하나님의 은혜로 주님을 믿을 때 다 구원을 얻지만, 구원받았다고 해서 다 쓰임을 받는 것은 아닙니다. 구원받은 자 중에서도 성화의 의무를 다 하는 자가 하나님의 도구로 선택받는 것입니다. 그것을 신학적으로 두번째 부르심, 혹은 제2의 구원이라 한다고 했습니다.

 지난주 초에 개최되었던 신앙사경회를 통하여 강사 박영선 목사님께서는 칭의를 신분의 문제로, 그리고 성화를 수준의 문제로 명쾌하게 설명해 주셨습니다. 그보다 더 적절한 표현을 저는 들어본 적이 없습니다. 우리는 모두 하나님의 은혜로써 하나님의 자녀로 인정받는 신분을 얻었습니다. 그렇다면 우리가 그 신분을 지닌 자로서 얼마나 거룩하게 살기 위해 노력하느냐에 따라 우리의 수준과 교회의 수준과 민족의 수준이 결정되는 것입니다. 흔히 하는 말로 국민의 25%가 그리스도인임에도 불구하고 이 사회가 갈수록 혼란스러워진다면, 그것은 그리스도인들이 자신의 신분을 즐기기만 할 뿐 스스로 수준을 높이기 위해 성화의 의무를 다하지 않기 때문입니다.

 외교관 신분으로 칠레에서 몇 년간 거주하던 분이 있었습니다. 처음 도착하여 칠레 운전면허증을 발급받기 위해 필기 시험을 칠 때였습니다. 마지막 면접을 위해 면접관이 있는 방으로 들어가 보니 면접관은 놀랍게도 할머니였습니다. 할머니가 술을 더 줄 아느냐고 물었습니다. 그렇다고 하면 면허증을 받기가 까다로울 것 같아 먹지 못한다고 답했습니다. 할머니가 당신의 직업이 외교관인데 파티에서 술 한 잔이라도 먹어야 되지 않느냐고 다시 물었습니다. 그분은 재차 먹을 줄 모른다고 부인했습니다. 그 후 시간이 되어 면허증을 찾으러 갔더니 시험에서 탈락했다는 것입니다. 이유를 물었더니, 면접관이 정신진단을 요하는 자라고 판정하였으므로 면허증을 줄 수 없다는 것이었습니다. 그분은 할머니 면접관을 찾아가서 왜 멀쩡한 사람을 정신병자 취급하느냐며 따졌습니다. 그러자 할머니가 이렇게 대답했습니다.

"외교관이라면 파티석상에서 술 한 잔 정도는 할 줄 아는 사람임이 분명한데, 내가 물을 때 두 번씩이나 거짓말을 했으니 당신은 정신이 건강치 못한 사람입니다. 당신 같은 사람은 교통법규를 위반하고서도 교통순경이 면허증을 달라하면 위반한 적이 없다고 거짓말할 사람일 텐데 내가 어찌 면허를 발급해 줄 수 있겠습니까?"

잘 알려진 대로 칠레는 카톨릭 국가입니다. 우리가 조금 먹고 살게 되었다고 해서 칠레와 같은 남미 국가들을 얼마나 우습게 여기고 있습니까? 그러나 우리와 칠레 사이에는 이만한 수준의 차이가 있습니다. 그렇다면 기독교적인 정신 위에서 소위 선진국으로 발돋움한 나라들과의 수준 차이는 얼마나 크겠습니까?

월리엄 도일 신부는 그의 저서, '성인이 되는 비결'이란 책에서 이렇게 말하고 있습니다. "우리는 자기를 이겨야 할 기회를 만날 때마다 '이것은 나의 힘에 너무 부친다. 나는 성인이 아니잖아!' 이렇게 말하고는 그 유혹에 스스로 빠져버리고 만다. 그러나 그대는 왜 성인이 못 되는가? 성인이 되는 것이야말로 그리스도인의 가장 큰 의무가 아닌가?"

성인이 된다는 것을 거창하게 생각하지 마십시오. 그리스도인이 된다는 것 자체가 성인이 되는 것을 의미합니다. 성경은 우리를 가리켜 '성도'라고 부르고 있습니다. 성도라는 단어 'hagios' 자체가 영어로 'saint', 곧 성자라는 의미입니다. 그 이유가 무엇입니까? 우리는 의로운 하나님의 자녀라는 거룩한 신분을 얻은 자들이기 때문입니다. 우리는 그리스도 안에서 성도가 되었기에 이제 우리 수준에 대한 의무를 지니게 된 것입니다.

그렇다면 성인이 될 수 있는 구체적인 방법은 무엇입니까? 도일 신부는 'agere contra', 즉 '자기를 거슬러 행하는 것'이라고 말했습니다. 자기의 욕망이나 탐욕을 거스를 수 있는 자가 진리이신 예수 그리스도를 매 순간 선택할 수 있기 때문입니다. '나를 좇으려면 먼저 자기를 부인하라'는 말씀의 의미가 바로 이것입니다. 바꾸어 말하자면 자기를 거스르지 못하고 자기를 좇는 자는 영락없이 강도 바라바를 선택하는 자가 될 수밖에 없는 것입니다. 그렇다면 우리 신앙의 수준은 얼마나 자기를 거스를 줄 아느냐로 판가름 나게 됩니다.

서울구치소에서 붉은 명찰을 달고 있는 사형수들과 우리 사이에는 어떤 차이가 있습니까? 우리 역시 하나님 앞에서 가슴에 붉은 명찰을 달고 있던 죽을 수밖에 없는 사형수들이지 않았습니까? 그러나 하나님께서 선행적 은혜로 택정해 주시고, 불가항력적인 은혜로 불러 주시고, 필승불패의 은혜로 우리 가슴에서 붉은 명찰을 떼어내셔서 하나님의 의로운 자녀로 삼아 주시지 않았습니까? 호손의 〈주홍글씨〉에서처럼 수치스럽던 붉은 글씨를 천사의 상징으로, 성도의 표징으로 승화시켜 주시지 않았습니까? 이 사실을 정녕 믿는다면 이제는 의인답게, 성도답게, 성인답게, 우리의 수준을 끌어올려야 되지 않겠습니까?

우리 모두 자기를 거스르는 자가 됩시다. 어떤 경우에도 강도 바라바가 아니라 진리이신 예수 그리스도의 방법을 선택하는 자들이 됩시다. 우리 그리스도인들이 우리를 거슬러 우리의 수준을 끌어올리는 것은 이 민족의 수준을 끌어올리는 것임을 잊지 마십시다. 자기를 거스르지 못하는 자는 언제나 강도 바라바의 편일 수밖에 없기 때문입니다. 이 민족의 수준은 오직 그리스도인 우리 자신들에게 달려 있습니다.

　우리 다 함께 '주여 이 죄인이'를 찬양하심으로 기도를 대신하겠습니다.

세상에서 방황할 때 나 주님을 몰랐네
내 맘대로 고집하며 온갖 죄를 저질렀네
예수여, 이 죄인도 용서받을 수 있나요
벌레만도 못한 내가 용서받을 수 있나요

많은 사람 찾아와서 나의 친구가 되어도
병든 몸과 상한 마음 위로받지 못했다오
예수여, 이 죄인을 불쌍히 여겨 주소서
의지할 것 없는 이 몸 위로받기 원합니다

이 죄인의 애통함을 예수께서 들으셨네
못 자국난 사랑의 손 나를 어루만지셨네
내 주여 이 죄인이 다시 눈물 흘립니다
오 내 주여, 나 이제는 아무 걱정 없어요

내 모든 죄 무거운 짐 이젠 모두 다 벗었네
우리 주님 예수께서 나와 함께 계신다오
내 주여 이 죄인이 무한 감사드립니다
나의 몸과 영혼까지 주를 위해 바칩니다
주를 위해 바칩니다
이 모든 말씀 예수님의 이름으로 기도드립니다. 아멘.

# 16
# 놓으려고 힘썼으나

이 말을 하고 다시 유대인들에게 나가서 이르되
"나는 그에게서 아무 죄도 찾지 못하노라.
유월절이면 내가 너희에게 한 사람을 놓아주는
전례가 있으니 그러면 너희는 내가 유대인의 왕을
너희에게 놓아주기를 원하느냐?" 하니
저희가 또 소리질러 가로되
"이 사람이 아니라. 바라바라" 하니 바라바는 강도러라.
이에 빌라도가 예수를 데려다가 채찍질하더라.
군병들이 가시로 면류관을 엮어 그의 머리에 씌우고
자색 옷을 입히고 앞에 와서 가로되
"유대인의 왕이여, 평안할지어다" 하며
손바닥으로 때리더라.
빌라도가 다시 밖에 나가 말하되
"보라, 이 사람을 데리고 너희에게 나오나니
이는 내가 그에게서 아무 죄도 찾지 못한 것을
너희로 알게 하려 함이로라" 하더라.
이에 예수께서 가시 면류관을 쓰고 자색 옷을 입고 나오시니
빌라도가 저희에게 말하되
"보라, 이 사람이로다" 하매,
대제사장들과 하속들이 예수를 보고 소리질러 가로되
"십자가에 못 박게 하소서! 십자가에 못 박게 하소서!"
하는지라. 빌라도가 가로되 "너희가 친히 데려다가
십자가에 못 박으라. 나는 그에게서 죄를 찾지 못하노라."
유대인들이 대답하되
"우리에게 법이 있으니 그 법대로 하면 저가 당연히 죽을 것은

저가 자기를 하나님 아들이라 함이니이다."
빌라도가 이 말을 듣고 더욱 두려워하여 다시 관정에 들어가서
예수께 말하되 "너는 어디로서냐?" 하되
예수께서 대답하여 주지 아니하시는지라.
빌라도가 가로되 "내게 말하지 아니하느냐?
내가 너를 놓을 권세도 있고 십자가에 못 박을 권세도
있는 줄 알지 못하느냐?" 예수께서 대답하시되
"위에서 주지 아니하셨더면 나를 해할 권세가 없었으리니
그러므로 나를 네게 넘겨준 자의 죄는 더 크니라" 하시니
이러하므로 빌라도가 예수를 놓으려고 힘썼으나
유대인들이 소리질러 가로되
"이 사람을 놓으면 가이사의 충신이 아니니이다. 무릇
자기를 왕이라 하는 자는 가이사를 반역하는 것이니이다."
빌라도가 이 말을 듣고 예수를 끌고 나와서
박석(히브리 말로 가바다)이란 곳에서 저판석에 앉았더라.
이 날은 유월절의 예비일이요 때는 제6시라.
빌라도가 유대인들에게 이르되 "보라, 너희 왕이로다."
저희가 소리지르되 '없이 하소서! 없이 하소서!
저를 십자가에 못 박게 하소서!"
빌라도가 가로되 "내가 너희 왕을 십자가에 못 박으랴?"
대제사장들이 대답하되
"가이사 외에는 우리에게 왕이 없나이다" 하니,
이에 예수를 십자가에 못 박히게 저희에게 넘겨주니라.

요한복음 18:38하~19:16

조선왕조 500년이 우리 민족 역사에 가장 크게 기여한 것 한 가지만 말해 보라면, 두말할 것도 없이 세종 대왕의 한글창제일 것입니다. 한 민족이 고유한 자기 말과 글을 갖지 못할 때, 고유한 문화와 전통 그리고 역사를 지니는 것 자체가 불가능하기에 그 민족은 결국 소멸되어 버리거나 아니면 타민족에 동화되어 버리고 맙니다. 이런 의미에서 1446년 9월에 반포된 훈민정음의 중요성과 가치, 그리고 우리 민족 역사에 대한 기여도는 아무리 강조해도 오히려 모자랄 것입니다.

그러나 한글창제가 이처럼 역사적으로 가장 위대한 업적이라고 해서, 전 국민적인 합의나 지지 속에서 이루어진 것은 아니었습니다. 당시 통용되던 한자에 대하여 까막눈이던 일반 국민들은 한글창제에 아예 관심도 없었고, 이미 한자에 능숙하던 지배 계층 중에는 오히려 반대하는 자들이 적지 않았습니다. 그들은 능수능란하게 한자를 구사할 수 있었으므로 우리 글의 필요성을 느끼지 못했기 대문입니다. 그래서 그들은 공공연히 한글창제를 반대했을 뿐 아니라, 세종 대왕에게 한글창제를 중단할 것을 요구하는 상소문을 올리기도 했습니다. 그 반대론자들의 우두머리 격이었던 최만리는 1444년 2월 20일에 다음과 같은 요지의 상소문을 올렸습니다.

감히 말씀드리고자 합니다. 우선 우리는 예부터 대국 중화의 저도를 본받아 실행해 왔습니다. 그런데 그와 아무 관련이 없는 새 글자를 만드는 것은 학문에도, 정치에도 아무 유익함이 없는 줄로 압니다. 더구나 글자 제정은 의견을 두루 청취하면서 시간을 두고 가부를 논해야 마땅한 데도 너무 성급하게 발표했습니다. 혹시라도 중국 측에서 시비를 걸어올까 두렵습니다. 주변국들이 제 글자를 가지고 있다 하나 그들은 모두 오랑캐족들일 뿐입니다. 우리가 중화의 은혜를 버리고 스스로 오랑캐족에 합류할 수는 없는 일 아닙니까? 더구나 이미 우리는 이두라는 문자를 가지고 있습니다. 이두는 반드시 한자를 익혀야 쓸 수 있기에 오히려 학문에 도움이 됩니다. 만약 관리들이 쉽게 언문만 익히게 된다면 결국에는 한자를 아는 이가 없어지게 될 것입니다. 지금 할 일이 태산같이 많은데 어찌하여 급하지도 않는 언문 익히기 부담을 주시는지 이해할 수가 없습니다. 언문이 비록 유익하다 할지라도 한낱 기예어 불과합니다. 학업에 정진하고 정신을 연마해야 할 어린 왕자들과 유생들이 시간을 허비해 기예 익히기에 몰두한다면, 이는 크나큰 국가적 손실입니다. 감히 고하오니 부디 헤아려 주시옵소서.

당시에 자기 자신도 집현전 고위 학자였던 최만리에게는 이와 같은 반대 상소문을 올릴 수밖에 없는 개인적 인식과 시대적 상황이 분명히 있었을 것입니다. 그러나 그로부터 500년이 지난 지금 그의 상소문을 보면 그의 판단이 얼마나 그릇된 것이었는지 여실히 드러나고 있습니다.

그의 심중에는 우리 민족, 우리 문화보다 중국과 중국 문화가 더 큰 비중을 차지하고 있었습니다. 그의 상소문을 만약 중국의 황제가 보았더라면 크게 만족하면서 큰 상을 내렸을 것입니다. 최만리는 학자와 관리로서, 특히 말년에는 청백리의 표상으로 많은 공을 세웠음에도 불구하고 우리보다 중국을 더 염두에 둠으로써 훈민정음에 관한 한 자신의 인생에 수치스럽고 불명예스러운 오점을 찍고 말았습니다. 만약 그가 심중에 중국보다 우리 민족을 더 우위에 두었더라면 그 결과는 전혀 달라졌을 것입니다.

인생이란 곧 '결정'이요 '판단'이라고 할 수 있을 만큼 살아 있는 사람들은 수많은 것을 결정해야 하고 또 많은 것들을 판단해야 합니다. 삶의 연륜이 깊어질수록, 그리고 직급이 높아질수록 더 중요한 것을 결정하고 판단하게 되며, 더 많은 사람들에게 영향을 미치게 될 사항을 결정하고 판단하게 됩니다. 그때 우리가 무엇을 염두에 두느냐, 우리의 심중이 무엇에 더 큰 비중을 두느냐에 따라 그 결과가 전혀 달라진다는 것이 오늘 본문이 주는 교훈입니다.

본문은 이렇게 시작되고 있습니다.

이 말을 하고 다시 유대인들에게 나가서 이르되
　　"나는 그에게서 아무 죄도 찾지 못하노라."(요 18:38하)

　유대인들이 사형에 처해 달라며 끌고 온 예수님을 심문해 보았지만, 빌라도 총독은 아무 죄도 발견할 수 없었습니다. 마가복음 15장 10절의 지적처럼 대제사장들이 시기하여 예수님을 죽이려 함을 빌라도도 알고 있었던 것입니다. 그래서 빌라도는 유월절이면 죄수 한 명을 특사로 풀어줄 수 있는 전례에 따라 예수님을 풀어주고자 하였지만, 유대인 군중들은 오히려 강도 바라바의 특사를 요구하였습니다. 할 수 없이 총독 빌라도는 군병들에게 예수님을 채찍질하게 한 뒤, 피투성이가 된 예수님을 다시 군중들 앞으로 끌고 가 이렇게 외쳤습니다.

　　빌라도가 다시 밖에 나가 말하되
　　"보라, 이 사람을 데리고 너희에게 나오나니
　　이는 내가 그에게서 아무 죄도 찾지 못한 것을
　　너희로 알게 하려 함이로라."(요 19:4)

　빌라도는 예수님의 죄 없음을 다시 한번 강조했습니다. 그리고 이 정도로 혼을 내주었으니 이제 그냥 풀어주면 어떻겠느냐는 식으로 말했습니다. 그러자 유대인들은 예수님을 십자가에 못 박아 죽이라며 함성을 지르기 시작했습니다. 총독 빌라도는 공관 안으로 들어가서 한번 더 예수님을 심문해 보았지만, 이번에도 역시 사형에 처할 만한 죄를 발견할 수 없었습니다. 그래서 본문은 이렇게 증거하고 있습니다.

이러하므로 빌라도가 예수를 놓으려고 힘썼으나 (요 19:12상)

총독 빌라도는 마지막으로 한번 더 예수님의 석방을 시도해 보았습니다. 그러나 본문 12절 하반절은 이렇게 증거하고 있습니다.

유대인들이 소리질러 가로되
"이 사람을 놓으면 가이사의 충신이 아니니이다.
무릇 자기를 왕이라 하는 자는 가이사를 반역하는
것이니이다." (요 19:12하)

참으로 그것은 무서운 협박이었습니다. '스스로 유대인의 왕이라 참칭한 예수님을 사형에 처하지 않는다면 당신은 가이사, 즉 로마 황제의 신하일 수가 없다'는 이 말의 의미는, 만약 예수님을 사형에 처하지 않고 석방시키면 반역자를 풀어준 당신의 죄를 직접 로마 황제에게 진정하겠다는 뜻이었습니다. 가끔 유대인들 중 유력자들이 로마 총독의 비리 사실을 황제에게 진정하여 역대 총독들이 곤욕을 치른 바가 있음을 잘 알고 있던 빌라도는 끝내 그 협박에 굴복해 버리고 말았습니다.

이에 예수를 십자가에 못 박히게 저희에게 넘겨주니라.
(요 19:16)

마침내 빌라도는 예수님에게 사형을 선고하고 말았습니다. 이에 대하여 마가복음은 이렇게 증거하고 있습니다.

> 빌라도가 무리에게 만족을 주고자 하여
> 바라바는 놓아주고 예수는 채찍질하고 십자가에 못 박히게
> 넘겨주니라. (막 15:15)

　빌라도 총독은 예수님을 앞에 세워 놓고 무죄냐 유죄냐, 사형이냐 석방이냐를 판결하지 않으면 안 될 중요한 기로에 서 있었습니다. 그는 예수님의 무죄를 확신하고서 자기 나름대로 예수님을 풀어주기 위해 애쓰지 않았던 것은 아니지만, 끝내 자신이 정당하지 못함을 잘 알면서도 사형을 언도해 버리고 말았습니다. 그때 빌라도가 더 염두에 두었던 것은 진실이냐 거짓이냐가 아니라 자기 자리였습니다. 애써 차지한 총독이란 자리를 공고히 하는 것보다 더 중요한 일은 없었습니다. 그래서 그는 진리이신 예수 그리스도 한 분보다는 불의한 다수를 만족케 하는 일을 선택하고 말았습니다. 그리고 그는 그것만이 최선의 선택이었노라고, 그 상황에서는 그럴 수밖에 없었노라고 스스로 자위했을 것입니다. 그러나 그 결과는 어떠합니까?
　오늘도 우리는 사도신경으로 우리의 신앙을 고백했습니다.

> 전능하사 천지를 만드신 하나님 아버지를 내가 믿사오며
> 그 외아들 우리 주 예수 그리스도를 믿사오니,
> 이는 성령으로 잉태하사 동정녀 마리아에게 나시고
> 본디오 빌라도에게 고난을 받으사 십자가에 못 박혀 죽으시고

　우리만 이 신앙고백을 했습니까? 아닙니다. 오늘 예수 그리스도의 이름으로 예배드리고 있는 전세계의 거의 모든 그리스도인

들이 똑같은 고백을 했을 것입니다. 본디오 빌라도는 예수님을 죽인 죄인 중의 중죄인이라고 말입니다. 그것은 단지 오늘만의 이야기가 아닙니다. 빌라도는 지난 2,000년 동안 전세계의 그리스도인들에 의해 한결같이 정죄되어 오고 있습니다. 그것은 불의한 다수들에게 만족을 주기 위해, 잘못된 일인 줄 뻔히 알면서도 진리를 서슴없이 못 박으면서까지 자기 자리와 자기 욕망을 우상으로 삼았던 어리석음에 대한 무서운 하나님의 심판이었습니다.

그렇다면 빌라도가 그처럼 지키기를 원했던 그 자리가 빌라도를 평생토록 지켜 주었습니까? 역사가 요세푸스에 의하면, 그는 그로부터 불과 몇 년 후 로마 황제로부터 파면당한 뒤 승진이나 다른 보직을 받지 못한 채 갈리굴라 황제 때 자살하고 말았습니다. 진리를 못 박으면서까지 고수하려 한 자리였지만 허망하게 날아가 버리고 만 것입니다. 불의한 다수에게 만족을 주면서까지 지키려 한 자기였지만, 결국 스스로 목숨을 끊어 버리고 말았습니다. 이 점에서 그는 목 매어 자살한 가롯 유다와 다를 바가 아무 것도 없었습니다.

빌라도는 예수님의 죄 없음을 누구보다도 확신하고 예수님의 석방을 세 번씩이나 시도했던 사람이었습니다. 빌라도가 자기에게 연연하여 불의한 군중들에게 굴복하지 않고 당당하게 예수님을 풀어드렸다면 어떻게 되었겠습니까? 유대인들은 다른 방법으로 예수님을 죽였을 것입니다. 그리고 로마 황제에게 빌라도 총독이 반역자를 살려 주었다고 모함했을 것입니다. 그로 인해 빌라도 총독은 파면을 당했을지도 모릅니다. 그러나 빌라도는 영원한 의인으로 기록되었을 것입니다. 그의 사후 2,000년이라는 긴 시간의 관점에서 볼 때 그가 그토록 연연했던 총독 자리는 전혀 중요한 것이 아니었습니다. 그러나 그는 전혀 중요치 않은 것을 중요한 것으로 착각하다가 막상 중요한 모든 것, 즉 진리와 자기 자신을 송두리째 다 상실하고 말았습니다.

사도 바울은 이렇게 고백하고 있습니다.

> 내가 지금 사람들의 마음을 기쁘게 하려 하고 있습니까?
> 아니면 하나님의 마음을 기쁘시게 해드리려고 하고
> 있습니까? 아니면 사람의 환심을 사려 하고 있습니까?
> 내가 아직도 사람의 환심을 사려 하고 있다면
> 나는 그리스도의 종이 아닙니다. (갈 1:10)

바울은 또 이렇게 고백했습니다.

> 우리는 하나님께 인정을 받아서 맡은 그대로 복음을
> 전합니다. 우리가 이렇게 하는 것은 사람의 환심을 사려고
> 하는 것이 아니라, 우리의 마음을 살피시는 하나님을
> 기쁘시게 해드리려고 하는 것입니다. (살전 2:4)

여기에서 말하는 사람이란 두말할 것도 없이 불의한 사람들입니다. 사도 바울은 빌라도와는 달리 불의한 자들의 환심을 사려 하지 않았습니다. 불의한 자들의 환심을 사는 길은 오직 하나, 진리를 버리는 것이기 때문입니다. 그래서 그는 진리를 배신하여 불의한 다수의 환심을 사기보다는 오히려 진리를 위해 불의한 다수로부터 모함 받고 핍박 받는 길을 기꺼이 선택하였습니다

다. 그것은 사도 바울이 자기에게 연연치 않는 사람이었기에 가능했습니다.

이것이 빌라도와 사도 바울의 가장 큰 차이점입니다. 빌라도는 자기 자신, 자기 자리, 자기의 것들을 가장 중요시하여 진리를 미련없이 버렸다가, 그가 선택한 불의한 자들과 더불어 공멸해 버리고 말았습니다. 그러나 주님을 만난 바울은 자신이 그 동안 추구해 오던 모든 것의 무익함을 깨달아, 자기의 것들을 배설물처럼 미련없이 버리고 진리요 생명이신 예수 그리스도를 선택하였습니다. 그 결과 그는 그가 선택했던 예수 그리스도 안에서 영원한 의인으로 영원한 세움을 입었습니다. 우리는 무엇이 진정 자기를 위하는 것인지 깊이 생각하지 않으면 안 됩니다.

사랑하는 교우 여러분.
우리는 어느 쪽입니까? 자기를 위해 진리를 버린 빌라도입니까? 아니면 진리를 위해 자기를 버린 바울입니까? 우리는 누구에게 만족을 주려고 애쓰고 있으며, 누구의 환심을 사려고 애쓰고 있습니까? 우리는 옳은 길인 줄 알면서 옳은 길을 가는 자입니까? 틀린 줄 알면서 틀린 길을 가는 자입니까? 우리가 늘 염두에 두고 있는 것은 불의한 다수입니까? 아니면 의로운 소수입니까?

영원이란 시간 속에서 볼 때 나라는 존재는 결코 나의 우상일 수 없다는 사실을 잊지 마십시오. 최만리의 어처구니없는 한글 창제 반대 상소문이 역사에 고스란히 남아 있듯이, 우리의 전인생이 하나님 앞에 빠짐없이 기록되고 있음을 기억하십시다. 자기를 위해 진리를 버린 빌라도가 오늘도 사도신경을 통해 단죄

되고 있듯이, 진리를 위해 자기를 버린 바울이 영원한 사도로 우리 앞에 우뚝 서 있듯이, 하나님의 심판과 상급은 반드시 있다는 사실도 망각치 마십시다. 그때에만 우리 모두 어리석은 빌라도가 아니라, 지혜로운 사도 바울이 될 수 있습니다. 나를 지켜 주는 것은 나 자신이 아니라, 오직 진리요 생명이신 주님밖에 없습니다.

> "자기 목숨을 얻는 자는 잃을 것이요, 나를 위하여
> 자기 목숨을 잃는 자는 얻으리라." (마 10:39)

주님의 말씀입니다.

> 주님, 우리는 우리의 미래에 대해 세부적인 것을 알지는 못합니다. 그러나 한 가지 분명한 사실을 알고 있으니, 자기를 진리보다 더 사랑하면 빌라도처럼 반드시 자멸할 것이요 진리를 자기보다 더 사랑하면 필히 영원한 세움을 입으리란 사실입니다.
> 주님, 머지 않아 공동묘지의 흙으로 돌아갈 이 허망한 자기 자신을 우상으로 섬기려는 어리석음에서 벗어나게 하소서. 진리를 버리고 불의한 자들에게 환심을 사면서까지 자신의 욕망을 지키려는 허물에서 헤어나게 하옵소서.
> 오직 진리를 위하여 날마다 나를 쳐 복종시키고 나를 버림으로써 영원한 진리의 증인되는 기쁨을 우리 모두 누리게 하옵소서. 아멘.

# 17
# 위에서

유대인들이 대답하되
"우리에게 법이 있으니 그 법대로 하면 저가 당연히 죽을 것은
저가 자기를 하나님 아들이라 함이니이다."
빌라도가 이 말을 듣고 더욱 두려워하여 다시 관정에 들어가서
예수께 말하되 "너는 어디로서냐?" 하되
예수께서 대답하여 주지 아니하시는지라.
빌라도가 가로되 "내게 말하지 아니하느냐?
내가 너를 놓을 권세도 있고 십자가에 못 박을 권세도
있는 줄 알지 못하느냐?" 예수께서 대답하시되
"위에서 주지 아니하셨더면 나를 해할 권세가 없었으리니
그러므로 나를 네게 넘겨준 자의 죄는 더 크니라" 하시니
이러하므로 빌라도가 예수를 놓으려고 힘썼으나
유대인들이 소리질러 가로되
"이 사람을 놓으면 가이사의 충신이 아니니이다. 무릇
자기를 왕이라 하는 자는 가이사를 반역하는 것이니이다."
빌라도가 이 말을 듣고 예수를 끌고 나와서
박석(히브리 말로 가바다)이란 곳에서 재판석에 앉았더라.
이 날은 유월절의 예비일이요 때는 제6시라.
빌라도가 유대인들에게 이르되 "보라, 너희 왕이로다."
저희가 소리지르되 "없이 하소서! 없이 하소서!
저를 십자가에 못 박게 하소서!"
빌라도가 가로되 "내가 너희 왕을 십자가에 못 박으랴?"
대제사장들이 대답하되
"가이사 외에는 우리에게 왕이 없나이다" 하니,
이에 예수를 십자가에 못 박히게 저희에게 넘겨주니라.

요한복음 19:7~16

우리나라의 상례법은 부모님이 돌아가실 경우 100일 등안 상복을 입도록 권하고 있습니다. 요즘은 상복이라고 해서 옛날처럼 격식을 갖춘 옷을 고집하지는 않고 대개 검은 색 옷을 입는 것으로 대신합니다.

  일반적으로 상복은 돌아가신 부모님을 위해 살아 있는 자식들이 갖추는 예의인 것처럼 생각하기가 쉽습니다. 물론 그런 의미가 전혀 없는 것은 아니겠지만, 실제로 상복을 100일 동안 입다 보면 그 속에 더 깊은 뜻이 있음을 발견하게 됩니다. 마태복음 8장 21절과 22절은 이렇게 증거하고 있습니다.

  제자 중에 또 하나가 가로되
  "주여, 나로 먼저 가서 내 부친을 장사하게 허락하옵소서."
  예수께서 가라사대 "죽은 자들로 저희 죽은 자를 장사하게 하고 너는 나를 좇으라" 하시니라.

제자의 부친이 사망하였다면 응당 스승도 찾아가 조문하는 것이 인간의 도리입니다. 여기에는 다른 이견이 있을 수 없습니다. 그럼에도 불구하고 주님께서는 상을 당한 제자에게 "죽은 자로 하여금 죽은 자를 장사 지내게 하고 너는 나를 좇으라"고 말씀하셨습니다. 얼핏 보면 예수님은 인륜도, 천륜도 무시하는 비도덕적 인간으로 여겨집니다. 그러나 주님의 말씀은 전혀 그런 뜻이 아닙니다. 그것은 모든 장례예식은 죽은 자를 위한 것이 아니라 산 자를 위한 것임을 강조하기 위한 역설적 표현인 것입니다.

곰곰이 생각해 보면, 살아남은 자가 죽은 자를 위해 할 수 있는 일이란 그가 남긴 시신을 처리해 주는 일이 고작입니다. 더 이상 할 일이 없습니다. 그러나 죽은 자는 살아남은 자들에게 훨씬 더 크고 많은 공헌을 합니다. 죽은 자는 자신의 죽음을 통해 산 자들에게 죽음을 가르쳐 주는 동시에 삶의 의미와 가치, 그리고 목적을 바르게 일깨워 줍니다. 죽음을 알 때에만 생명의 참된 뜻을 제대로 터득할 수 있기 때문입니다. 산 자들이 오직 죽음 앞에서만 자신의 삶을 바르게 가다듬을 수 있는 것과 같은 이치입니다. 죽은 자의 죽음은 산 자의 생명의 질을 높여 주기에 죽음보다 더 위대한 메시지는 없는 것입니다.

따라서 주님께서 부친상을 당한 제자에게 죽은 자들로 죽은 자를 장사케 하라신 말씀은, 죽은 자만을 위해 장사를 치르는 것이라면 아무런 의미가 없으므로 부친의 장례식을 통해 살아 있는 네 자신의 인생을 진리 앞에서 바르게 정립하고 돌아오라는 깊은 의미의 권고였던 것입니다.

이런 의미에서 상복이란 죽은 자가 산 자에게 주는 최후의, 그러나 최고의 선물인 것입니다. 상복을 입는 100일 동안, 나 자신 역시 언젠가는 수의를 입고 관 속에 누울 존재임을 깊이 인식함으로써 남아 있는 내 생의 의미를 전혀 새롭게 승화시켜 갈 수 있는 것입니다.

 죽은 자에게 입히는 옷을 '수할 수(壽)', 즉 생명을 뜻하는 수(壽)자를 사용하여 '수의'라 부릅니다. 이미 생명이 끝나 죽어버린 시신에게 입히는 옷을 '생명의 옷'이라고 부르다니 정말 이상하지 않습니까? 만약 시신일망정 땅속에서 오래오래 견디라는 의미로 수의라 부르는 것이라면 천 중에서 제일 질기고 오래가는 천으로 만들어야 할 터인데, 그 반대로 정작 수의는 가장 쉽고 빠르게 썩는 삼베로 지어지는 것으로 보아 그런 의미가 아님을 알게 됩니다.

 그렇다면 죽은 자에게 입히는 옷을 생명의 옷이라고 부르는 이유가 무엇입니까? 그것 또한 죽은 자가 아닌, 산 자를 위한 메시지인 것입니다. 잘 아시다시피 수의의 가장 큰 특징은 주머니가 없다는 것입니다. 죽은 자는 아무 것도 가져갈 수가 없는 탓입니다. 바로 이것이 죽은 자가 입는 수의가 산 자에게 주는 메시지입니다. 우리의 호흡이 멎어 관 속에 드러눕는 그 순간, 이 세상에서 내가 가지고 있던 그 무엇 하나 가져갈 수 없다는 사실을 인식하면서 사는 순간부터 우리 생명의 의미가 참다워질 수 있다는 것입니다.

 무릇 살아 있는 자들은 한결같이 '나의 것'에 대해 강한 집착을 가지고 있습니다. 그러나 죽어서 가져갈 수 없는 것이라면 진정한 의미에서 '나의 것'이 과연 존재합니까? 정말 '나의 것'이라면 이 세상을 떠날 때 송두리째 들고 갈 수 있어야 할 터인데, 실상은 정반대입니다. 아니 '나의 것'에 대해 끝까지 미련을 버리지 못해 죽어서도 '나의 것들'을 지닌 채 무덤 속에 묻히는 자들도 분명히 있기는 있습니다. 그러나 그러하기 때문에 그들의 무덤은 어김없이 파헤쳐져 그들의 '나의 것들'은 모조리 산 자들에 의해 노략질 당함으로써, 죽은 자에게는 결코 '나의 것'이 있을 수 없음을 웅변해 줄 뿐입니다.

그렇다면 상복의 깊은 의미는 무엇입니까? 왜 상복이 산 자를 위한 죽은 자의 위대한 선물일 수가 있습니까? 죽은 자가 입는 옷이 수의라면, 그 때문에 산 자가 입는 옷이 상복입니다. 그러므로 상복이란 산 자가 입는 수의요, 산 자의 죽음 훈련복인 것입니다. 무엇을 위한 훈련복입니까? 이 세상에 '나의 것'이란 결코 있을 수 없음을 내 심령 속에 각인하는 훈련복입니다. 그렇기에 상복은 위대한 선물이요 은총이 아닐 수 없습니다. 이 세상 그 어디에도 '나의 것'이란 존재치 않는다는 사실을 바로 깨달음으로써 우리 생명의 의미가 비로소 구체적으로 참다워질 수 있는 까닭입니다.

우리가 가지고 있는 것 중에서 도대체 무엇이 진정 '나의 것'입니까? 내 생명입니까? 내 생명이 '나의 것'이라면 내 마음대로 할 수 있어야 하지 않습니까? 그러나 태어나는 것도, 죽는 것도 나의 뜻과는 전혀 무관하게 이루어집니다. '나의 것'이 아니기 때문입니다. 내 자식인데 왜 내 마음대로 안 됩니까? '나의 것'이 아니기 때문입니다. 왜 일평생 피땀 흘려 번 돈인데 죽어서 단 한 푼도 가져가지 못합니까? '나의 것'이 아니기 때문입니다. 왜 밤을 새우며 쌓은 지식인데 이 세상을 떠날 때 지식의 낟알 하나 들고 가지 못합니까? '나의 것'이 아니기 때문입니다.

무엇이 지혜인지 아십니까? 이 세상 그 무엇 하나 '나의 것'은 없다는 사실, 지금 내가 가지고 있는 것은 내게 잠시 맡겨진 것일 뿐이란 사실, 따라서 나는 내가 가지고 있는 것의 주인이 아니라 이 땅에 사는 동안 단지 그 관리인에 불과하다는 사실, 바로 이것을 아는 것이 지혜입니다. 왜 그렇습니까? 인간의 모든 비극은 단순하면서도 엄연한 이 사실에 대한 무지에서부터 비롯되는 탓입니다. 오늘 본문을 통해 우리가 얻고자 하는 교훈이 바로 이것입니다.

빌라도 총독은, 유대인들이 사형에 처해 달라며 고발한 예수님을 심문해 보았지만 죽일 만한 죄를 발견할 수가 없었습니다. 마침 유월절이면 죄수 한 명을 특사로 풀어줄 수 있는 관례에 따라 빌라도 총독은 예수님을 석방시키려 했지만, 유대인들이 강도 바라바를 요구하는 바람에 뜻을 이룰 수가 없었습니다. 빌라도 총독은 로마 군병에게 예수님을 채찍질하게 한 뒤 피투성이가 된 예수님을 끌고 유대인 무리들 앞에 다시 나타나, 이 정도로 혼을 내어 주었으니 이제 풀어주면 어떻겠느냐고 그들의 의견을 물었습니다. 유대인들은 예수님이 방자하게도 자신을 하나님의 아들이라 칭하였으므로 반드시 죽여야 한다고 소리 높여 외쳤습니다. 그 말에 빌라도가 다시 예수님께 "네가 어디서 왔느냐?"고 물었습니다. '네가 정말 하나님의 아들이냐'는 뜻이었습니다. 그러나 그 질문에 주님께서는 아무 대답도 않으셨습니다. 이미 빌라도 총독에게 할 말을 다 하셨기에, 새삼스레 더 이상 할 말이 없었던 것입니다.

그러나 빌라도 총독은 예수님의 침묵을 용납할 수가 없었습니다. 자신에게 심문을 받는 죄수가 자신의 물음에 침묵한다는 것은, 곧 총독인 자기 자신의 권위에 대한 무엄한 도전이라 간주했던 것입니다. 그래서 본문은 이렇게 증거하고 있습니다.

> 빌라도가 가로되 "내게 말하지 아니하느냐?
> 내가 너를 놓을 권세도 있고 십자가에 못 박을 권세도 있는
> 줄 알지 못하느냐?" (요 19:10)

계속하여 침묵으로 자신의 권위를 손상시킨다면 정말 죽일 수도 있다는 협박인 동시에, 총독으로서 자신이 갖고 있는 권세의 과시이기도 했습니다. 그때 침묵하시던 예수님께서 빌라도 총독에게 본문을 통하여 이렇게 말씀하셨습니다.

> 예수께서 대답하시되 "위에서 주지 아니하셨더면
> 나를 해할 권세가 없었으리니" (요 19:11상)

예수님과 빌라도의 결정적인 차이가 무엇입니까? 빌라도는 자신의 직책과 권세와 권한을 자신의 마음대로 사용할 수 있는 확실한 '나의 것'이라고 믿었던 반면, 예수님께서는 그 모든 것은 '너의 것'이 아니라 '위로부터 네게 잠시 맡겨진 것'에 불과할 뿐임을 일깨워 주셨습니다.

주님께서 여기에서 말씀하신 바 '위에서'란 빌라도를 총독으로 임명한 로마 황제가 아니라 바로 하나님을 뜻하는 것이었습니다. 2,000년 전 로마 총독의 자리에 올랐다는 것은, 빌라도가 결코

우둔한 자가 아니었다는 증거입니다. 그는 당시 출중한 인물 중의 한 사람이었음이 분명합니다. 아는 것도 많았을 것이고 총독에 이르기까지 많은 경험도 필히 거쳤을 것입니다. 그러나 어리석게도 빌라도는 가장 중요한 사실을 모르고 있었습니다. 그는 이 세상에 내 마음대로 행사할 수 있는 '나의 것'이라고는 하나도 없다는 사실, 내게 있는 모든 것은 오직 하나님께로부터 맡겨진 것이요 나는 관리인에 불과하기에 모든 것을 하나님의 법과 진리에 따라 행사하고 처분해야 한다는 사실에 무지한 자였습니다. 만약 빌라도가 이 중요한 사실을 알았더라면 옳지 못한 줄 알면서도 유대인들의 압력에 굴복하여 예수님을 못 박아 죽이는 어리석은 죄를 범치는 않았을 것입니다. 그러나 정작 알아야 할 가장 중요한 사실에 무지함으로 인해 빌라도는 하나님께서 맡기신 것으로써 하나님의 아들을 못 박아 죽이는 가장 어리석고 수치스러운 인간으로 전락해 버리고 말았습니다.

이 어리석은 빌라도야말로 바로 우리 자신들의 모습이 아닙니까? 왜 아버지의 관을 옆에 두고 아버지가 남긴 유산 때문에 자식들이 다툽니까? 그 재산을 '나의 것'으로 착각하기 때문입니다. 왜 사람들이 가깝던 사람들과 의절하면서까지 돈을 더 중시하여 돈을 위하여 거짓과 불법을 일삼고 심지어 살인까지 합니까? 돈이 영원히 '나의 것'이 될 수 있으리라는 망상 때문입니다. 왜 부모들은 자신이 갖고 있지 아니한 것을 강요하여 그들이 꽃 피울 수 있는 세계를 파괴합니까? 자식들이 '나의 것'이라는 그릇된 인식 때문입니다. 왜 취임 초기 하늘을 찌를 것 같던 대통령의 인기가 불과 4년 만에 바닥으로 떨어졌습니까? 왜 현직 대통령의 아들이 국회 청문회에 불려 나가는 수모를 당하고 있습니까? 권력을 '나의 것'으로 오인했기 때문입니다.

확실히 인간의 모든 분쟁과 불행과 비극은 '나의 것'일 수 없는 것을 '나의 것'으로 오해하는 것에서 비롯됩니다. 그렇다면 인간의 행복이란 두말할 것도 없이 '내게 있는 모든 것은 하나님께로부터 맡겨진 것'임을 인식하는 데에서 태동합니다. 그때에만 우리는 우리에게 없는 것에 대하여 만족할 수 있습니다. 그때에만 내게 있는 것으로 인해 교만해지지 않을 수 있습니다. 그때에만 비인격적인 소유의 노예 상태에서 해방될 수 있습니다. 그때에만 사람을 진정으로 사랑할 수 있습니다. 그때에만 내게 맡겨진 모든 것을 하나님의 법과 하나님의 뜻과 하나님의 진리에 따라 관리하고 사용함으로써 우리의 인생이 비로소 인격적이고 향기로울 수가 있습니다. 그때에만 이 세상을 떠나는 날, 두려움 없이 하나님의 심판대에 설 수 있습니다. 그때에만 죽은 뒤 내가 남긴 유산이 살아 있는 가족들 사이에 분란을 일으키는 화근이 되지 않을 수 있습니다. 무엇보다도 내게 있는 모든 것이 위로부터, 하나님으로부터 맡겨진 것임을 분명히 인식하고 살 때에만, 내게 주어진 하나님의 것으로 하나님을 살해하는 어리석은 빌라도의 삶으로부터 진정 자유할 수 있습니다.

어느 날 초등학교 2학년인 셋째 아이가 친구들을 집으로 데리고 와 놀던 중 집 크기를 친구들에게 자랑했는데, 중학교 1학년인 큰 아이가 보기에 그 정도가 심했던 모양입니다. 그 날 저녁, 제 자신의 고백록을 직접 읽어 모든 사정을 알고 있는 큰 아이가 셋째 아이를 조용히 불러서 친구들에게 그런 자랑을 하는 게 아니라고 타일렀습니다. 셋째는 "우리 집, 내가 자랑하는 데 뭐가 나쁘냐"며 형에게 따졌습니다. 큰 아이는 우리보다 작은 집에 사는 사람에게 집 자랑하는 것은 그 사람에 대한 예의가 아니라고 설명해 주었지만, 셋째는 이해하려 들지 않았습니다. 할 수 없이 큰 아이가 "이 집은 우리 집이 아니라 고모네 집이므로 앞으로 그런 자랑은 하지 말라"고 결론을 내렸습니다. 그 말을 들은 셋째가 펄쩍 뛰었습니다. 우리 집을 드고 형아가 무슨 풍딴지 같은 소리를 하느냐는 것이었습니다. 그러다가 셋째가 제게 뛰어 오며 소리쳤습니다.

"아빠, 이게 우리 집이에요, 고모네 집이에요?"

그것은 몰라서 묻는 것이 아니라 우리 집임을 확신하는 반문이었습니다. 저로부터 고모네 집이란 대답을 들은 셋째 아이는 소스라치듯 놀라며 도대체 제 말을 믿으려 하지 않았습니다. 그러자 아내가 셋째에게 이렇게 말했습니다.

"얘, 이 세상에 우리 것이라고는 본래 아무 것도 없단다. 사람들은 모두 하나님의 것을 빌려 쓰고 있는 거야. 이걸 알아야 정말 행복한 사람이 될 수 있는 거란다."

셋째는 무슨 생각을 하는지 더 이상 대꾸하지 않았습니다.

며칠이 지나 토요일이 되었습니다. 위의 세 아이들은 학교에 가고, 토요일이면 유치원을 가지 않는 7살짜리 막내만 남아 있었습니다. 제가 설교 준비를 위해 서재로 올라가려 하자, 막내가 가만히 다가오더니 두 손을 올려 자기를 안아달라는 시늉을 했습니다. 평소에는 하지 않던 몸짓이었습니다. 저는 그 아이를 올려 가슴에 꼭 끌어안았습니다. 그러자 막내는 제 귀에 자기 입을 갖다대고는 이렇게 속삭이는 것이었습니다.

"아빠, 이 집이 정말 우리 집이 아니고 고모네 집이에요?"

아마 며칠 전 들었던 이야기를 그 어린아이가 가슴 속에 꼭꼭 묻어 두었던 모양입니다. 저는 막내를 여전히 안은 채로 막내의 얼굴을 들여다보았습니다. 그 아이가 태어나 그토록 진지한 표정으로 그처럼 진지한 질문을 던진 것은 이번이 처음이었습니다. 아이가 난생 처음으로 아빠에게 진지한 질문을 던졌으니, 아빠인 저도 아이의 이해 여부에 상관없이 진지하게 답변해 주어야만 했습니다. 저는 막내의 눈을 들여다보면서 왜 우리는 고모네 집에 사는지, 왜 우리에게는 우리 집이 없는지, 왜 아빠는 우리 집을 소유하려 하지 않는지 성의를 다해 상세하게 설명해 주었습니다. 그리고 이렇게 결론을 맺었습니다.

"만약 이 다음에 네가 돈을 많이 벌어 네 이름으로 집을 산다고 해도 그건 '너의 것'이 아니야. 우리는 모두 하나님 앞에서 청지기일 뿐이란다. 아빠는 아빠 아들들이 하루라도 빨리 이 사실을 깨닫게 되기를 하나님께 기도드린단다. 왠지 아니? 그때에만 사람들은 정말 서로 사랑하면서, 진리 안에서 기쁨으로 바르게 살 수 있기 때문이야. 우리는 죽은 뒤 모두 하나님의 심판대 앞에 서야 한다는 사실을 넌 절대로 잊어선 안 돼."

사랑하는 교우 여러분, 지금 무슨 옷을 입고 있습니까? 무슨 색깔의 옷입니까? 주머니는 몇 개나 달려 있습니까? 그 속에는 얼마나 많은 것들이 들어 있습니까? 그러나 옷의 모양이나 색깔이나 그 속에 든 소지품에 상관없이, 이 시간부터 우리가 입고 있는 옷을 상복으로 여기는 지혜로운 자들이 되십시다. 죽음의 훈련복으로 삼는 믿음의 사람들이 되십시다. 그래서 아침에 옷을 입을 때마다 죽어서는 아무 것도 가져갈 수 없음을 상기하십시다. 밤에 옷을 벗으면서는 이 세상에 '나의 것'이라고는 아무 것도 없음을 가슴 깊이 되새기는 자들이 되십시다. 나의 생명을 비롯하여 내게 있는 모든 것은 위로부터, 하나님으로부터 맡겨진 것이요 나는 그분의 청지기임을 고백하며 살아가십시다. 그 순간부터 우리의 삶은 진리가 주는 자유 안에서 영원토록 새로워질 것입니다.

사랑의 주님.
빌라도는 하나님께서 맡기신 권세를 자기의 것으로
착각하여 하나님께서 주신 것으로 하나님의 아들을
못 박아 죽이는 가장 어리석은 인간의 표상이 되고
말았습니다. 그러나 그 빌라도의 모습이 바로 우리의
실상임을 이 시간 일깨워 주시니
진정으로 감사를 드립니다.
이 세상에는 죽어서 가져갈 수 있는 나의 것이 없음에도
불구하고, 헛되이 나의 것을 탐하느라 나의 양심을 강도의
굴혈로 만들었습니다. 진리를 짓밟았습니다. 사람들을
무수히 해쳤습니다. 그 결과 나의 소유가 늘어나는 만큼
나의 심령은 더 황폐해지고, 나는 더 짙은 어둠의 사람이
되고 말았습니다.
이 모든 죄를 회개하오니 용서하여 주옵소서.
내게 있는 모든 것은 위로부터, 하나님으로부터
맡겨졌음을 잊지 말게 하옵소서. 이 시간부터 하나님
앞에서 신실한 청지기가 되게 하여 주옵소서. 그리하여
이 시간 이후로 우리의 생명이 진리 안에서 영원히
참다워지게 하시고 우리의 삶이 진리 안에서 참된 행복을

누리게 하셔서 우리 모두 이 혼탁한 세상을 밝히는 진리의
등불로 승화되게 하여 주옵소서. 아멘.

## 18
## 더 크니라

유대인들이 대답하되
"우리에게 법이 있으니 그 법대로 하면 저가 당연히 죽을 것은
저가 자기를 하나님 아들이라 함이니이다."
빌라도가 이 말을 듣고 더욱 두려워하여 다시 관정에 들어가서
예수께 말하되 "너는 어디로서냐?" 하되
예수께서 대답하여 주지 아니하시는지라.
빌라도가 가로되 "내게 말하지 아니하느냐?
내가 너를 놓을 권세도 있고 십자가에 못 박을 권세도
있는 줄 알지 못하느냐?" 예수께서 대답하시되
"위에서 주지 아니하셨더면 나를 해할 권세가 없었으리니
그러므로 나를 네게 넘겨준 자의 죄는 더 크니라" 하시니
이러하므로 빌라도가 예수를 놓으려고 힘썼으나
유대인들이 소리질러 가로되
"이 사람을 놓으면 가이사의 충신이 아니니이다. 무릇
자기를 왕이라 하는 자는 가이사를 반역하는 것이니이다."
빌라도가 이 말을 듣고 예수를 끌고 나와서
박석(히브리 말로 가바다)이란 곳에서 재판석에 앉았더라.
이 날은 유월절의 예비일이요 때는 제6시라.
빌라도가 유대인들에게 이르되 "보라, 너희 왕이로다."
저희가 소리지르되 "없이 하소서! 없이 하소서!
저를 십자가에 못 박게 하소서!"
빌라도가 가로되 "내가 너희 왕을 십자가에 못 박으랴?"
대제사장들이 대답하되
"가이사 외에는 우리에게 왕이 없나이다" 하니,
이에 예수를 십자가에 못 박히게 저희에게 넘겨주니라.

요한복음 19:7~16

조선 왕조를 세운 이 태조에 대하여 다음과 같은 이야기가 전해져 오고 있습니다. 이 태조가 새 나라를 세운 뒤, 하루는 왕비와 개국공신인 이지란(퉁두란)과 더불어 술을 마시게 되었습니다. 나라를 세우기까지 어렵고 고생스러웠던 과거담을 서로 나누던 중 분위기가 무르익자, 이 태조가 서로 속마음을 솔직하지 털어보자는 제안을 했고 나머지 두 사람도 흔쾌히 동의했습니다. 그리고 세 사람은 정자 앞에 있는 뽕나무를 증인으로 세웠습니다. 속마음을 정말 솔직하게 털어놓으면 뽕나무가 흔들릴 것이고, 조금이라도 거짓말을 하면 미동도 않을 것이라고 말입니다. 제일 먼저 이 태조가 말했습니다.

"나야 뭐 부족한 게 없는 사람이긴 하지만, 그래도 누가 나를 찾아올 땐 빈손으로 오는 사람보다 뭔가 두툼한 걸 들고 오는 사람이 이쁘더라."

말이 끝나기가 무섭게 뽕나무가 마구 흔들렸습니다. 그게 사실이었던 것입니다. 태조의 뒤를 이어 개국공신 이지란이 입을 열었습니다.

"내 위에는 오직 한 사람뿐이요 내 아래에는 억조창생이 있으니 무슨 모자람이 있겠습니까만, 그래도 솔직히 말씀드리면 저도 한번쯤은 왕 노릇을 해보고 싶습니다."

이번에도 뽕나무는 어김없이 흔들렸습니다. 이지란 역시 참말을 했던 것입니다. 이제 마지막으로 왕비의 차례가 되었습니다. 그런데 어찌된 영문인지 왕비는 선뜻 입을 열지 않고 얼굴만 붉힌 채 한참 뜸을 들이는 것이었습니다. 그 시간이 길어지자 이 태조와 이지란은 물론 정자 앞의 뽕나무까지도 바짝 긴장을 하게 되었습니다. 이윽고 왕비가 기어가는 목소리로 이렇게 말했습니다.

"신하 중에 젊고 잘 생긴 남자를 보면 왠지 공연히 마음이 끌립니다."

그러자 뽕나무가 마치 기다렸다는 듯이 마구 흔들렸습니다. 왕비 역시 솔직했던 것입니다.

지위가 높아진다거나 소유가 많아진다고 해서 인간의 욕망은 줄어들지 않습니다. 인간의 욕망이란 밑 빠진 독과 같아서 도대체 끝이 없다는 것이 이 이야기가 우리에게 주는 교훈입니다.

그와 동시에 또 하나의 교훈이 있습니다. 이 이야기 속에 등장하는 세 사람은 비록 바람직하지 못한 욕망을 갖고 있었을망정 자신에 대하여 솔직하였고, 또 자신의 욕망을 절제할 줄 알았다는 것입니다. 이 태조가 신하들에게 천문학적인 뇌물을 부당하게 요구했다는 기록도 없고, 이지란이 왕 노릇을 해보기 위해 쿠

데타를 일으켰다거나 왕비가 젊은 남자와 불륜을 저질렀다는 이야기도 없습니다.

이런 면에서 오히려 욕망대로 무슨 짓이든 서슴지 않으면서도 자기 자신을 속이고 거짓말로 일관하는 현대인들이 이 세 사람보다 더 큰 문제를 갖고 있음을 발견하게 됩니다.

바로 이 세 사람의 이야기와 빗대어서 시인 정해종 씨는 현대인들을 다음과 같이 묘사하고 있습니다.

> 나라 안팎이 어수선해지자 이를 걱정하는 지도급 인사 세 명이 내로라 하는 사람들이 즐겨 찾는다는 북한산 자락이 있는 요정에 모여들었어.
>
> 새나라당 김치국 의원, 중견그룹의 총수인 문어발 회장, 고위관료 한미쳔 차관이 그들인데, 술이 몇 순배 돌자, 얼마 전 나라를 송두리째 뒤흔들었던 금융특혜 사건으로 대화가 모아졌고, 요정 뜰 앞에 있는 튼실한 뽕나무를 증인으로 세워 허심탄회하게 속내를 털어놓기로 했지. 그 뽕나무가 이 태조 정자 앞에 있었던 뽕나무 종자였다나봐.
>
> 먼저 김치국 의원.
>
> "거 난 전혀 몰랐던 일이오."
>
> 그런데 뽕나무가 요지부동인 거야. 김 의원이 다시 입을 열지 않을 수 없었지.
>
> "험, 알긴 알았지만 당의 입장을 생각해서 모른 척했소이다."
>
> 그래도 뽕나무가 요지부동이자, 김 의원의 얼굴이 흙빛이 되며 말했지.

"뭐, 우리끼리니까 얘기하는 건데 적당히 간여는 했소이다만 다 그렇고 그런 것 아니겠소."

그때서야 뽕나무가 사정없이 흔들렸지.

다음 문어발 회장.

"도대체 기업을 그런 식으로 운영해서야. 난 그렇게 기업 한 적이 없지요."

이번에도 뽕나무는 요지부동이었어.

"뭐, 조금 뿌리긴 했습니다만, 아무래도 기업을 하자면."

그래도 뽕나무는 역시 미동도 않았어. 할 수 없어진 문어발 회장이 마지막으로 말했어.

"음, 기왕 말이 나왔으니 얘긴데 엄청 뿌렸지요. 그 액수를 생각하면 심장이 벌렁벌렁 뛰어서 잠도 오질 않는다니까요."

그러자 뽕나무가 심하게 흔들렸지.

한미천 차관 또한 사정은 마찬가지였어.

"정말 나라 일이 걱정이구려. 나란 사람은 워낙 주변머리가 없어서."

역시 뽕나무는 꼼짝도 않았지.

"가끔 사과 상자를 보내오는 사람이 있기는 했지만, 제가 원래 과일을 싫어해서."

그래도 뽕나무는 요지부동인 거야. 한미천 차관 역시 다시 입을 열지 않을 수 없었지.

"그냥 떡값으로 조금. 그래, 먹을 만큼 먹었다. 이제 됐냐?"

그제서야 뽕나무가 있는 힘을 다해 흔들거렸지.

이렇게 뽕나무가 세 번 크게 흔들리는 동안, 므성했던 뽕나무 잎은 죄다 떨어지고, 튼실했던 뽕나무는 마침내 뿌리가 드러난 채 길게 드러누워 버렸다는 슬픈 얘기가 있어.

이 글 속에 등장하는 세 사람은 현대를 살아가는 우리 모두를 가리키고 있으며, 마침내 뿌리가 뽑혀 쓰러지는 뽕나무는 이 사회를 의미하고 있습니다. 다시 말해 시인은 이 글을 통하, 욕망에 사로잡혀 온갖 탈법과 불법을 자행하고서도 자신마저 속이며 거짓으로 일관하는 우리 모두에 의해 마침내 뿌리째 흔들리며 쓰러져 가고 있는 이 사회를 풍자, 고발하고 있는 것입니다.

지난 1일 끝난 한보 청문회를 두고, 그런 청문회라면 아니함만 못하다는 비판론이 만만치 않습니다. 출석한 증인들 대부분이 부인과 거짓으로 일관한 데 비해, 그들을 심문하는 의원들의 한계로 인해 진실과 사건 실체 규명이 턱없이 미흡했기 때문입니다. 그래서 진실을 말할 수밖에 없는 선진국의 청문회를 예로 들며 이 땅에서의 청문회 무용론까지 제기되고 있습니다. 그 나름대로 다 타당한 이야기들입니다.

그러나 저의 좁은 소견으로는, 오히려 그러하기 때문에 이번 청문회는 우리 모두에게 그 무엇과도 바꿀 수 없는 값진 교훈과 소득을 안겨 주었다고 판단하고 있습니다. 즉 이번 청문회를 통하여 국민 모두는 우리 자신이 얼마나 위선적이고 비도덕적인지, 얼마나 거짓이 체질화되어 있는지, 그리고 우리 자신에게 주어진 책무에 대해 얼마나 게으른지 확인할 수 있었습니다.

왜 그렇게 단언할 수 있습니까? 청문회의 심문석과 증인석에 앉았던 그들은 우리와 다른 별천지의 사람들이 아니라 바로 우리 자신들의 실상이었기 때문입니다. 평소에 우리 모두가 정직하게 살면서 정직한 사회를 이루어 왔다면, 증인들이 그처럼 천연덕스럽게 거짓 증언을 하지는 못했을 것입니다. 아니 정직한 사회였다면 한보사건 자체가 불가능했을 것입니다. 평소 우리 모두가 주어진 책무를 완수하기 위해 최선을 다하며 내 직업을 통해 사회 정의를 구현하려 애쓰는 자들이었다면, 국회의원들이 그처럼 준비 없이 혹은 무책임하게 심문에 임한다든가, 철저하게 당리당략에 의해 청문회장에서 여야 의원들끼리 서로 싸우는 추태를 부리지는 않았을 것입니다.

그렇기에 우리는 그 청문회장에 앉아 있던 사람 그 누구도 일방적으로 비난할 수가 없습니다. 도리어 감사를 드려야 할 판입니다. 그들이야말로 우리 모두의 실체를 정확하게 비추어 주는 거울 역할을 잘 담당해 준 까닭입니다.

이제 한보사건은 관련자 몇몇 사람들이 사법처리 당하는 것으로 마무리 수순을 밟게 될 것입니다. 그러나 그 몇 사람들이 단죄당하는 것으로 이 사회가 정의로워지지 않으리라는 것을 누구보다 우리 자신이 더 잘 알고 있습니다. 왜입니까? 불의와 거짓에 관한 한 우리 모두 공범이기 때문입니다. 우리 모두가 정직해지지 않는 한 두고 보십시오. 온 나라를 뒤흔들 대형 비리사건은 앞으로도 꼬리를 물고 이어질 것입니다.

이번 사건으로 형이 확정되는 사람들은 소위 유죄가 될 것입니다. 그렇다면 우리는 무죄입니까? 그렇습니다. 현행법으로 우리는 분명 무죄입니다. 그러나 이와 같은 사건들이 우리 모두의 부정직에서 비롯되었다면, 우리가 요행히 세상 법정은 피했을지라도 하나님의 법정을 모면할 수는 없습니다. 철저하고 완벽한 사전준비 없이 청문회장에 나와 호통이나 일장 연설을 일삼던 국회의원들은 다음 선거 때가 되면 또 현란한 말솜씨로 선거구민들의 표를 모아 의원직을 계속 유지할 수도 있을 것입니다. 그러나 그들에게 이 시대의 의원직을 맡겨주신 하나님의 냉엄한 평가만큼은 어떤 경우에도 오도하지 못할 것입니다.

하나님을 믿는 우리는 결코 잊지 말아야 합니다. 우리에 대한 하나님의 심판과 평가는 사람의 그것과는 근본적으로 다르다는 사실을 말입니다. 하나님의 심판은 언제나 결과가 아니라 원인과 동기에 대한 심판이고, 형태가 아니라 본질에 대한 심판이며, 과녁판이 아니라 과녁을 향한 조준에 대한 심판임을 기억해야 합니다. 이것을 망각할 때 우리가 세상 법정은 용케 피해 갈 수 있으나 하나님 앞에서는 유죄로 끝날 수밖에 없는 것입니다. 오늘 본문이 우리에게 주는 메시지가 바로 이것입니다.

본문 11절 상반절을 통하여 주님께서 "위에서 주지 아니하셨더면 나를 해할 권세가 없었으리니"라고 말씀하신 바, 이 말씀의 의미에 대하여는 지난 주일 깊이 생각해 보았습니다. 그런데 주님께서는 11절 하반절을 통하여 오늘 아침 이렇게 말씀하고 계십니다.

"그러므로 나를 네게 넘겨준 자의 죄는 더 크니라."

참으로 놀라운 말씀이 아닐 수 없습니다. 위로부터, 하나님으로부터 맡겨진 권세를 '나의 것'으로 착각하여 그 하나님의 것으로 하나님의 아들을 죽인 빌라도는 참으로 어리석은 죄인이 아닐 수 없습니다. 진리이신 성자 하나님을 못 박아 죽이는 죄보다 더 큰 죄가 어디에 있겠습니까?

그런데 주님께서는 그 빌라도보다 더 큰 죄인이 있다고 단언하고 계십니다. 그가 도대체 누구입니까? 바로 주님을 죽여 달라며 빌라도에게 넘겨준 자였습니다. 그가 구체적으로 누구입니까? 좁게는 이 살인극의 음모를 뒤에서 총지휘한 대제사장이요, 넓게는 대제사장의 사주를 받아 예수님을 십자가에 못 박아 죽이라며 함성을 질러댔던 유대인 모두였습니다. 그들이 예수님을 모함하여 빌라도에게 넘기고 압력을 행사하지 않았던들, 빌라도가 예수님께 사형을 언도할 리가 없었습니다.

무슨 뜻입니까? 주님께서는 맡겨진 권세를 오용하여 진리를 못 박은 빌라도의 죄를 묵과하지 않으셨지만, 그렇다고 해서 예수님을 무고히 넘긴 유대인들의 죄를 간과치도 않으셨습니다. 오히려 사형을 언도한 빌라도의 죄보다도, 빌라도로 하여금 사형을 언도할 수밖에 없도록 원인제공을 한 유대인들의 죄가 더 크다는 사실을 분명히 하셨습니다. 하나님의 심판은 동기와 원인, 본질과 조준에 대한 심판임을 아셨던 것입니다.

그러나 유대인들은 이 중요한 사실을 알지 못했습니다. 그들이 보기에 빌라도의 법정에서 사형선고를 받은 자는 예수님뿐이었습니다. 그 판결에 대해 책임이 있다면 그것은 전적으로 그 판결을 내린 빌라도의 책임일 뿐이었습니다. 그들 자신은 철저하게 무죄라고 확신했습니다. 그래서 마태복음 27장 24절과 25절에 의하면, 빌라도가 예수님께 사형을 선고하면서 유대인들을 향해 "나는 이 사람의 피에 대하여 무죄하니 너희가 핏값을 당하라"고 말했을 때, 유대인들은 자신있게 "그 핏값을 우리와 우리 자

손에게 돌리라"고 외쳤습니다. 자신들은 무죄이기에 그런 일은 결코 일어나지 않으리라고 확신했던 것입니다.

   그러나 그 뒤 역사는 어떻게 전개되었습니까? 그들은 그 직후 고향을 잃고 온 세계를 나라 없이 유리하며 2,000년 동안이나 도처에서 피흘리는 고통의 삶을 살아야만 했습니다. 그것이야말로 하나님의 심판이었습니다. 하나님의 심판은 원인과 동기에 대한 심판, 조준과 본질에 대한 심판이었던 것입니다.

   오늘날 우리 사회의 청소년 문제는 이미 위험수위를 넘어섰습니다. 어떤 의미에서는 통제 불능입니다. 그러나 문제 청소년은 하루 아침에 생기는 것이 아니라는 의미에서, 청소년 문제는 곧 어린이 문제입니다. 어린이들에게 뿌려진 문제의 씨앗들이 청소년기에 들어 발아하는 것입니다. 오늘날 우리 어린이들의 심성은 날로 황폐화되고 있으며, 정서는 더욱 불안해지고, 언행은 점점 거칠어져 가고 있습니다. 이 어린이들이 이제 청소년기를 거치면서, 얼마나 많은 숫자가 소위 문제 청소년으로 전락할 것인지 생각만 해도 가슴이 답답합니다. 적발된 비행 청소년들은 법의 심판을 받을 것입니다.

   그렇다면 이미 청소년기를 지난 우리 어른들은 무죄입니까? 그렇습니다. 분명히 세상의 법정에서 우리는 완전한 무죄입니다. 그러나 하나님의 법정은 다르다는 사실을 잊어서는 안 됩니다. 하나님께서는 오늘날 이 땅의 어린이들과 청소년들이 병들 수밖에 없도록 병든 사회를 만들어 놓은 우리 어른들에게 유죄를 선고하시고 중형을 언도하실 것입니다. 하나님의 심판은 원인과 동기, 조준과 본질에 대한 심판인 까닭입니다.

이 도시에 어린이들의 심성을 순화시켜 줄 수 있는 숲이라도 하나 제대로 있습니까? 어린이들의 마음을 따뜻하게 해줄 한국 영화 한 편, TV 프로그램 하나 있습니까? 이 땅에 어린이들의 정서를 아름답게 개발시켜 줄 어린이들만의 공간이 있습니까? 이 땅에 어린이들의 인격을 포근히 감싸줄 참된 교육이 있습니까? 이 땅 위의 크고 작은 집들은 모두 어린이들에게 사랑과 꿈과 행복을 심어주는 사랑의 공동체입니까? 이 땅의 부모들은 하나님께서 믿고 맡겨주신 아이들에게 좋은 부모가 되기 위해, 진정 열심히 애쓰며 노력하고 공부하는 부모들입니까?

어떻습니까? 들여다볼수록 이 도시는 거대한 욕망덩어리 아닙니까? 범죄의 소굴이 아닙니까? 온통 콘크리트 감옥이 아닙니까? 지위고하를 막론하고 태연히 거짓말을 일삼는 위선자들의 수용소가 아닙니까? 무엇을 만들든지, 어떻게 광고하든지 상관없이 돈만 벌면 된다는 배금주의자들의 격투장이 아닙니까? 온 길거리와 극장, TV는 음란물이나 폭력물 아니면 저질 코미디의 전시장이 아닙니까?

누가 이 사회를 이렇게 만들었습니까? 바로 부정직하게 살았던 우리 자신이 아닙니까? 우리 모두가 병든 아이들의 원인이요 동기 아닙니까? 이러고서도 우리의 어린이들이 바르게 자라기를 바라고 청소년들이 건전하게 성장하기를 바란다면, 이보다 더 큰 자가당착이 어디에 있겠습니까? 이 열악한 환경 속에서도 정말 참되고 바르게 자라나는 아이들이 있다면, 우리는 그 아이들 앞에 무릎을 꿇고 울면서 감사해야 할 것입니다. 그것이야말로 기적이기 때문입니다.

이 사회를 이 지경으로 만들어 놓고서도 세상에서 무죄라 하여 하나님 앞에 서도 무죄라고 된다면, 그 사람은 아직까지 하나님을 믿지 않는 사람임에 틀림없습니다.

사랑하는 교우 여러분!

오늘 어린이 주일을 맞이하여 우리 현실을 보면 너무 절망적이지 않습니까? 그럼에도 불구하고 우리에게 소망이 있는 것은 우리에게 내일이 있기 때문입니다. 우리에게 내일이 있다는 것은 하나님께서 여전히 우리를 믿으시고 또다시 기회를 주신다는 것을 뜻합니다. 이런 의미에서 우리에게 내일이 있다는 것보다 더 큰 소망이 또 있겠습니까?

우리가 어제 잘못 살았던 결과로 오늘 이 땅의 어린이들이 시들어가고 있다면, 내일 그들이 건강하게 설 수 있도록 오늘부터 우리 자신을 바로 세우십시다. 도마 위에 오른 몇몇 정치인이나 기업인을 비난만 할 것이 아니라 그들과 공범이었던 우리 자신들을 진리 위에서 바르게 가꾸기 시작하십시다. 우리 모두 뛰쳐나가 진리 안에서 정직과 정의와 사랑으로 이 사회를 새로이 건설하십시다. 그것만이 어린이 주일을 맞는 오늘 이 땅의 어린이들을 위한 가장 값진 선물인 동시에, 우리를 믿으시고 당신의 자녀를 맡겨주신 하나님에 대한 가장 확실한 보답이 될 것입니다. 그때 하나님께서는 우리를 통하여, 우리의 어린이들이 밝고 아름답게 자랄 수 있는 건강한 내일을 친히 일구어 주실 것입니다. 하나님께서는 우리의 바른 원인과 동기, 참된 조준과 본질을 기뻐 사용하시는 분이기 때문입니다.

하나님!

이 사회가 거짓과 불의, 부정과 부패로 가득 찬 병든

사회라면, 이제껏 부정직했던 우리 모두가 공범이었음을
주님 앞에 고백드립니다. 이 병든 사회 속에서 사랑하는
어린이들이 무참하게 시들어가고 있다면, 우리 모두가
가해자였음을 주님 앞에 자복합니다.
동기와 원인, 조준과 본질에 대하여 심판하시는 주님!
바로 우리가 유죄임을 알아 우리의 모든 죄와 허물과
무지와 어리석음을 회개하오니 용서하여 주시옵소서.
이제 진리 위에서 우리를 먼저 바로 세우고, 나아가
하나님의 정의와 진리와 사랑으로 이 나라를 새로이
가꾸는 주님의 참된 역군들이 되게 하여 주옵소서.
그리하여 이 땅에 병들고 시든 어린이들과 청소년들에게
하나님의 치유가 임하게 하옵시고, 그들이 밝고 아름답게
살 수 있는 건강한 내일을 허락하여 주옵소서.
하나님의 심판과 평가는 언제나 원인과 동기, 조준과
본질에 관한 것임을 기억하는 참된 그리스도인, 참된
부모가 되게 하옵소서. 아멘.

# 19
# 재판석에 앉았더라

유대인들이 대답하되
"우리에게 법이 있으니 그 법대로 하면 저가 당연히 죽을 것은
저가 자기를 하나님 아들이라 함이니이다."
빌라도가 이 말을 듣고 더욱 두려워하여 다시 관정에 들어가서
예수께 말하되 "너는 어디로서냐?" 하되
예수께서 대답하여 주지 아니하시는지라.
빌라도가 가로되 "내게 말하지 아니하느냐?
내가 너를 놓을 권세도 있고 십자가에 못 박을 권세도
있는 줄 알지 못하느냐?" 예수께서 대답하시되
"위에서 주지 아니하셨더면 나를 해할 권세가 없었으리니
그러므로 나를 네게 넘겨준 자의 죄는 더 크니라" 하시니
이러하므로 빌라도가 예수를 놓으려고 힘썼으나
유대인들이 소리질러 가로되
"이 사람을 놓으면 가이사의 충신이 아니니이다. 무릇
자기를 왕이라 하는 자는 가이사를 반역하는 것이니이다."
빌라도가 이 말을 듣고 예수를 끌고 나와서
박석(히브리 말로 가바다)이란 곳에서 재판석에 앉았더라.
이 날은 유월절의 예비일이요 때는 제6시라.
빌라도가 유대인들에게 이르되 "보라, 너희 왕이로다."
저희가 소리지르되 "없이 하소서! 없이 하소서!
저를 십자가에 못 박게 하소서!"
빌라도가 가로되 "내가 너희 왕을 십자가에 못 박으랴?"
대제사장들이 대답하되
"가이사 외에는 우리에게 왕이 없나이다" 하니,
이에 예수를 십자가에 못 박히게 저희에게 넘겨주니라.

요한복음 19:7~16

저녁을 먹으면서 셋째 아이가 수수께끼를 냈습니다. 어떤 사람이 신통한 도술을 행하는 도사를 만나 이런 부탁을 했다고 합니다.

"도사님, 이제껏 저는 늘 엑스트라 아니면 졸개로 살아 왔습니다. 제발 부탁드리오니 저를 위대한 스타인 동시에 왕의 자리에 앉게 해주시지 않겠습니까?"

그랬더니 도사가 그 사람의 청을 즉석에서 들어주었는데, 과연 그 사람이 무엇이 되었겠느냐는 것이었습니다.

여태껏 아이들의 수수께끼에 답을 맞혀 본 적이 없는 저였기에, 그 날도 셋째에게 답을 물었습니다. 답은 아주 간단했습니다. '스타킹'이었습니다. 그 사람이 원했던 대로 스타(star)와 킹(king)이 동시에 된 것이었습니다. 그 소리에 식사하던 온 식구가 웃었습니다. 저도 얼마나 웃었는지 모릅니다. 그런데 박장대

소하는 제 마음속에서 이런 소리가 울려 퍼졌습니다. '맞다 맞아. 넘볼 수 없는 자리를 넘보거나 차지하면 아무 것도 안 된다.'
60년대 말경에 이런 노래가 유행한 적이 있었습니다.

> 빙글빙글 도는 의자
> 회전 의자에
> 주인이 따로 있나
> 앉으면 주인이지

당시에 자고 일어나면, 자격을 갖추지 못한 자들이 낙하산을 타고 내려와 아무 자리나 마구 차지하는 세태를 풍자하고 비판하는 노래였습니다.
그런데 지나놓고 보니까 어떻습디까? 어느 자리이건 아무나 앉기만 하면, 정말 그 사람이 그 자리의 주인이 됩디까? 앉아 있는 동안 주인이라 불릴 수는 있습니다. 그러나 그가 그 자리에 앉을 만한 자격을 갖추지 못한 사람일 때, 혹은 자신의 자리에 대한 책임과 의무를 다하지 않거나 못하는 사람일 때, 그 자리에서 제대로 되는 것이라고는 아무 것도 없습니다. 오히려 자리에 앉아 있는 장본인은 물론이요 그 주위에 있는 사람들에게 심각한 피해를 준다는 것이 과거가 주는 교훈입니다.
근래에 들어와서 조선왕조의 제26대 왕인 고종에 대한 새로운 평가가 시도되고 있습니다. 즉 고종이 무능하게만 전해지는 것은 일제에 의한 조작이요, 실제로는 조선의 독립을 지키기 위해 여러 모로 애쓴 기록들이 있다는 것입니다. 세계 어느 나라 왕치고 자기 나라와 자기 왕권이 망하는 것을 달가워할 왕이 있겠습니까? 그런 경우에는 누구든지 나라를 지키기 위해 애쓸 것입니다. 그러나 나라를 지키기 위해 애쓴다는 것과 나라를 지킬 능력을 갖추고 실제로 나라를 지켜낸다는 것은 결코 같은 말이 아닙니다. 이런 의미에서 아버지 대원군과 왕비 민비, 그리고 외척들의 틈바구니에 끼어 왕권 한번 제대로 행사해 보지 못한 채 망국의 발판만을 제공했던 고종은, 그 격동의 시기에 왕의 자리에 앉을 만한 적격의 인물이었다고 말하기는 대단히 어렵습니다. 그가 왕의 자리에 앉아 있는 동안 되는 일이라고는 아무 것도 없었습니다. 왕으로서의 자격을 갖추지 못한 채 왕의 자리에 앉았을 때, 왕의 자리에 앉은 후에도 왕으로서의 책임과 의무를 다하지 못했을 때, 그것은 고종 한 개인이 독살당하는 비극으로만 끝나지 않았습니다. 온 민족이 나라를 송두리째 잃고 오랜 기간 동안 식민통치의 고통을 겪어야 했고, 그 후유증은 광복 50여 년이 지난 오늘날까지 각 방면에 걸쳐 남아 있습니다. 인간과 자리의 관계가 얼마나 중요한지를 보여 주는 좋은 예입니다.

  이것은 우리 모두에게 해당되는 이야기입니다. 무릇 살아 있는 사람은 다 자리에 앉아 있는 자들이기 때문입니다. 죽은 자에게도 죽은 자를 위한 자리가 있기 마련인데, 어찌 산 사람에게 산 사람으로서의 자리가 없겠습니까? 우리는 모두 어떤 자리이든 자리에 앉아 있는 자들입니다. 그 자리가 높은 자리일 수도 있고 낮은 자리일 수도 있습니다. 큰 자리일 수도 있고 작은 자리일 수도 있습니다. 가정 안에서의 자리일 수도 있고 사회 속에서의 자리일 수도 있습니다. 이처럼 우리가 앉아 있는 자리의 모양은 다 다를 수 있지만 그러나 우리가 잊지 말아야 할 것은, 이 세상에 살아 있는 자들이 앉아 있는 모든 자리는 하나의 공통점을 지니고 있다는 사실입니다. 오늘 본문이 우리에게 주고자 하는 메시지가 바로 이것입니다.

본문 13절 상반절은 이렇게 시작되고 있습니다.

빌라도가 이 말을 듣고

도대체 빌라도가 누구로부터 무슨 말을 들었습니까? 12절은 이렇게 증거하고 있습니다.

이러하므로 빌라도가 예수를 놓으려고 힘썼으나
유대인들이 소리 질러 가로되
"이 사람을 놓으면 가이사의 충신이 아니니이다.
무릇 자기를 왕이라 하는 자는 가이사를 반역하는
것이니이다."

유대인들이 고발한 예수님을 심문한 빌라도 총독이 그분의 죄 없음을 거듭 확인하고 마지막으로 예수님을 풀어주려고 하자, 유대인들이 일제히 "스스로 왕이라 참칭한 반역자를 사형에 처하지 않는다면 당신은 가이사, 즉 로마 황제의 충신일 수가 없다"고 외쳤습니다. 그것은 이미 말씀드린 바와 같이 '왕을 자처한 자에게 사형을 선고하지 아니하면 반역자를 풀어준 당신을 로마 황제에게 고발하겠다'는 무서운 협박이었습니다. 당시 로마 황제 티베리우스는 귀가 얇은 사람인지라 온 로마에 모함이 횡행하고 있음을 유대인들도 알고 있었던 것입니다.

유대인들로부터 그 협박의 함성을 들은 빌라도가 무엇을 했는지 본문 13절 중반절은 이렇게 밝혀 주고 있습니다.

예수를 끌고 나와서 박석(히브리 말로 가바다)이란 곳에서

박석은 넓고 얇게 뜬 돌을 모자이크형으로 깔아 포장한 장소를 가리키는데, 빌라도는 바로 그 곳으로 예수님을 다시 끌고 오게 했습니다. 그 이유를 13절 하반절이 이렇게 설명하고 있습니다.

재판석에 앉았더라.

바로 그 곳 한 쪽 높은 단 위에 재판석이 있었습니다. 그 재판석에 빌라도 총독이 앉았습니다. 바로 그 자리는 빌라도 총독의 자리였던 것입니다. 총독의 자리란 백성을 재판하는 자리였습니다. 따라서 빌라도의 착석 여부에 상관없이 그것은 빌라도만의 자리였고, 그렇기에 빌라도가 서 있을 때에도 그는 실은 재판석에 앉아 있는 것과 마찬가지였습니다.

빌라도는 조금도 거리낌없이 자기 자리인 재판석에 앉았습니다. 그런데 성경 원문은 여기에서 대단히 중요한 사실을 일깨워 주고 있습니다. 본래 헬라어에는 '자리에 앉는다'는 의미의 동사가 여러 개 있습니다. 그런데 본문에서는 'kathizo'라는 동사가 사용되었습니다. 이 동사의 특징은 다른 동사들과는 달리 자동사인 동시에 타동사라는 것입니다. 따라서 본문의 동사를 자동사로 볼 때에는 빌라도가 예수님을 재판하기 위해 스스로 재판

석에 앉았다는 의미가 되지만, 타동사로 간주할 때에는 빌라도 자신이 재판을 받기 위해 자기 자신을 재판석에 앉혔다는 의미가 되는 것입니다. 빌라도가 예수님을 재판석에 앉혔다고 해석하는 일부 주경가들의 주장은 사리에 맞지 않습니다.

얼마나 놀라운 메시지입니까? 빌라도는 지금 예수님에게 최후의 선고를 내리기 위하여 재판석에 앉았습니다. 그것은 바로 자기 자리였습니다. 그는 그 자리에서 어떤 선고든 내릴 수 있습니다. 그러나 재판석에 앉아 있는 빌라도 앞에 서 계시는 예수님은 누구십니까? 그분은 바로 성자 하나님이십니다.

무슨 뜻입니까? 겉으로만 보면 지금 빌라도 총독이 예수님을 재판하기 위하여 자기 자리에 앉아 있습니다. 그러나 뚜껑을 열고 그 속을 들여다보면 상황은 정반대입니다. 빌라도는 자신에게 맡겨진 자리에 대해 얼마나 능력을 갖추고 얼마나 책임과 의무를 성실하게 다하고 있는지 주님의 재판을 받기 위해 주님의 재판석 앞에 자신을 앉혀 두고 있는 것입니다.

만약 빌라도가 이 놀라운 사실을 알았더라면 빌라도의 판결은 분명 달라졌을 것입니다. 그러나 빌라도는 이 중요한 사실을 알지 못했고 알려 하지도 않았기에, 예수님이 하나님의 아들일지도 모른다는 두려움을 갖고 있었음에도 불구하고(8절), 더우기 예수님을 직접 심문했던 자로서 예수님의 무죄를 확신하고 있었음에도 불구하고, 그 순간 목전의 여론이었던 사악한 유대인들의 협박에 못 이겨 진리이신 주님께 사형을 선고하는 어리석음을 범하고 말았습니다.

그 결과 그는 예수님을 고발했던 목전의 유대인들로부터 박수갈채를 받았을 것이며, 그들로부터 압도적인 여론의 지지를 한 순간 받았을 것입니다. 그러나 그 갈채의 순간이 물거품처럼 사라진 뒤에는 어떻게 되었습니까? 빌라도는 진리를 못 박아 죽인 중죄인으로서 오늘도 사도신경에 의해 정죄당하고 있습니다. 그것은 그 개인은 물론 자기 가문의 비극일 뿐만 아니라, 그와 타협했던 유대인들의 비극으로 귀결되고 말았습니다. 그 날 빌라도의 법정에서 재판을 받았던 자는 정작 예수님이 아니라 바로 빌라도였던 것입니다. 그것은 빌라도가 주어진 자기 자리에 대한 바른 책임과 의무를 다하지 못한 데 대한 주님의 공의로운 재판이었습니다.

우리 각자가 앉아 있는 자리의 모양과 형태는 다 다르다 할지라도 모든 자리가 갖는 하나의 공통점이 있습니다. 우리가 지금 어떤 자리를 차지하고 앉아 있든, 그것은 실은 내가 내 자신을 주님 앞에 앉혀 두었음을 의미한다는 것입니다. 다시 말하면 우리가 앉아 있는 우리의 자리는 곧 주님의 재판정이라는 것입니다. 우리는 우리에게 주어진 자리가 요구하는 능력을, 그리고 책임과 의무를 얼마나 갖추고 있느냐에 따라 사도 바울처럼 주님의 상급을 받을 수도 있고, 빌라도처럼 수치와 모멸로 끝나 버릴 수도 있습니다.

모든 사람들이 이 사실을 안다면 자신의 능력으로 넘볼 수 없는 자리를 단지 욕심으로 탐하지는 못할 것입니다. 지금 주어진 자리에 나태하거나 태만할 수는 더더욱 없을 것입니다. 지금 내가 앉아 있는 자리가 나에 대한 하나님의 재판정이기 때문입니다.

95년 말, 두 전직 대통령이 구속되었던 해 12월 첫째 주일에 당부드린 것처럼, 우리 대통령이신 김영삼 장로님을 위해 더욱 간절히 기도드립시다. 우리 손으로 선출한 대통령이기 이전에 같은 그리스도인이기에 그분을 사랑하는 마음으로 기도하십시오.

대통령 자리에 앉아 있다는 것이 당신 자신을 대통령으로 하나님 앞에 앉혀 두고 있음을, 그분이 앉아 있는 청와대가 곧 그 자리를 맡기신 하나님의 재판정임을, 사람이 누구를 무엇으로 헤아리든지 바로 그 헤아림으로 자기 자신이 헤아림을 받는 것이 하나님의 법칙임을, 사람이 무엇을 심든지 심은 대로 거두는 것이 하나님의 심판임을, 진실에 대한 참된 평가는 순간적인 여론에 의해서가 아니라 오늘을 떠난 내일의 역사, 곧 역사의 주관자이신 하나님에 의해서만 판가름됨을 그분이 깊이 깨달을 수 있도록 기도하십시오. 그래서 남아 있는 당신의 임기를 하나님 앞에서 부끄럼없이, 하나님으로부터 기름부음을 받은 장로님으로 후회 없이 잘 마무리하실 수 있도록, 그래서 오늘의 혼란이 좀더 나은 내일을 위한 전화위복의 계기가 될 수 있도록 날마다 그분을 위해 기도하십시오. 만에 하나라도 그분에게 끝내 불행한 결과가 생긴다면, 그것은 우리 국민 모두의 불행으로 귀결될 수밖에 없음을 기억해야 할 것입니다.

아울러 대통령과 마찬가지로 우리 자신의 자리에 대한 성찰을 게을리 하지 말아야 할 것입니다. 우리를 향한 하나님의 법정은 하늘 위, 산 너머 바다 건너 멀리멀리 있는 것이 아니라 우리가 지금 앉아 있는 곳에 있기 때문입니다. 이 사실을 망각한다면, 우리가 세상에서 아무리 사람들이 부러워하는 자리에 앉아 있다 할지라도 결국은 빌라도와 같을 수밖에 없을 것입니다.

우리가 앉아 있는 자리와 관련하여 반드시 기억해야 할 중요한 사실이 하나 더 있습니다. 이 세상의 모든 자리는 실은 선택의 대상이라 할 수 있습니다. 정치인이나 공직자의 자리를 선택할 수도 있고 기업인이나 교육자의 자리를 택할 수도 있습니다. 그 누구도 강요하지 않습니다. 남편이나 아내의 자리, 부모의 자리도 따지고 보면 선택의 결과입니다. 그 자리를 원치 않는다면 결혼하지 않고 독신으로 살면 되기 때문입니다. 그런데 이 세상엔 결코 인간의 선택 대상이 될 수 없는 자리, 아무도 선택할 수 없는 자리가 딱 하나 있습니다. 바로 자식의 자리입니다. 자식의 자리만큼은 선택의 여지가 전혀 없습니다. 이 세상 그 누구도 자식으로서의 자기 자리를 선택할 권리를 갖고 태어나지 않습니다. 자식이란 자리는 하나님이 일방적으로 주시는 자리인 것입니다.

 나머지 모든 자리에 대해서는 인간에게 선택권을 주셨지만 자식의 자리만큼은 하나님께서 친히 결정해 주신다는 것은, 하나님께서 인간에게 주신 자리 가운데 자식의 자리를 가장 중요하게 여기심을 의미합니다. 따라서 우리가 우리 부모님에 대하여 자식으로서 책임과 의무를 다하지 않는 것은 내 자신의 뿌리를 부정하는 짓인 동시에 부모님을 통해 우리에게 생명을 주신 하나님을 모독하는 행위인 것입니다.

 바로 이것이 하나님께서 십계명 중 사람과의 관계에 더한 첫째 계명, '네 부모를 공경하라'는 계명을 주신 이유입니다. 바꾸어 말하면 하나님께서 우리를 재판하시는 첫번째 재판정은 우리가 앉아 있는 자식의 자리라는 의미입니다. 따라서 부모 공경은 선택사항이 아니라 하나님의 절대적인 명령입니다. 눈에 보이는 부모님을 진정으로 공경할 수 있는 자만이 눈에 보이지 않는 하나님을 충심으로 사랑할 수 있기 때문입니다.

사랑하는 교우 여러분.
어버이 주일을 맞은 이 아침, 내가 자식의 자리에 앉아 있다는 것은 나 자신을 자식의 신분으로 하나님의 재판정 앞에 세우고 있음을 의미한다는 것을 잊지 마십시오. 뿌린 대로 거둔다는 것은 부모 공경에도 예외 없이 적용되는 하나님의 법칙입니다.

네 부모를 공경하라.
그리하면 너의 하나님 나 여호와가 네게 준 땅에서
네 생명이 길리라. (출 20:12)

이것은 선택의 여지가 없는 하나님의 명령입니다.

하나님 아버지.
지금 우리가 어떤 자리에 앉아 있든지 실은 그 자리가
바로 하나님의 재판정임을 잊지 말게 하소서.
그 자리를 맡은 청지기로서 갖추어야 할 능력과 자질을
배양하기에 최선을 다하게 하시고, 그 자리에 대한
그리스도인으로서의 책임과 의무를 다하게 하심으로써
우리가 앉아 있는 자리에서 덧없는 나의 뜻이 아니라
영원하신 하나님의 섭리가 날마다 이루어지게 하옵소서.
무엇보다 선택의 여지 없이 우리에게 주어진 자식의
자리를 잘 감당케 하여 주시옵소서. 눈에 보이는 부모님을
바르게 공경할 수 있는 사람만이 보이지 않는 하나님을
충심으로 섬길 수 있으며, 그 사람만이 부모의 자리를,
남편의 자리를, 아내의 자리를, 사회인으로서의 자리를,

그리스도인으로서의 자리를 바르게 지킬 수 있음을
잊지 말게 하옵소서.
특별히 이 시간 우리의 대통령이신 김영삼 장로님을
위하여 기도드립니다. 지금 대통령인 자신을 하나님의
재판정 앞에 세우고 있다는 사실을 알게 하셔서 노련한
정치인으로서가 아니라 하나님과 동행하는 진실한
그리스도인으로 남은 임기를 잘 마무리할 수 있도록
자비를 베풀어 주옵소서. 조변석개하는 여론이 아니라,
내일의 역사와 역사의 주관자이신 하나님 앞에서 마땅히
나아가야 할 길을 바르게 선택할 수 있도록 대통령께
은총을 베풀어 주옵소서. 그리하여 오늘의 이 모든 혼란이
좀더 건실하고 정의로운 내일을 건설하기 위한 생산적인
진통으로, 긍정적인 발판으로 승화되게 하여 주옵소서.
아멘.

# 20
# 유대인의 왕

이러하므로 빌라도가 예수를 놓으려고 힘썼으나
유대인들이 소리질러 가로되
"이 사람을 놓으면 가이사의 충신이 아니니이다. 무릇
자기를 왕이라 하는 자는 가이사를 반역하는 것이니이다."
빌라도가 이 말을 듣고 예수를 끌고 나와서
박석(히브리 말로 가바다)이란 곳에서 재판석에 앉았더라.
이 날은 유월절의 예비일이요 때는 제6시라.
빌라도가 유대인들에게 이르되 "보라, 너희 왕이로다."
저희가 소리지르되 "없이 하소서! 없이 하소서!
저를 십자가에 못 박게 하소서!"
빌라도가 가로되 "내가 너희 왕을 십자가에 못 박으랴?"
대제사장들이 대답하되
"가이사 외에는 우리에게 왕이 없나이다" 하니,
이에 예수를 십자가에 못 박히게 저희에게 넘겨주니라.
저희가 예수를 맡으매 예수께서 자기의 십자가를 지시고
해골(히브리 말로 골고다)이라 하는 곳에 나오시니,
저희가 거기서 예수를 십자가에 못 박을새
다른 두 사람도 그와 함께 좌우편에 못 박으니
예수는 가운데 있더라.
빌라도가 패를 써서 십자가 위에 붙이니
'나사렛 예수 유대인의 왕'이라 기록되었더라.
예수의 못 박히신 곳이 성에서 가까운 고로 많은 유대인이
이 패를 읽는데, 히브리와 로마와 헬라 말로 기록되었더라.
유대인의 대제사장들이 빌라도에게 이르되
"'유대인의 왕'이라 하지 말고 '자칭 유대인의 왕'이라 쓰라"
하니, 빌라도가 대답하되 "나의 쓸 것을 썼다" 하니라.

요한복음 19:12~22

빌라도 총독은 예수님의 무죄를 믿었고 또 하나님의 아들일지도 모른다는 두려움을 갖고 있었음에도 불구하고, 왕을 자처하는 자를 사형시키지 아니하면 로마 황제의 충신일 수가 없다는 유대인들의 협박에 굴복하여 박석 위에 설치되어 있는 재판석에 앉아 사형을 선고하고 말았습니다. 본문 16절은 이렇게 증거하고 있습니다.

이에 예수를 십자가에 못 박히게 저희에게 넘겨주니라.

여기에서 '저희'란 넓은 의미에서는 예수님을 고발한 대제사장들과 유대인 무리들을, 그리고 좁게는 이제 빌라도의 선고에 따라 예수님에게 십자가 사형을 집행할 로마 군병들을 뜻하고 있습니다. 그 이후에 무슨 일이 전개되었는지 본문은 다음과 같이 밝혀주고 있습니다.

> 저희가 예수를 맡으매 예수께서 자기의 십자가를 지시고
> 해골(히브리 말로 골고다)이라 하는 곳에 나오시니,
> 저희가 거기서 예수를 십자가에 못 박을새
> 다른 두사람도 그와 함께 좌우편에 못 박으니
> 예수는 가운데 있더라. (요 19:17~18)

마침내 예수님을 못 박을 십자가가 골고다 언덕 위에 세워졌습니다. 그런데 그 날 예수님 외에 다른 두 사람도 같은 현장에서 십자가에 못 박혔는 바, 그 두 사람이란 다른 복음서가 알려주는 바와 같이 강도들이었습니다.

자, 이제 이 장면을 머리 속에 한번 그려보십시다. 지금 골고다 언덕 위에 세 개의 십자가가 세워져 있습니다. 각각의 십자가 위에는 남자 1명씩이 못 박혀 있습니다. 그들은 모두 옷이 벗겨진 채입니다. 세 사람 다 손과 발에 못이 박혀 있습니다. 그러므로 세 사람은 지금 똑같은 자세로 똑같은 부위에서 피를 흘리고 있습니다. 말하자면 겉으로 보기에 세 사람의 모습은 똑같습니다. 피흘리며 괴로워하는 그 자체로서는 세 사람 사이에 아무런 차이나 구별이 있을 수 없습니다.

더욱이 가운데 계신 예수님의 좌우편에 있는 자들은 흉측한 강도들이었습니다. 지금 주님께서는 강도들 중간에서 외관상 강도와 똑같은 모습으로 못 박힌 채 피흘리고 계시는 것입니다. 바꾸어 말하면, 주님께서는 강도 사이에서 강도처럼 못 박혀서 강도처럼 죽어가고 계시는 것입니다. 바로 이것이야말로 예수님을 고

발한 대제사장들을 비롯한 유대인들이 원하고 바라던 바였습니다. 그들이 보기에 스스로 하나님의 아들이요 유대인의 왕이라 자처하는 달동네 나사렛 출신의 빈민 예수는 흉측한 강도일 수밖에 없었고, 그런 자는 강도와 함께 강도처럼 처형당함이 마땅하다 확신하고 있었기 때문입니다.

이것으로 모든 것이 다 끝난 것 같습니다. 대제사장들과 유대인들이 꾸몄던 대로 모든 상황이 종결된 것처럼 보입니다. 그러나 그런 것이 아니었습니다. 본문 19절은 다음과 같이 증거하고 있습니다.

빌라도가 패를 써서 십자가 위에 붙이니
'나사렛 예수 유대인의 왕'이라 기록되었더라.

당시 죄수를 십자가형에 처할 때에는 죄수의 이름, 직책 혹은 죄명을 쓴 패를 십자가 위에 부착하게 되어 있었습니다. 그런데 예수님의 팻말은 이례적으로 빌라도가 직접 썼는데, 그 내용은 놀랍게도 '나사렛 예수, 유대인의 왕'이라는 것이었습니다. 여기 십자가에 못 박힌 자의 이름은 나사렛 출신 예수요, 그의 직책과 죄명은 유대인의 왕이라는 의미였습니다. 다시 말해 여기 못 박힌 나사렛 예수는 유대인의 왕이요, 또 유대인의 왕이기 때문에 십자가 사형에 처해졌다는 뜻이었습니다.

그 팻말을 본 대제사장들은 그 내용에 전혀 동의할 수가 없었습니다. 그들은 결코 유대인의 왕일 수 없는 예수님이 스스로 왕임을 자처했기 때문에 기를 쓰고 예수님을 죽이려 했던 데 반해, 빌라도가 쓴 팻말은 오히려 예수님이 유대인의 왕 되심을 로마 총독이 공식적으로 인정하는 셈이 되었기 때문입니다. 그들은 다시 빌라도 총독에게 몰려가 예수님의 팻말을 '유대인의 왕'이 아니라 '자칭 유대인의 왕'으로 고쳐 줄 것을 요구하였습니다. 그때 빌라도의 반응을 본문은 이렇게 밝혀 주고 있습니다.

> 유대인의 대제사장들이 빌라도에게 이르되
> "'유대인의 왕'이라 말고 '자칭 유대인의 왕'이라 쓰라"
> 하니, 빌라도가 대답하되
> "나의 쓸 것을 썼다" 하니라. (요 19:21~22)

빌라도 총독은 그들의 요구를 일언지하에 거절하고 말았습니다. 우리는 빌라도 총독이 유대인들에게 이처럼 단호했던 이유를 충분히 짐작할 수 있습니다. 예수님의 무죄를 확신하고 있었음에도 불구하고 유대인의 협박에 굴욕적으로 사형을 언도할 수밖에 없었던 빌라도는 대 로마제국 총독으로서의 자존심이 크게 상했을 것입니다. 따라서 더 이상 유대인의 압력에 굴할 의사가 추호도 없었던 것입니다.

어쩌면 그것은 자신의 자존심을 여지없이 짓밟아 버린 유대인들에 대한 빌라도의 복수극이었는지도 모릅니다. 예수님이 유대인의 왕이라 자처한 데 대해 유대인들이 분개하여 예수님을 죽이고자 했음을 잘 알고 있는 빌라도이기에, 오히려 예수님의 팻말에 예수님을 '유대인의 왕'이라고 명기함으로써 유대인들을 멋지게 골탕먹일 수 있었던 것입니다. 빌라도 총독 본인은 로마 황제의 충신으로서, 로마 황제로부터 인정받지 않은 유대의 왕을 처단한 것이므로 당연지사일 뿐, 아무런 하자가 없었던 것입니다.

  또는, 혹시 빌라도가 예수님을 심문하면서 예수님이야말로 전혀 다른 차원에서 유대인의 왕이심을 믿게 되었는지도 모릅니다. 그것이 아니라면 빌라도 총독에게 그럴 만한 또 다른 이유가 있었는지도 모릅니다. 그러나 이 시간 우리에게 중요한 것은 그 정확한 이유의 규명이 아닙니다. 오늘 본문이 우리에게 강조하는 것은, 빌라도가 그렇게 한 이유가 무엇이든 상관없이 빌라도의 복잡미묘한 성격을 도구로 삼아 하나님께서 그 일을 행하셨다는 것입니다. 겉으로는 빌라도가 그 팻말을 쓰고 부착한 것 같지만 실은 하나님의 역사였던 것입니다.

  다시 한번 골고다의 광경을 머리 속에 그려보십시다. 그 언덕 위에 십자가 세 개가 나란히 서 있습니다. 두 강도 가운데 주님께서 강도와 같은 모습으로 못 박혀 계십니다. 강도와 같이 피를 흘리고 계십니다. 만약 그 팻말이 없었더라면 주님께서는 강도와 함께 강도처럼 운명하시고 말았을 것입니다. 그러나 하나님께서는 바로 주님의 십자가 위에 친히 팻말을 붙여 주셨습니다. 이분은 '유대인의 왕', 다시 말해 '하나님의 아들'이시요. '만인의 구세주' 시라고 말입니다. 그렇기에 이 골고다 언덕에서 그 팻말의 가치는 측정 자체가 불가능합니다. 본문 20절은 더 놀라운 사실을 증언해 주고 있습니다.

    예수의 못 박히신 곳이 성에서 가까운 고로
    많은 유대인이 이 패를 읽는데,
    히브리와 로마와 헬라말로 기록되었더라.

경이롭게도 그 팻말은 3개의 언어로 기록되어 있었습니다. 히브리어는 유대인들이 사용하는 아람어였고, 로마어란 정복자 로마제국의 공식용어인 라틴어였고, 헬라어란 로마제국 이전 오랫동안 당시의 세계를 지배했던 헬라제국의 언어로서 그 당시 라틴어보다 더 폭넓게 사용되던 대중언어였습니다.

무슨 뜻입니까? 하나님께서는 골고다 언덕 십자가 위에서 못 박혀 돌아가신 예수님, 그분이야말로 온 인류의 죄값을 대신 치르신 만인의 구세주이심을 만방에 친히 공포하신 것입니다. 예수님께서는 그 팻말로 인하여 가깝게는 바로 곁에 있는 흉측한 강도와 구별되실 수 있었고, 넓게는 자기의 죄로 죽어가는 모든 인간들과도 구분되실 수 있었고, 죽음을 깨뜨리고 다시 사실 영원한 부활주이심이 증명될 수 있었습니다. 본문이 말하고 있는 바 '유대인의 왕'이란 바로 영원하신 하나님 나라의 왕이심을 의미하기 때문입니다. 그렇다면 그 팻말이야말로 예수님께 주신 하나님의 위대한 선물이 아닐 수 없습니다. 그러나 예수님께서는 이 선물을 직접 요구하신 적이 없었습니다. 단지 하나님께서 친히 주셨을 뿐입니다. 도대체 예수님께서 무엇을 하셨길래 하나님께서 이와 같은 은총을 베푸셨습니까?

우리는 그 해답을 본문 17절 속에서 찾을 수 있습니다.

> 저희가 예수를 맡으매 예수께서 자기의 십자가를 지시고
> 해골(히브리 말로 골고다)이라 하는 곳에 나오시니

자, 본문의 장면도 한번 상상을 해보십시다. 박석 위 재판석에 앉은 빌라도 총독이 예수님에게 십자가 사형을 선고했습니다. 이

내 로마 군병들이 예수님을 끌고 나갑니다. 그리고 예수님의 어깨 위에 무거운 십자가를 지운 뒤에 골고다 언덕까지 끌고 갑니다. 이것이 바로 본문을 형상화한 모습입니다. 그런데 놀랍게도 본문은 '예수께서 자기의 십자가를 지시고'라고 증언하고 있습니다. 놀랍다는 것은 본문에 나타난 '지셨다'는 동사 'bastazo'가 수동형이 아닌 능동형으로 사용되었기 때문입니다. 즉 예수님께서는 십자가를 로마군병들이 지워주었기 때문에 어쩔 수 없이 메고 간 것이 아니라, 때가 되매 당신 스스로 져야 할 십자가를 자발적으로 지셨다는 것입니다.

본문에 십자가를 지시고 골고다로 '나오셨다'는 동사 'exerkonai' 역시 능동형으로 사용되고 있습니다. 비록 십자가를 지신 예수님께서 힘이 부쳐 도중에 넘어지기도 하시고 다른 복음서의 증언처럼 구레네 시몬의 도움을 받기는 하셨을망정, 개 끌려가듯이 어쩔 수 없이 끌려가신 것이 아니라 친히 자진하여 죽음의 골고다 언덕으로 나아가셨다는 것입니다. 참으로 귀중한 메시지가 아닐 수 없습니다.

예수님께서는 빌라도가 사형을 선고했기 때문에, 로마 군병들의 폭력에 굴복하여 원치 않는 십자가를 어쩔 수 없이 억지로 지신 것이 결코 아니었습니다. 오직 그것만이 온 인류를 죄와 죽음에서 구원하기 원하시는 하나님의 섭리를 이루는 길임을 아시고 하나님의 뜻에 순명하시기 위해 그 참혹한 십자가를 당신 것으로 생각하시고 자발적으로, 기꺼이 지셨던 것입니다. 그리고 바로 그때 하나님께서는 주님께 '유대인의 왕'이라는 선물을 주셨던 것입니다. 그것이야말로 하나님께서 예수님을 십자가의 죽음 속에 방치시켜 주시지 않고, 죽음 속에서도 반드시 책임져 주실 것이란 부활의 보증서였습니다.

우리는 여기에서, 이 땅에 육신을 입고 오셨던 주님께서 공생애를 시작하시면서부터 그토록 강조하셨던 바가 예수님 자신에 의해 구체적으로 증명되고 있음을 알게 됩니다. 매일매일 이 현실 세계 속에서 살아갈 수밖에 없는 우리에게 주님께서 주셨던 가르침의 핵심을 한 구절로 표현한다면, 그것은 두말할 것도 없이 마태복음 6장 33절이 될 것입니다.

너희는 먼저 그의 나라와 그의 의를 구하라.
그리하면 이 모든 것을 너희에게 더하시리라.

사람들은 먼저 자기의 욕망을 구합니다. 무엇보다도 먼저 자기 욕망을 좇고 따릅니다. 그 결과 한순간 많은 것을 소유할 수 있고 잠시 정상을 차지할 수 있을는지는 모르나, 결국엔 그것 때문에 화를 당하고 맙니다. 지금 세상을 온통 뒤흔들고 있는 크고 작은 사건들은 먼저 자기 욕망을 구한 결과인 것입니다.

그래서 예수님께서는 그 순서를 바꾸라고 당부하십니다. 먼저 하나님의 나라와 그의 의를 구하라는 것입니다. 먼저 하나님과 바른 관계를 맺고, 그분의 법도를 따라 살라는 것입니다. 그때 하나님께서는 우리에게 필요한 모든 것을 책임져 주신다는 것입니다. 우리가 먼저 하나님을 바르게 좇을 때 하나님께서는 우리에게 화근이 되지 않고 진정한 은총, 참된 복이 되는 것을 주십니다. 이 한 절의 말씀 속에 우리 신앙의 요체가 들어 있습니다. 이 말씀을 믿지 못하는 자는 자기의 욕망을 먼저 구할 수밖에 없고, 먼저 자기 욕망을 좇는 자는 바른 신앙인이 될 수가 없는 까닭입니다.

  그러나 예수님께서는 이 사실을 분명히 아시고 건저 하나님의 뜻을 좇아 십자가의 죽음을 자처하셨습니다. 그때 하나님께서는 예수님을 책임져 주셔서 만인의 왕으로, 영원한 생명의 부활주로 영원히 세워 주셨습니다. 말하자면 예수님께서는 하나님의 나라와 그의 의를 먼저 구하면 하나님께서 반드시 책임져 주심을 십자가 위에서 친히 증명해 보이신 것입니다.

  지난 4월에 우리의 형제 교회로서 창립 2주년을 맞이한 코스타리카 시온교회를 다녀왔습니다. 그때 저는 심한 독감을 앓고 있었는데, 특히 고통스러웠던 것은 체온의 급격한 변화로 인해 거듭되는 번열증과 한기였습니다. 열이 오르면 식은땀이 마구 흐르다가 갑자기 체온이 떨어지면서 주체할 수 없는 한기가 몰려오곤 했습니다. 그래서 가방을 챙기면서 비행기의 에어콘 냉기에 대비하여 긴 소매 스웨터와 소매 없는 조끼를 한 벌씩 넣었습니다. 그러나 들고 가는 가방이 작은 휴대용 가방인지라 짐을 줄이기 위해 소매 없는 조끼는 두고 갔습니다. 예상했던 대로 비행기 속에서도 번열증과 한기는 계속 번갈아 찾아왔습니다. 그런데 문제가 생겼습니다. 한기가 들 때 스웨터를 입으면 오히려 번열증이 일어나고, 그렇다고 벗으면 한기가 그치지 않는 것이었습니다. 바로 그 온도에서 제게 필요한 것은 소매 없는 조끼였지만, 집에 두고 왔기에 어쩔 수 없는 형편이었습니다. 바로 그때 비행기 승무원이 사은품을 주었는데, 그 사은품이 소매 없는 조끼였습니다. 집에 두고 온 조끼와 색깔마저 똑같은 것이었습니다. 그 조끼 덕분에 무리한 일정에 강행군을 하면서도 체력을 적절하게 유지할 수 있었음은 물론입니다.

 코스타리카에 도착하여 첫 날 집회를 시작하기 전 숙소에서 면도를 하던 중 면도기의 작동이 그만 멈추어 버리고 말았습니다. 1.5볼트짜리 배터리 2개를 넣는 초소형 면도기였는데, 배터리가 다 소진된 것을 모르고 있었던 것입니다. 잠시 난감했습니다. 그런데 갑자기 코스타리카행 비행기를 타기 위해 샌프란시스코를 경유하던 중, 그 곳에서 만난 교우님이 기념품이라며 주었던 조그만 상자가 생각났습니다. 가방 속에서 상자를 찾아 끌러 보니 아니나 다를까 면도기가 들어 있었습니다. 하나님의 치밀한 예비하심이었던 것입니다.

 코스타리카를 떠나기 전날 밤 그 곳 장로님 댁에서 저녁식사가 있었습니다. 젊은 집사님의 차를 타고 장로님 댁으로 갔는데, 그 차의 뒤 트렁크에는 우리 일행의 여권과 항공권이 든 가방과 짐이 들어 있었습니다. 식사를 하려는데 자리에 앉아 있던 또 한 분의 노 장로님이 보이지 않았습니다. 한참 후에 들어온 그 분은 코스타리카에는 잡범들이 많아 혹시나 싶어 그 차 뒤 트렁크에 실려 있던 우리 짐을 집안으로 옮겨 두었다고 했습니다. 식사가 다 끝나고 나갔을 때, 놀랍게도 길 양옆에 세워져 있는 그 많은 차들 중에 유독 우리가 타고 갔던 차의 유리창이 깨어진 채 뒤 트렁크가 열려 있었습니다. 만일 노 장로님이 짐을 집안으로 옮겨 놓지 않았더라면, 여권과 항공권을 잃어버린 우리의 일정은 엉망이 되어 버리고 말았을 것입니다.

 코스타리카에서 L.A.에 도착하던 날 밤, 미국 남가주 주님의 교회에서 집회가 있었습니다. 남가주 주님의 교회 역시 우리와 마찬가지로 학교 강당을 빌려 예배를 드리고 있습니다. 그런데 막상 학교에 도착해 보니, 그 날의 집회장은 강당이 아닌 체육관이었습니다. 학교 측에서 그 날 밤 강당을 쓸 일이 있어 부득불 체육관을 사용케 되었다는 것이었습니다. 집회가 끝난 뒤 교회 측의 이야기를 들으니 그 날 집회에 참여한 분이 약 700여 명이었다고 합니다. 만약 평소처럼 400명 밖에 수용할 수 없는 강당에서 집회가 열렸더라면 300여 명이나 되돌아가야 할 것을 아신 하나님께서 당신의 방법에 따라 미리 취하신 신비스런 조치였던 것입니다.

사랑하는 교우 여러분.

저는 여러분들에 비해 정말 부끄러운 삶을 살았던, 형편없는 인간이었습니다. 지금도 하나님 앞에서 여러분들보다 나을 것이 아무 것도 없는 중죄인입니다. 그럼에도 불구하고 하나님의 나라와 그의 의를 먼저 구하려 애쓸 때, 하나님께서는 이처럼 한치의 오차도 없이 책임져 주고 계시는 것입니다. 하물며 하나님께서 사랑하시는 여러분들이 먼저 하나님의 나라와 그의 의를 구할 때 어찌 하나님께서 여러분을 책임져 주시지 않겠습니까?

개인의 행복과 평강, 그리고 사회 정의도 여기에서부터 시작됩니다. 하나님께서 주시는 것만이 나를 망치는 화근도, 남을 해치는 독소도 아닌, 모두를 살리는 하나님의 참된 은총이요 영원한 복이기 때문입니다.

너희는 먼저 그의 나라와 그의 의를 구하라.
그리하면 이 모든 것을 너희에게 더하시리라.

사랑의 하나님 아버지!

오늘은 성령강림주일입니다. 우리를 사랑하시기에 하나님 아버지께서 이 땅에 보내주신 성령님께서는 오늘도 우리 마음속에 계시면서 우리가 먼저 구해야 할 것이 무엇인지 일깨워 주심에도 불구하고, 어리석게도 우리는 먼저 우리의 욕망을 좇고 구하는 허망한 삶을 살아왔습니다. 오늘 우리 사회가 이토록 혼란스러운 것은 우리 모두가 잘못 구해온 결과임을 깨닫게 해주시니 감사합니다. 구하오니 이 시간 우리 모두에게 성령 충만함을 허락하여 주옵소서. 성령님의 인도하심과 성령님의 조명 아래 바로 거하여 먼저 구해야 할 것을 분별하여 먼저 실행하는 자가 되게 하여 주옵소서. 그리하여 하나님의 뜻을 먼저 구한 주님의 십자가가 생명과 구원의 표적으로 하나님에 의해 세움 받듯이 "너희는 먼저 하나님의 나라와 그의 의를 구하라. 그리하면 이 모든 것을 더하여 주시리라"는 주님의 말씀이 우리의 삶을 통하여 이 땅에 성육신케 하옵시고, 그와 같은 우리의 삶으로 인해 이 사회가 하나님의 진리와 생명과 정의로 충만한, 복되고 참된 사회가 되게 하옵소서. 아멘.

## 21
## 해골이라는 곳

저희가 예수를 맡으매 예수께서 자기의 십자가를 지시고
해골(히브리 말로 골고다)이라 하는 곳에 나오시니,
저희가 거기서 예수를 십자가에 못 박을새
다른 두 사람도 그와 함께 좌우편에 못 박으니
예수는 가운데 있더라.
빌라도가 패를 써서 십자가 위에 붙이니
'나사렛 예수 유대인의 왕'이라 기록되었더라.
예수의 못 박히신 곳이 성에서 가까운 고로 많은 유대인이
이 패를 읽는데, 히브리와 로마와 헬라 말로 기록되었더라.
유대인의 대제사장들이 빌라도에게 이르되
"'유대인의 왕'이라 하지 말고 '자칭 유대인의 왕'이라 쓰라"
하니, 빌라도가 대답하되 "나의 쓸 것을 썼다" 하니라.

요한복음 19:17~22

지난 4월 방문했던 코스타리카에서 창립 2주년을 기념하는 집회가 사흘간 계속되었는데, 마지막 날은 4월 20일 주일이었습니다. 주일 낮예배가 끝난 뒤, 저녁 시간 마지막 집회를 위해 숙소에서 쉬고 있을 때였습니다. 갑자기 열린 창밖에서 폭포수가 떨어지는 것 같은 요란한 소리가 들렸습니다. 순식간에 폭우가 쏟아지는 것이었습니다. 그 정도가 얼마나 대단한지 창문을 닫아걸어도 소리는 여전하였습니다. 마치 하늘에서 물을 쏟아 붓는 것 같은 굉장한 광경이었습니다. 유리창 너머로 그 폭우를 바라보면서, 오늘 저녁 교우님들이 저 폭우를 뚫고 교회를 오려면 얼마나 힘들까 생각하니 괜히 저의 마음이 안쓰러워지는 것이었습니다.

저녁 집회 시작 시간인 5시 30분에 맞추어 우리 일행을 데리러 그 곳 장로님이 숙소에 당도할 때에도, 여전히 비는 무섭게 쏟아지고 있었습니다. 그런데 우리를 만난 장로님의 일성은 "비가 와서 너무 너무 감사하다"는 것이었습니다. 낮에 비가 오는 것이 너무 기뻐 평소에 자던 낮잠도 그 날만은 자지 못했다고 합니다. 그리고 숙소 마당에 세워져 있는 자동차를 가지러 갈 때에도 우산을 쓸 생각을 않고, 그 폭우를 그냥 맞는 것이었습니다. 그 날의 비는 5개월 만에 내리는 비였던 것입니다.

아열대 지방인 코스타리카는 5월부터 11월 말까지는 우기, 12월부터 4월까지는 건기로 나누어지고 있습니다. 건기가 계속되는 다섯 달 동안은 모든 식물들이 다 바짝바짝 말라 들어가고 급수 사정도 나빠지며 온 거리는 먼지투성이가 됩니다. 그러다가 5월에 접어들어 하루에 한 번씩 정기적으로 비가 쏟아지기 시작하면서 모든 생명이 정상으로 회복되는 것입니다.

말하자면 우리가 그 곳을 방문했을 때는 건기의 마지막 무렵이었던 것입니다. 다시 말해 사람이든 식물이든 상관없이 모든 생물이 그 어느 때보다도 비를 더욱 절실하게 고대할 때였습니다. 그때야말로 생명이 가장 고갈되는 때인 까닭입니다. 따라서 그 곳 사람들은 5월에 접어들어 첫 비가 내리는 날이 되면 너나 할 것 없이 기뻐하게 되는데, 그 날은 예년에 비해 무려 열흘이나 빨리 비가 쏟아졌으니 장로님이 그토록 기뻐했던 것입니다.

교회를 향하여 자동차를 몰면서 장로님이 말했습니다.

"자세히 보십시오. 첫 비가 오면 이 비를 맞으면서 나무와 잔디의 색깔이 새파랗게 변합니다."

다섯 달 동안 뜨거운 햇볕 아래에서 얼마나 비에 갈했으면 첫 비를 맞으면서 초목의 색깔이 변하겠습니까? 5시경 교회에 도착하자 언제 그토록 왔느냐는 듯 비가 뚝 그치더니, 하늘이 개면서

서산에 해가 얼굴을 내밀었습니다. 그리고 그 햇빛은 3,500평에 달하는 교회 잔디밭을 부드럽게 비추었습니다. 그 잔디밭을 본 순간 저는 깜짝 놀라고 말았습니다. 장로님의 말대로 정말 잔디밭의 색깔이 달라져 있는 것이었습니다. 주일 낮 예배를 드릴 때만 해도 말라비틀어진 채 먼지만 펄펄 날리던 잔디밭은 온통 누런 색 천지였는데, 그 잔디들이 꼿꼿하게 선 채 눈부시도록 아름다운 초록빛을 머금고 있는 것이었습니다. 불과 몇 시간 전만 해도 도저히 상상도 할 수 없었던 경이로운 광경이었습니다. 저는 잔디밭과 하늘을 번갈아 바라보며 얼마나 감동을 받았는지 모릅니다.

그것은 참다운 생명은 오직 위로부터만 주어진다는 사실을 구체적으로 보여 주는 산 증거였습니다. 잊지 마십시오. 이 세상에는 참 생명이 없습니다. 이 세상은 도리어 생명을 고갈케 할 뿐입니다. 모든 생명은, 참된 생명은 언제나 위에서부터 내려옵니다.

오늘 본문은 이렇게 시작되고 있습니다.

> 저희가 예수를 맡으매 예수께서 자기의 십자가를 지시고
> 해골(히브리 말로 골고다)이라 하는 곳에 나오시니 (요 18:17)

마침내 빌라도 총독으로부터 사형이 선고되자 예수님께서는 당신의 십자가를 친히 지신 채 사형이 집행될 장소로 나아가셨는데, 그 장소의 이름은 골고다이며 그 뜻은 '해골'이었습니다. 그리스도인들은 이 골고다를 가리켜 갈보리라고도 부르는데, 그

것은 라틴어 'Calvaria'를 영어화한 것으로서 그 뜻 역시 '해골'입니다.

예수님께서 못 박혀 돌아가신 장소의 지명이 왜 골고다, 즉 '해골'이었는지에 대하여는 세 가지의 견해가 유력합니다. 첫째, 예수님이 못 박히신 곳의 지형이 해골 모양과 흡사하기 때문에 옛날부터 그런 이름이 지어졌다는 것입니다. 둘째 견해는 그 장소가 옛날부터 사형집행장으로 사용되었으므로 여기저기에 해골들이 나뒹굴고 있었던 까닭이란 것입니다. 마지막으로는 예수님이 오시기 훨씬 이전부터 유대인 사이에 내려오던 전설처럼 바로 그 곳에 인류의 시조인 아담의 무덤이 있었고, 그 무덤에서 아담의 해골이 발굴되었기 때문이란 것입니다.

머나먼 서울에 앉아 있는 우리로서는 그 옛날 그 곳이 왜 하필 '해골'로 명명되었는지 정확한 이유를 알 도리가 없습니다. 그러나 중요한 것은 왜 그 곳 이름이 '해골'이냐를 규명하는 것이 아닙니다. 그 이유가 무엇이든 상관없이 왜 예수님께서는 이스라엘 넓은 천지에서 하필이면 '해골'이라 불리우는 골고다에서 못 박히셨는지 아는 것이 더 중요합니다. 이것을 아는 자가 십자가의 참 의미를 알 수 있습니다.

해골이라 불리는 곳 위에 세워진 예수 그리스도의 십자가를 한 번 그려보십시오. 그 자체로서 얼마나 위대한 메시지입니까? 해골은 죽음의 결과인 반면 십자가는 참 생명의 표적입니다. 따라서 예수 그리스도의 십자가는 그 넓은 이스라엘 전역에서 유독 해골이라 이름지어진 곳에 세워질 수밖에 없었습니다. 왜입니까? 아무리 죽음이 난무하여 백골만 남아 있다 할지라도 그 곳에 예수 그리스도 십자가만 임하면, 예수님의 십자가가 세워지기만 하면, 그 곳에 위로부터 새로운 생명이 임하며 그 해골의 땅에서 새로운 생명의 열매가 맺힐 수 있음을 만방에 브이시기에 골고다보다 더 좋은 장소가 있을 수 없었기 때문입니다.

해골 위에 세워진 십자가, 그 십자가에서 흐르는 예수 그리스도의 보혈을 타고 흘러내리는 하나님의 영원한 생명, 그 생명의 보혈에 의해 생명이 회복되고 소생하는 해골들.

세상에 이보다 더 극적인 생명의 역사가 어디어 있겠습니까? 아니, 성경의 핵심을 어찌 이보다 더 잘 표현할 수 있겠습니까?

만약 이 사실을 깨달았다면, 본문 속의 골고다는 예루살렘 성 밖의 특정한 한 지점을 의미하는 것이 아니라 실은 이 세상 전체를 뜻하고 있음을 알게 됩니다. 이 세상에 태어난 사람치고 죽지 않을 사람이 있습니까? 아무리 헬스클럽에서 체력을 단련하고 고급 화장품으로 가꾼다 한들 그 육체가 썩어 끝내 해골이 되지 않을 자가 있습니까?

이 세상에 살아 있는 사람은 너나 할 것 없이 실은 모두 미래의 해골에 불과합니다. 우리라고 해서 예외는 아닙니다. 이런 의미에서 이 세상이 온통 골고다이며 우리 각자가 곧 해골 언덕인 것입니다. 이것을 깨달았다면 골고다인 이 세상 손에 예수 그리스도의 십자가를 세우라는 것, 해골 언덕인 우리의 심령 속에 갈보리의 십자가를 높이 세우라는 것이 오늘의 본문을 통해 주님께서 우리에게 주시는 메시지임을 알 것입니다. 그때 십자가의 보혈을 타고 위로부터 내리는 하나님의 생명이 해골 같은 이 세상을, 골고다 같은 내 심령을, 마치 코스타리카 교회의 잔디처럼 파릇파릇 소생케 하는 것입니다.

참된 생명은 옆에서 오지 않습니다. 옆에서 오는 것은 단지 우리의 생명을 미혹케 할 뿐입니다. 참된 생명은 아래에서 오지 않습니다. 아래에서 오는 것은 오히려 우리의 생명을 고갈시킵니다. 참된 생명은 언제나 위로부터만, 그리고 십자가를 통해서만 흘러내립니다.

그렇다면 여기에서 우리에게 두 가지의 질문이 제기됩니다. 첫째, 잘 아시다시피 예수님이 지셨던 십자가는 나무로 만들어진 것이었습니다. 따라서 나무로 십자가를 엮어서 아무 데고 세우기만 하면 그 곳에 하나님의 생명이 흘러내리느냐는 것이 첫째 질문입니다. 둘째는 내가 누구에겐가 예수 그리스도의 십자가를 제시하고 증거하였음에도 불구하고 그 사람에게서 생명의 역사가 일어나지 않는다면 그 이유는 무엇인가 하는 것입니다.

물론 예수님께서는 나무 십자가 위에 못 박히셨습니다. 그렇다고 해서 아무나 나무로 십자가를 만들어 세우기만 하면, 그 나무가 위로부터 내리는 생명의 통로가 되는 것은 결코 아닙니다. 2,000년 전 골고다 위에 세워졌던 십자가가 중요하다면 그 이유는 십자가가 나무로 만들어졌기 때문이 아니라, 해골같이 사망에 처한 인간들을 살리시기 위해 자기 생명을 버리신 예수 그리스도의 희생이 그 십자가 위에 있었기 때문입니다.

바로 그분의 그 희생이 위로부터 임하는 참 생명의 통로가 된 것입니다. 바로 이것이 첫째 질문에 대한 대답인 동시에 둘째 질문에 대한 대답이기도 합니다. 해골 같은 인간을 살린 예수 그리스도의 십자가는 나무로 만들어지기 전에 예수 그리스도의 희생으로 이루어진 것이었습니다.

내가 누구에겐가 십자가를 제시해 주었음에도 불구하고 그에게서 아무런 생명의 역사가 일어나지 않는다면, 내가 그의 생명을 위하여 어떤 희생이나 헌신도 감수하려 하지 않기 때문입니다. 자기 희생과 헌신이 없는 곳에서는 결코 생명의 역사가 일어나지 않습니다. 어머니의 희생 속에서 갓난 아이의 생명이 자라는 것과 같은 이치입니다. 하나님과 사람을 위한 자기 희생만이 위로부터 임하는 생명의 통로가 될 수 있음을 골고다 위에 세워졌던 예수 그리스도의 십자가는 웅변해 주고 있습니다.

삼천리 방방곡곡을 둘러보십시오. 십자가가 보이지 않는 곳이 없습니다. 전국이 십자가 천국이라 해도 과언이 아닐 만큼 가는 곳마다 십자가 천지입니다. 그럼에도 불구하고 이 사회가 날이 갈수록 생명의 빛을 상실하고 있다면, 그것은 이 땅의 그리스도인들이 나무나 아크릴로 만들어진 모조 십자가 세우는 일에만 열심일 뿐, 그리스도 안에서 자기 헌신과 희생으로 이루어지는 참 십자가 세우는 일에는 전혀 무관심하기 때문이 아닙니까?

우리가 정녕 그리스도 안에서 새 생명을 얻은 그리스도인들이라면 우리는 더 이상 나무 십자가의 제조자나 공급자가 아니라, 십자가 위에서 우리를 위해 당하신 예수 그리스도 희생의 증인들이 되어야 합니다. 진리 안에서 하나님의 사랑과 하나님의 정의가 지배하는 사회를 이루기 위해, 그리스도인으로서 치러야 할 헌신과 희생을 주저하지 말아야 합니다. 그것이 바로 우리의 삶을 통해 이 땅에 그리스도의 십자가를 세우는 것이요, 위로부터 임하는 하나님의 나라를 이 땅에 이루어지게 하는 길입니다.


영국 런던 교외에 있는 제라드 크로스(Gerrads Cross)라는 곳에 국제복음선교회(WEC International)가 있습니다. 몇 해 전 그곳을 다녀온 강윤식 집사님의 글을 읽어 드리겠습니다.

국제복음선교회는 20년간의 선교 여행을 마치고 귀국한 스터드(C.T. Studd)라는 분이 다시 20년간의 아프리카 선교를 새로이 떠나기에 앞서 1913년에 설립한 단체입니다. 그분은 캠브리지 대학을 졸업한 인기 절정의 크리켓 국가대표 선수였습니다. 그런데 어느 날 그분은 하나님의 일을 하기 위해 그 정상의 자리에서 내려와 중국으로 떠납니다. 우리로 치면 마치 선동열 선수가 어느 날 갑자기 캄보디아 선교를 간다며 선수 생활을 정리하고 출국해 버리는 것과 같은 신선한 충격을 영국민들에게 준 것입니다.

다시 아프리카로 떠났던 그분은 끝내 아프리카에 뼈를 묻습니다. 아프리카에 머물던 20년 동안 그분은 영국에 남겨 둔 가족을 한 번도 만나 보지 못했습니다. 그 당시 아프리카는 그만큼 먼 나라였습니다. 그분이 아프리카에서 순교한 뒤, 그 부인은 남편의 뜻을 받들어 WEC를 오늘의 모습으로 일구어 놓았습니다. 그 WEC 본부의 지하실에 내려가면 수십 개가 넘는 가방들이 바닥과 선반에 가지런히 정리된 채 놓여 있는 것을 볼 수 있습니다. 임지로 떠나는 선교사님들이 임기를 마친 뒤 귀국 길에 찾아가겠노라고 남겨둔 가방들입니다. 그러나 끝내 돌아오지 못한 선교사님들의 가방입니다.

주인은 이 세상을 떠났는데도 남아 있는 가방들.
바로 그 가방들이야말로 그리스도와 타인을 위한 자기 희생과 자기 헌신의 표적이 아닐 수 없습니다. 그 가방의 주인들이 어느 곳에서 생을 마감했든지 간에 그들이 있었던 곳에 생명의 역사가 일어나지 않았을 리가 없습니다. 그분들이야말로 위로부터 임하는 하나님의 생명을 전해 주기에 합당한 참된 십자가의 증인들이었기 때문입니다. 그렇기에 그들이 남긴 가방은 단순한 가방이 아닙니다. 그것은 곧 또 다른 형태의 십자가요 이 땅에 남겨진 참 생명의 흔적인 것입니다. 서구 선진사회의 자산은 바로 이런 것입니다.

사랑하는 교우 여러분.

우리의 인생은 결국 삶이라는 하나의 가방으로 남게 됩니다. 지금껏 여러분들이 꾸려온 가방의 의미는 무엇입니까? 자기 희생과 헌신의 표적입니까, 아니면 자기 욕망과 이기심의 결정체입니까? 그 속에 들어 있는 것은 위로부터의 생명과 부활입니까, 아니면 아래로부터의 죽음과 해골입니까?

우리가 해골 언덕과 같은 이 세상을 살아가는 이유는 골고다가 우리의 목적지이기 때문이 아니라 이 땅을 살리기 위함이며, 우리의 삶을 통해 공동묘지 같은 이 세상 위에 주님의 십자가를 세우기 위함임을 잊어서는 안 될 것입니다. 그때 우리의 인생은 위로부터 임한 생명이 충만한 가방이 되어 이 세상에 남게 될 것입니다. 어떤 나라가 좋은 나라인지 아십니까? 이와 같이 생명이 충만한 가방이 많이 남겨진 나라, 그 나라가 좋은 나라입니다.

하나님.
지금 이 사회에는 이기심과 욕망의 다툼만 있을 뿐, 자기 희생과 자기 헌신을 행하려는 자는 지극히 드뭅니다.
그리스도인들도 예외가 아니어서 희생의 삶이 배제된 나무 십자가만을 양산하고 있을 뿐입니다.

자기 헌신과 자기 희생 없이 십자가는 있을 수 없고,
십자가 없는 곳에 생명의 역사는 임하지 않는다는 사실을
잊지 말게 하옵소서. 우리 모두 하나님을 위하여, 진리를
위하여, 이 사회를 위하여 썩어지는 한 알의 밀알이 되게
하옵소서. 그리스도 안에서 우리의 삶으로 해골 같은
이 땅 위에 십자가를 세우는 그리스도의 참된 증인들이
되게 하옵소서. 우리 모두 이 땅을 골고다 언덕으로
만들어 가던 죽음의 삶에 분명한 종지부를 찍게 하옵소서.
오직 위로부터 임하는 생명의 통로가 되어, 갈보리 같은 이
사회를 바로 세우는 십자가의 실천자들이 되게 하옵소서.
언제 어디서나 십자가의 단순한 전파자가 아니라,
십자가의 변함없는 실천자들이 되게 하옵소서. 아멘.

## 22
## 각각 얻고

군병들이 예수를 십자가에 못 박고 그의 옷을 취하여
네 깃에 나눠 각각 한 깃씩 얻고 속옷도 취하니
이 속옷은 호지 아니하고 위에서부터 통으로 짠 것이라.
군병들이 서로 말하되 "이것을 찢지 말고 누가 얻나
제비 뽑자" 하니 이는 성경에 '저희가 내 옷을 나누고
내 옷을 제비 뽑나이다' 한 것을 응하게 하려 함이러라.
군병들은 이런 일을 하고 예수의 십자가 곁에는 그 모친과
이모와 글로바의 아내 마리아와 막달라 마리아가 섰는지라.
예수께서 그 모친과 사랑하시는 제자가
곁에 섰는 것을 보시고 그 모친께 말씀하시되
"여자여, 보소서. 아들이니이다" 하시고
또 그 제자에게 이르시되 "보라, 네 어머니라" 하신대
그때부터 그 제자가 자기 집에 모시니라.
이후에 예수께서 모든 일이 이미 이룬 줄 아시고 성경으로
응하게 하려 하사 가라사대 "내가 목마르다" 하시니,
거기 신 포도주가 가득히 담긴 그릇이 있는지라.
사람들이 신 포도주를 머금은 해융을 우슬초에 매어
예수의 입에 대니 예수께서 신 포도주를 받으신 후 가라사대
"다 이루었다" 하시고 머리를 숙이시고
영혼이 돌아가시니라.

요한복음 19:23~30

마침내 예수님께서는 해골이란 이름의 골고다에서 십자가에 못 박히셨습니다. 두 강도들 역시 예수님의 양옆에 함께 못 박혔습니다. 십자가에 못 박혔다는 것은 일시적인 고문이나 체벌을 당하는 것을 의미하지 않습니다. 사지가 십자가에 못 박혔다는 것은 지금 죽어가고 있는 것을 뜻합니다. 결코 연습이나 장난이 아닙니다. 정말로 시시각각 죽어가고 있는 것입니다.

 죽어가는 자에게나 살아 있는 자에게는 죽음보다 더 장엄하고 엄숙한 순간은 없습니다. 죽음이란 결코 되풀이되지 않는 인간 최후의, 그리고 최고의 거사이기 때문입니다. 적어도 인간의 임종 앞에서만큼은 모든 사람이 숙연해지는 까닭이 여기에 있습니다.

 지금 골고다 언덕 위에서 한 사람도 아닌 세 사람이 죽어가고 있습니다. 시간이 흐를수록 생명의 빛이 꺼져가고 있습니다. 그렇다면 그 날, 그 골고다, 그 순간이야말로 비장하고 엄숙하고 숙연할 수밖에 없는 상황입니다. 그러나 실제로는 전혀 그렇지 아니하였음을 본문 23절 상반절은 증거하고 있습니다.

군병들이 예수를 십자가에 못 박고
그의 옷을 취하여 네 깃에 나눠 각각 한 깃씩 얻고

십자가 바로 아래 서 있는 군병들이 세 사람의 죽음 앞에서 한 짓이란 예수님의 옷을 네 깃으로 나누어 각각 한 깃씩 얻는 것이 고작이었습니다. 당시 로마제국은 죄수를 십자가에 못 박아 사형시킬 때 군인 네 명이 한 조를 이루어 사형을 집행하게 했고, 사형당하는 죄수의 유품을 집행하는 군인들의 몫으로 인정해 주었습니다. 그래서 예수님을 못 박은 네 명의 군인들은 먼저 예수님의 옷을 나누어 갖고 있는 것입니다.

본문에서 군병들이 예수님의 옷을 '네 깃에 나누어 한 깃씩 얻었다'는 표현은 얼핏 예수님의 옷을 네 조각으로 나누어 한 조각씩 가졌다는 의미로 이해하기 쉽습니다. 그러나 같은 장면을 증거하고 있는 마가복음 15장 24절에 의하면, 이때 군병들이 서로 먼저 무엇을 가질까 하고 제비를 뽑았다는 점으로 보아 그런 의미가 아님을 알 수 있습니다.

일반적으로 유대인들의 정장은, 속옷 위에 겉옷을 입고 천으로 된 허리띠를 두른 뒤 머리에는 수건을 쓰고 발에 샌들을 신는 것이었습니다. 따라서 네 명의 군병들은 먼저 예수님의 겉옷, 허리천, 머릿수건, 샌들, 이 네 가지를 놓고 제비를 뽑아 순서에 따라 하나씩 챙긴 것입니다. 그러고도 하나가 더 남아 있었습니다.

바로 예수님의 속옷이었습니다. 이에 더해 본문은 이렇게 증거하고 있습니다.

> 속옷도 취하니 이 속옷은 호지 아니하고 위에서부터 통으로 짠 것이라. 군병들이 서로 말하되 "이것을 찢지 말고 누가 얻나 제비 뽑자" 하니 (요 19:23하~24상)

그 속옷은 통으로 짠 것이었기에 4등분으로 나눌 수가 없었습니다. 나눈다면 누구에게도 쓸모 없는 것이 되고 말 것이었습니다. 그래서 그들은 예수님의 속옷만큼은 한 사람이 독식하기로 하고 누가 가질 것인지를 결정하기 위하여 다시 한번 제비를 뽑았습니다.

어디에서? 지금 숨이 넘어가고 있는 사람들 앞에서. 언제? 가장 엄숙하고 숙연해야만 할 임종의 순간에!

그들은 타인의 죽음 따위는 아랑곳하지 않는 인간들이었습니다. 그들의 관심사는 오직 하나, 지금 자신의 손으로 무엇을 움켜쥘 수 있느냐 하는 것뿐이었습니다. 그와 같은 군병들의 한심한 작태를 보고 요한 사도는 이렇게 기록하고 있습니다.

> 이는 성경에 '저희가 내 옷을 나누고 내 옷을 제비 뽑나이다' 한 것을 응하게 하려 함이러라. (요 19:24하)

요한 사도는 군병들의 행동을 보면서 시편 22편 18절의 예언이 사실화되는 것을 보았던 것입니다.

인간을 구원하시기 위해 인간이 받아야 할 죄의 형벌을 대신 받고 골고다 산상에서 죽어가시는 예수 그리스도, 그 주님의 죽음 앞에서 단지 손안에 잡힌 소유에만 혈안이 되어 있는 인간, 그것이 어찌 본문 속의 군병들만이겠습니까? 그것은 실은 우리 모두의 적나라한 실상이 아닙니까?

그들이 예수님의 겉옷과 속옷을 나누어 가질 권리를 가졌던 것은, 그들의 손으로 예수님에게 못질을 한 대가였습니다. 지금 우리가 우리 손으로 얻은 것을 즐거워하고 있다면 그것은 누군가를 희생시킨 결과, 아니 예수님을 못질한 대가는 아닙니까?

군병들이 서로 먼저 갖기 위해 제비까지 뽑아가며 취했던 것들이 군병들의 삶에 구체적으로 무슨 도움이 되었겠습니까? 예수님께서는 예루살렘의 갑부가 아니셨습니다. 그분은 달동네 나사렛 출신이었고 삶의 거점은 갈릴리의 빈민촌이었습니다. 그분이 입고 계셨던 옷이 좋을 리가 만무합니다. 더우기 총독 관저에서 모진 채찍질을 당하셨을 뿐만 아니라 가시관을 쓰시고 십자가를 지신 채 골고다까지 오셨기에, 그분의 옷은 피와 땀으로 절어 있었을 것입니다. 가져가 보아야 현실적으로는 아무런 도움이 되지 않습니다. 그럼에도 불구하고 그들은 기를 쓰고 그것을 가지려 했습니다. 우리가 많은 경쟁자를 물리치고 수단과 방법을 가리지 않고 지금 손안에 넣은 것들, 그것들은 진정 우리가 사람답게 사는 데 반드시 필요한 것들이며 참된 가치가 있는 것들입니까?

네 명의 군병들 중에서 제비를 뽑아 통으로 짠 속옷을 독차지하게 된 군병은 남이 갖지 못한 것을 자기 홀로 손에 넣었다는 것 때문에 그 순간 얼마나 기뻐했겠습니까? 특히 사형수의 옷은 재수가 좋다는 풍설까지 있었으니, 그는 그 속옷을 힘껏 움켜잡

앉을 것입니다. 그러나 아무리 억세게 움켜잡았다 한들, 그것은 죽어서까지 가져갈 수 있는 것이 아니었습니다. 지금 우리가 있는 힘을 다해 움켜쥐고 있는 게 무엇입니까? 우리가 관 속에 드러눕는 날에도 쥐고 갈 수 있는 것입니까? 아니면 관 속에 눕기도 전에 누군가가 앗아가 버릴 것입니까?

본문 속의 군병들은 마지막 순간 주님을 가장 가까이에서 만난 사람들입니다. 지금도 바로 주님의 십자가 앞에, 누구보다도 주님 가까이에 서 있습니다. 그들이 만났고, 여전히 그들 곁에 계신 주님은 누구십니까? 인간을 죄에서 건지시고 영원한 생명과 영원한 천국을 주실 구원자시요 하나님의 아들이십니다. 그분을 마지막 순간 친히 뵙는다는 것은 참으로 선택받은 자만 누릴 수 있는 특별한 은총입니다. 그럼에도 불구하고 그들이 주님을 친히 만나고서 얻은 것이라고는 영원한 생명, 영원한 천국이 아니라 이내 썩어 없어져 버릴 천 조각에 불과했습니다.

우리는 주님을 언제 만났습니까? 그리스도인이라 불린 지 몇 년이나 되었습니까? 그 몇 년 동안 우리가 얻은 것은, 지금 손에 쥐고 있는 것은 과연 무엇입니까? 영원한 진리, 영원한 생명입니까? 아니면 언젠가 재가 되어 버릴 지푸라기와 같은 것들입니까?

요한 사도는 이 어리석은 군병들에 대하여 본문 24절 중반절에서 '군병들이 이런 일을 하였다'고 결론을 맺고 있습니다. 원문을 보면 '이런 일'이란 단어는 단수가 아니라 복수로 쓰여져 있습니다. 즉 '군병들이 이런 일들을 하였다'는 것입니다. 이것이 남들은 생각할 수도 없는 값지고 귀한 일들을 행하였다는 칭찬의 말이겠습니까? 아닙니다. 오히려 어리석고 한심한 짓만 골라가며 했다는 한탄의 말입니다.

만약 오늘 요한 사도가 우리를 향해 '너희들은 이런 일들을 하였다'고 군병에게 한 말과 똑같은 말을 한다면 그것은 우리를 칭찬하는 감탄사겠습니까, 아니면 안타까워하는 탄식이겠습니까?

우리는 누가복음 8장에서 본문 속의 군병들과는 정반대의 여인을 만나게 됩니다. 그 여인은 12년 동안이나 혈루증, 즉 그치지 않는 하혈로 인해 말할 수 없는 고통을 받던 여인이었습니다. 만나 보지 않은 의사가 없었고, 써 보지 않은 약이 없었습니다. 그로 인해 재산마저 다 날린 불쌍한 여인이었습니다. 그 여인이 어느 날 복음을 듣게 되었습니다. 구원자 예수님께서 오셨다는 것이었습니다. 여인은 예수님을 만나 뵙기 위해 달려갔습니다. 그러나 수많은 사람들이 예수님을 에워싸고 있어서 도저히 예수님을 1대 1로 대면할 도리가 없었습니다. 그러나 여인은 포기하지 않았습니다. 인파를 뚫고 나아가 예수님의 등 뒤에서 간신히 팔을 뻗친 여인은 예수님의 옷가에 손을 대었습니다. 예수님의 몸을 잡은 것이 아니었습니다. 예수님의 옷을 움켜쥔 것도 아니었습니다. 사람들 틈에서 팔을 내밀어 예수님의 옷가에 손이 닿았을 뿐입니다.

그런데 예수님께서는 누가복음 8장 45절을 통하여 "내게 손을 댄 자가 누구냐"고 물으셨습니다. '나의 옷가'에 손을 댄 자가 누구냐고 물으신 것이 아닙니다. '내게' 즉 '나의 몸'에 손을 댄 자가 누구인지를 물으신 것입니다. 제자들이 대답했습니다. 사람들이 너무 많이 몰려들어 지금 밀리고 있을 뿐, 누가 특별히 주님의 몸에 손을 댄 자는 없다고 말입니다. 그때 주님께서 다시 말씀하셨습니다.

"내게 손을 댄 자가 있도다.
이는 내게서 능력이 나간 줄 앎이로다."(눅 8:46)

여인은 예수님의 옷가에 손을 댔을 뿐인데, 그 순간 예수님의 능력, 생명의 능력이 여인에게 임했고, 그와 동시에 12년 동안이나 그녀를 괴롭히던 혈루증은 씻은 듯이 치유되고 말았습니다. 그 여인은 새 생명의 사람이 된 것입니다.

자, 이제 골고다 위에 있는 네 명의 군병들과 이 갈릴리 여인을 한번 비교해 보십시다. 군병들은 예수님의 옷을 각각 나누어 얻었습니다. 예수님의 옷을 움켜잡은 것입니다. 이에 비해 여인은 예수님의 옷가에 손을 댔을 뿐입니다. 예수님의 옷가에 손을 대기만 한 여인에게 이처럼 놀라운 주님의 능력이 전해졌다면, 아예 예수님의 옷을 움켜 쥔 군병들에게는 태산이 진동할 만한 큰 능력이 임해야 하지 않겠습니까? 그러나 그들에게는 실낱 같은 능력도 임하지 않았습니다. 그 이유는 무엇입니까?

군병들이 예수님의 옷을 움켜잡았던 것은 그 옷 자체가 목적이었던데 반해, 여인이 군중들 틈에서 팔을 내밀어 예수님의 옷가에 손을 댔던 것은 예수님의 옷이 아니라 예수 그리스도, 예수님의 구원, 예수님의 생명이 목적이었기 때문입니다. 군병들이나 여인이나 예수님의 옷에 손이 닿았다는 면에서는 동일했지만, 그 본질은 판이하게 달랐습니다. 다시 말하면 군병들은 예수님의 소유를 우악스럽게 움켜쥐었지만, 여인은 그 연약한 손으로 구원자인 예수 그리스도를 인격적으로 붙잡았습니다. 그 사실을 아무도 몰랐지만 주님만은 내막을 아시고 "내게 손을 댄 자가 있도다" 말씀하시며 그 여인을 고쳐 주셨던 것입니다.

이제 집으로 돌아가는 군병들과 여인을 상상해 보십시다. 귀가하는 군병들의 손에는 여전히 예수님의 옷이 쥐어져 있습니다. 그러나 예수님의 옷가에 손을 대기만 했던 여인의 손은 텅 비어 있습니다. 비어 있는 여인의 손보다는 군병들의 손이 훨씬 더 알찬 것 같습니다. 그러나 군병들의 손안에 든 것은 곧 썩어 버릴 천 조각인데 반해 비어 있는 여인의 손안에는 그녀가 붙잡았던 예수 그리스도의 영원한 생명, 영원한 구원, 영원한 은총, 영원한 진리가 충만하게 넘치고 있었습니다.

이제 우리 모두 우리의 손안을 한번 들여다보십시다. 우리 각자는 도대체 어느 쪽입니까? 골고다 군병의 손입니까, 아니면 갈릴리 여인의 손입니까?

누가복음 10장을 보면 예수님께서 특별히 70명을 따로 부르셔서 훈련시키신 뒤, 2명씩을 한 조로 하여 각 마을에 전도실습을 보내시는 장면이 나옵니다. 전도 여행을 끝낸 제자들이 돌아와 현장에서 경험한 것들을 주님께 보고 드리는데, 그들이 한결같이 가장 자랑스럽게 여기는 것은 예수님의 이름으로 귀신들을 쫓았다는 것이었습니다. 무서운 귀신들이 그들 앞에서 항복했다는 것입니다. 그때 주님께서는 제자들을 향하여 이렇게 말씀하셨습니다.

> 귀신들이 너희에게 항복하는 것으로 기뻐하지 말고,
> 너희 이름이 하늘에 기록된 것으로 기뻐하라. (눅 10:20)

이 말씀이야말로 우리가 주님을 믿어야 할 궁극적인 목적이 영원한 하나님의 나라임을, 우리가 주님을 붙잡아야 할 이유가 영원한 구원임을, 우리가 우리의 두 손으로 얻어야 할 것이 영원한 생명임을 단적으로 일깨워 주고 있습니다.

모든 사람이 보기에 진정 아름다운 신앙의 삶을 살고 있는 한 성도님이 쓴 글 중에 다음과 같은 내용이 있습니다.

> 저는 가진 것이 많진 않지만, 늘 채워 주시는 주님이 함께 계시기 때문에 나의 작은 것들을 나눌 수 있습니다. 저는 사람이 만든 종이가 저의 전부라거나 저의 것만이라고는 한 번도 생각해 본 적이 없습니다. 하나님을 위하여 쓰여져야 할 도구로 여기고 있습니다.

이 성도님이 말한, '사람이 만든 종이'란 바로 돈을 의미합니다. 참으로 적절한 표현입니다. 믿지 않는 자들은 죽은 자의 관 속에 저승길 노자로 쓰라며 종이를 넣어 줍니다. 죽은 자에게 돈이란 종이 이상의 의미일 수가 없는 까닭입니다. 그런데도 돈을 영원한 것으로, 자신의 전부로, 또 자신만의 것으로 생각하여 거기에 자기의 모든 것을 걸다가 얼마나 많은 사람들이 어이없이 파멸해 가고 있습니까? 그런데 돈이란 하나님을 위해 종이로 만들어진 도구에 불과하다는 그분의 글을 읽으면서, 저는 그 글을 쓴 성도님의 손을 가득 채우고 있는 영원한 생명, 그리고 흘러넘치는 진리를 보았습니다.

사랑하는 성도 여러분.

이제 우리 다시 우리의 손을 들여다보십시다. 내가 지금 움켜쥐고 있는 것은 무엇입니까? 예수님의 이름으로 내가 추구하고 얻은 것은 무엇입니까? 그것은 죽어서까지도 들고 갈 수 있는 영원한 것들입니까?

만약 지금 나의 손이 골고다 언덕 로마 군병의 손과 같다면, 내가 움켜쥔 것이 바닷가의 모래알보다 더 많다 할지라도 바로 그것 때문에 몰락하고 말 것입니다. 분명한 것은 자기 손으로 예수 그리스도를 붙잡은 사람, 그 손으로 그리스도 안에서 영원한 천국과 영원한 생명과 영원한 진리를 얻은 사람만이 참된 생명의 향기를 진동하면서 혼탁한 이 세상을 맑힐 수 있다는 것입니다.

주님.
우리는 지금 모두 무엇인가 움켜쥐고 있습니다.
그것이 과연 무엇입니까? 생명입니까, 죽음입니까?
하나님 나라입니까, 세상입니까? 주님입니까, 종이에
불과한 욕망의 부스러기입니까? 우리가 주님의 이름으로
얻은 것은 영원한 생명입니까? 아니면 썩어질 지푸라기에
불과한 것입니까?
이 시간 우리 모두 혈루증 앓던 그 가련한 여인의 겸손한
마음이 되기를 원합니다. 우리의 두 손으로 길이요 진리요
생명이신 주님을 인격적으로 붙잡기를 원합니다.
우리의 손이, 우리의 심령이 하나님의 나라로, 영원한
생명으로, 주님의 치유하심으로 충만케 되기를
간구합니다. 골고다 언덕 로마 군병의 삶을 청산하기를
결단합니다. 우리 모두 참된 생명의 향기를 진동하는
갈릴리의 여인이 되게 하옵소서. 아멘.

## 23

# 여자여, 보소서

군병들이 예수를 십자가에 못 박고 그의 옷을 취하여
네 깃에 나눠 각각 한 깃씩 얻고 속옷도 취하니
이 속옷은 호지 아니하고 위에서부터 통으로 짠 것이라.
군병들이 서로 말하되 "이것을 찢지 말고 누가 얻나
제비 뽑자" 하니 이는 성경에 '저희가 내 옷을 나누고
내 옷을 제비 뽑나이다' 한 것을 응하게 하려 함이러라.
군병들은 이런 일을 하고 예수의 십자가 곁에는 그 모친과
이모와 글로바의 아내 마리아와 막달라 마리아가 섰는지라.
예수께서 그 모친과 사랑하시는 제자가
곁에 섰는 것을 보시고 그 모친께 말씀하시되
"여자여, 보소서. 아들이니이다" 하시고
또 그 제자에게 이르시되 "보라, 네 어머니라" 하신대
그때부터 그 제자가 자기 집에 모시니라.
이후에 예수께서 모든 일이 이미 이룬 줄 아시고 성경으로
응하게 하려 하사 가라사대 "내가 목마르다" 하시니,
거기 신 포도주가 가득히 담긴 그릇이 있는지라.
사람들이 신 포도주를 머금은 해융을 우슬초에 매어
예수의 입에 대니 예수께서 신 포도주를 받으신 후 가라사대
"다 이루었다" 하시고 머리를 숙이시고
영혼이 돌아가시니라.

요한복음 19:23~30

얼마 전부터 아이들 사이에 유행하는 이야기 중에 '만득이 시리즈'라는 것이 있습니다. 만득이라는 아이를 끈질기게 따라다니는 귀신과, 그 귀신으로부터 도망치려는 만득이에 얽힌 이야기 시리즈입니다. 귀신이라고 해서 우리가 흔히 생각하는 공포의 대상이 아닙니다. 호칭만 귀신일 뿐 실은 사랑과 인간미 넘치는 존재입니다. 한 가지 이상한 것은 아이들은 만득이 시리즈를 이야기하면서 낄깔거리며 재미있어 하는데, 어른들에게는 그 이야기가 전혀 우습지 않다는 것입니다. 왜 아이들이 그런 내용의 이야기를 즐기는지 이해하기조차 힘듭니다. 저 역시 마찬가지였습니다. 식사 시간에 아이들이 만득이 시리즈 이야기를 하며 저희들끼리 우스워할 때, 무엇이 그토록 으스운지 알 수가 없었습니다. 그래서 아이들에게 이유를 물으면, 오히려 이상하다는 듯 "왜 아빠는 우습지 않느냐"고 반문하는 것입니다.

그 후 만득이 시리즈에 대한 어느 정신분석학자의 글을 읽게 되었습니다. 즉 이야기 속의 귀신은 아이들의 일거수일투족을 간섭하며 잔소리하는 부모를, 그리고 만득이는 그러한 부모의 잔소리로부터 해방되기 원하는 아이들의 심리를 나타낸다는 것이었습니다. 따라서 아이들이 만득이 시리즈를 서로 이야기하고 폭소를 터뜨리면서 끊임없는 부모의 잔소리로 인한 스트레스를 자신들도 모르게 해소한다는 것입니다. 그 글을 읽은 뒤 아이들이 이야기하는 만득이 시리즈를 들으니 저도 아이들과 함께 웃지 않을 수가 없었습니다. 해설을 덧붙여 예를 들면 이런 이야기들입니다.

하루는 만득이가 길을 걸어가는데 엄마가 "만득아, 만득아" 하고 따라오며 어딜 가는지 물었습니다. 귀찮아진 만득이가 얼른 지하철 역으로 내려가 지하철을 탔습니다. '설마 여기까지야 못 쫓아오겠지' 하고 있는데, 갑자기 천장에 붙은 스피커가 울려 퍼졌습니다.

"만득아, 만득아!"

바로 엄마의 목소리였습니다.

이번에는 만득이가 자동차를 운전하고 갑니다. 갑자기 자동차 앞 유리창에 엄마가 나타나 "만득아" 하고 불렀습니다. 짜증이 난 만득이는 유리창 앞 와이퍼를 켰습니다. 그랬더니 유리창에서 이런 소리가 들려왔습니다.

"만득-득득-아득"

만득이를 부르는 엄마 소리와 자동차 와이퍼 소리가 겹친 음향이었습니다.

만득이가 화장실 변기에 앉았을 때입니다. 갑자기 변기 아래쪽에서 엄마가 "만득아!" 하고 부르는 것이었습니다. 기분이 언짢아진 단득이가 변기의 물을 틀어 버렸습니다. 그러자 아래에서 이런 소리가 났습니다.

'만푸-득푸-아푸'

아이들이 지하철을 타든지 자동차를 타고 가든지 심지어 화장실에 갈 때도 끊임없이 따라다니며 간섭하고 잔소리하는 부모들의 모습이, 그 간섭 속에서 살아야 하는 아이들에게는 이렇게 비치는 것입니다. 요즈음은 또 '삐삐'라는 게 있습니다. 심지어 유치원생이나 초등학생한테까지 삐삐를 차워주고 원격조종하는 부모까지 있는 한 만득이 시리즈는 그칠 줄 모르고 계속될 것입니다.

비단 요즈음 아이들뿐만 아니라 모든 세대, 모든 아이들은 '부모' 하면 먼저 잔소리를 연상할 만큼, 정도의 차이만 있을 뿐 부모의 끝없는 간섭과 잔소리 속에서 자라납니다. 그것은 한편으로는 부모의 자식에 대한 책임이요 의무이기도 합니다. 중요한 것은 부모의 그 숱한 간섭과 잔소리 중에 정말 자식에게 필요한 말, 자식이 격랑의 세상을 살아갈 때 도움이 될 생명의 말, 지혜의 말, 진리의 말들이 얼마나 되느냐 하는 것입니다.

2년 전 삼풍백화점이 붕괴되어 수많은 사람이 졸지에 생명을 잃었던 그 참혹한 현장에서 기적적으로 구출되었던 사람 중에 유지환 양이 있었습니다. 당시 18세의 어린 소녀였던 유 양은 무려 13일 만에 건강한 모습으로 구조되어 사람들을 놀라게 했습니다. 더 놀라운 것은 그 연약한 소녀가 무려 열사흘 동안이나 죽음의 구렁텅이에 갇혀 있으면서도, '이제 죽었구나' 하고 절망해 본 적이 한 번도 없었다는 것입니다. '어떤 상황 속에서도 절대로 희망을 포기해서는 안 된다'는 평소 엄마가 들려 주던 말들을 생각했기 때문이었습니다.

 그 소녀의 어머니는 고학력자가 아니었습니다. 넉넉한 가정의 주부도 아니었습니다. 5년 동안 병석에 누워 있는 남편의 병간호와 생계를 도맡은 가련한 여인이었습니다. 그러나 어머니는 여상을 졸업하고 대학생인 오빠의 뒷바라지와 생계를 돕기 위해 취직한 딸에게 늘 희망의 말을 들려 주었습니다. 유 양은 그 절망의 밑바닥에서 평소 어머니가 들려 주던 희망의 말들을 곱씹으면서 절망과 죽음을 끝내 이긴 것입니다.

 이 이야기가 알려지자 한 어머니는 이렇게 한탄했습니다.

 "무너진 건물더미에서 13일간이나 갇혀 있으면서 엄마의 가르침을 기억하고 힘을 얻었다는 18세 소녀의 말을 들으며, 저는 저와 제 아이들과의 관계를 다시 생각해 보았습니다. 제가 아이들의 귀에 못이 박히도록 한 말은 공부 열심히 하여 좋은 대학 가라는 잔소리뿐이었습니다. 저는 그 동안 아이들에게 정말 들려 줄 만한 인생의 지혜를 갖고 있지 못했습니다."

 또 다른 어머니는 이렇게 자문했습니다.

 "나는 이제껏 내 아이들에게 어떤 가르침을 주었을까? 아이들이 훗날 역경에 처했을 때 과연 내가 가르쳐 준 어떤 말에 의지하여 힘을 얻고 일어설 수 있을까?"

 죽은 줄 알았던 딸이 13일 만에 살아 나왔을 때 어머니의 기쁨이 얼마나 컸겠습니까? 딸을 대견스러워하는 어머니에게 딸이 이렇게 말했습니다.

 "엄마가 가르쳐 줬잖아요. 무슨 일이 일어나더라도 희망을 잃지 말라고……."

자기가 그 지옥에서 살아올 수 있었던 것은 어머니 덕분이란 의미입니다. 그 말을 듣는 어머니의 감격이 얼마나 컸겠습니까? 이때 서로 마주치는 어머니와 달의 시선을 한번 상상해 보십시오. 얼마나 감등적인 모습입니까?

그러나 이와 같은 감동이 아무에게나 일어나는 것은 아닙니다. 이것은 자식에게 생명과 지혜의 말과 가르침을 줄 수 있는 부모, 그리고 그 말을 가슴 속에 새기는 자식 사이에서만 일어날 수 있는 일입니다. 이 땅의 모든 부모와 자식의 관계가 다 이러하다면, 쉼 없는 부모의 잔소리를 귀찮아하는 만득이 시리즈 같은 이야기들은 발붙일 틈이 없을 것입니다.

우리는 아브라함과 그의 아들 이삭이 모리아 산에서 벌였던 일을 잘 알고 있습니다. 어느 날 하나님께서는 아브라함의 믿음을 훈련하기 위하여 100세 때 얻은 아들을 하나님께 바치라고 명령하십니다. 마치 짐승을 잡듯 번제물로 바치라는 것이었습니다. 그 명령을 받은 아브라함은 조금도 주저하지 않았습니다. 그는 사랑하는 아들 이삭을 데리고 하나님께서 지정하신 모리아 산으로 갔습니다. 도대체 어떻게 그런 일이 가능할 수 있었는지, 당시 아브라함의 믿음을 성경은 이렇게 밝혀 주고 있습니다.

> 아브라함은 시험을 받을 때에 믿음으로 이삭을 드렸으니,
> 저는 약속을 받은 자로되 그 독생자를 드렸느니라.
> 저에게 이미 말씀하시기를
> "네 자손이라 칭할 자는 이삭으로 말미암으리라"
> 하셨으니, 저가 하나님이 능히 죽은 자 가운데서
> 다시 살리실 줄로 생각한지라. (히 11:17~19)

아브라함은 하나님께서 자신의 아들 이삭을 통해 하나님의 역사를 이루시리라 약속하신 이상, 이삭은 절대로 죽지 않으리라고 믿었던 것입니다. 만에 하나 이삭이 죽는 경우가 발생하더라도 하나님께서 반드시 다시 살려 주시리라고 확신했습니다. 그렇지 않으면 하나님께서 거짓말쟁이가 될 터인데, 그런 일은 있을 수 없는 일이었기 때문입니다. 그래서 모리아 산에 도착한 아브라함은 지체없이 이삭을 결박하여 단 위에 눕혀 놓고 칼을 치켜들었습니다.

바로 여기에서 한 가지 의문이 제기됩니다. 이때 아들 이삭은 15세 안팎의 소년이요, 아브라함은 115세 경의 노인이었습니다. 사내 아이 15세라면 115세 노인이 당할 수 없을 정도로 한창 힘이 넘칠 때입니다. 그런데 그 팔팔한 나이의 아들이 어떻게 노인 아버지의 결박을 순순히 받고 죽겠다며 제단 위에 가만히 누워 있을 수 있었느냐 하는 것입니다. 아버지가 지금 자기에게 무슨 짓을 하려는지 알게 된 이삭이 도망쳤더라면 아브라함의 기력으로는 이삭을 잡지 못했을 것입니다. 그러나 이삭은 전혀 반항하지 않고 아버지가 하는 일에 자신을 온전히 맡겼습니다. 그것은 아버지 아브라함에 대한 아들의 믿음의 결과였다는 것은 두말할 나위가 없습니다. 모리아 산에 도착한 아브라함이 아들 이삭에게 말하는 장면을 머리 속에 그려보십시오.

"아들아, 하나님께서 너를 바치라고 명령하셨다. 나는 하나님의 명령에 순종하기 위해 지금부터 너를 번제물로 바치려고 한다. 그러나 너는 절대로 죽지 않는다. 하나님께서 너를 통해 당신의 역사를 이루실 것을 약속하신 이상, 설령 네가 죽더라도 하나님께서는 반드시 너를 살려 주실 것을 아빠는 확신한다. 너 내

말을 믿어 주겠니?"

"네, 아빠 말씀이라면 믿어요."

이런 과정 없이 어찌 이삭이 아버지의 칼 아래 가만히 누워 있겠습니까?

그렇다면 그것이야말로 아브라함이 평소에 하나님의 말씀, 진리의 말씀으로 아들 이삭을 가르쳐 왔음을 의미하며 하나님을 향한 아브라함의 삶이 이삭에게 본이 되었음을 의미합니다. 소년 이삭은 눈에 보이지 않는 하나님을 믿기 전에 눈에 보이는 아버지 아브라함을 전폭적으로 신뢰하였던 것입니다. 그 결과는 어떠했습니까? 아버지와 아들이 믿었던 대로 마지막 순간 하나님께서 아브라함을 제지하시고, 그 부자를 믿음의 조상으로 세우시는 복을 내려 주셨습니다. 그 정도의 믿음이라면 믿음의 조상이 되기에 충분했던 것입니다.

그 날 아브라함은 자신의 말을 끝까지 믿고 따라 주었던 아들 이삭이 얼마나 대견스러웠겠습니까? 아들을 자랑스럽게 바라보는 아브라함에게 이삭이 이렇게 말하지는 않았을까요?

"아빠가 말씀하셨잖아요. 죽어도 하나님께서 다시 살려 주실 것이라고 말이어요."

함께 손을 잡고 모리아 산을 내려오는 아브라함과 이삭의 모습을 그려 보십시오. 참으로 황홀하기 그지없습니다.

아브라함과 이삭이 성경에서 가장 황홀한 부자지간을 보여 주고 있다면, 오늘의 본문은 성경에서 가장 아름다운 모자의 관계를 보여 주고 있습니다. 본문 25절은 이렇게 증거하고 있습니다.

예수의 십자가 곁에는 그 모친과 이모와
글로바의 아내 마리아와 막달라 마리아가 섰는지라.

지금 예수님께서는 십자가에 못 박히셨습니다. 사지에서 선혈이 낭자하게 흐릅니다. 죽어가는 예수님 앞에서 군병들은 서로 제비를 뽑아가며 예수님의 유품을 나누어 갖고 있습니다. 참혹하기 그지없는 순간입니다. 그 비극적인 현장에 예수님의 모친 마리아가 다른 세 여인과 함께 서 있습니다. 마리아와 예수님은 의붓관계가 아니었습니다. 육신으로는 친어머니요 친자식이었습니다. 자신의 태에 열 달 동안 품고 있었고, 자신의 젖을 물려 주었고, 자신의 품속에서 말을 가르쳤으며, 자신의 손으로 걸음마를 시켰고, 자신의 손으로 밥을 지어 먹였습니다. 예수님께서 공생애를 시작하시기 전까지 30년 동안이나 한 집에서 모자지간으로 살았던 것입니다. 그러니 눈에 넣어도 아프지 않을 사랑하는 자식임에 틀림없습니다.

그 자식이 지금 자신의 눈앞에서 죽어갑니다. 가장 비참한 모습으로 죽어가고 있습니다. 자신의 눈앞에서 군병들이 나누어 가지고 있는 옷은 자기 자식의 옷입니다. 어머니로서는 도저히 눈 뜨고 볼 수 없는 끔찍한 광경입니다. 그런데 마리아는 땅을 치고 통곡하지 않았습니다. 뒤로 넘어져 실신하지도 않았습니다. 불한당 같은 로마군병들의 멱살을 잡고 흔들지도 않았습니다. 단지 홀로 슬픔을 삼키면서 아들의 죽음을 주시하고 있습니다. 바로 이와 같은 마리아의 행동이야말로 예수님이 자신의 친자식이었음에도 불구하고 단지 자기의 아들로, 자신의 소유로 키워오지 않았다는 증거였습니다.

마침내 십자가 위에서 괴로워하시던 예수님의 시선이 어머니와 마주쳤습니다. 마지막 순간 당신의 친어머니를 보신 것입니다. 그때 예수님께서 어머니를 향해 하신 말씀을 본문 26절은 이렇게 밝혀 주고 있습니다.

"여자여, 보소서. 아들이니이다."

'여자' 라는 호칭 'gunee'는 존경하는 상대에 대한 경칭이었습니다. 따라서 이 구절을 원문의 뜻에 더 가깝게 번역하면 이런 말이 됩니다. '어머님, 보십시오. 어머님의 아들입니다.'
이것이 '돈 많이 벌어서 어머님을 호강시켜 드리려고 했는데 이렇게 죽어가서 죄송합니다' 라는 실패자의 한탄이겠습니까? 아닙니다 지금 예수님 앞에 서 있는 어머니야말로 예수님이 누구신지, 예수님이 왜 그토록 참혹하게 돌아가셔야 하는지를 알고 있는 유일한 증인입니다. 아니 어머니 마리아야말로 예수님의 어린 시절부터 그 모든 사실을 일깨워 주고 하나님의 말씀으로 양육해 준 스승이었던 것입니다.
그렇다면 우리는 "여자여, 보소서. 아들이니이다"라는 말씀의 깊은 의미를 포착할 수 있습니다. 그것은 어머니 덕분으로, 어머니의 아들답게 그리스도로서의 사명을 다한 아들의 긍지로운 자기 선언인 동시에 어머니에 대한 감사의 고백이었던 것입니다. 그 어머니의 아들로 태어난 것이 얼마나 자랑스러웠으면, 그 마지막 순간 이런 고백을 하셨겠습니까? 전 인류를 위해 십자가에 못 박혀 돌아가시는 하나님의 아들께서, 당신을 낳고 키워 준 어머니 마리아를 향해 "보십시오. 당신의 아들입니다" 하고 고백하시는 이 장면보다 더 눈부신 모자지간이 어디에 있겠습니까?
 위대한 자식은 위대한 부모로부터 비롯됩니다. 위대한 부모란 아브라함처럼, 마리아처럼 자신의 삶을 온전히 하나님께 드린 사람을 의미합니다. 자신을 하나님께 드린 자만 자식에게 참된 지혜와 참된 생명과 영원한 진리를 전해줄 수 있기 때문입니다.

 "무너진 건물더미에서 13일간이나 갇혀 있으면서 엄마의 가르침을 기억하고 힘을 얻었다는 18세 소녀의 말을 들으며, 저는 저와 제 아이들과의 관계를 다시 생각해 보았습니다. 제가 아이들의 귀에 못이 박히도록 한 말은 공부 열심히 하여 좋은 대학 가라는 잔소리뿐이었습니다. 저는 그 동안 아이들에게 정말 필요한 인생의 지혜를 들려줄 지혜를 갖고 있지 못했습니다."
 "나는 이제껏 내 아이들에게 어떤 가르침을 주었을까? 아이들이 훗날 역경에 처했을 때, 과연 내가 가르쳐 준 어떤 말에 힘을 얻고 일어설 수 있을까?"
 부모가 어떤 삶을 추구하느냐에 따라, 그 자식의 삶이 결정됩니다.

 주님.
 우리는 매일 자식들에게 많은 것을 이야기하고 있습니다.
 그 숱한 말들 가운데, 정말 자식들에게 참된 생명과 영원한
 힘이 될 진리와 지혜의 말들이 얼마나 포함되어 있는지,
 이 시간 되돌아보게 해주셔서 감사합니다.
 하나님께 나를 먼저 드리지 않는 한 나의 모든 말들은
 의미 없는 잔소리에 불과하며, 의미 없는 잔소리는 부모와

자식 간의 골만 넓힐 뿐임도 알게 해주셔서 감사합니다.
우리 자신이 먼저 아브라함과 같은 아버지, 마리아와 같은
어머니가 되게 하옵소서. 오직 하나님의 것으로
자식들에게 채워 주는 부모들이 되게 하옵소서.
우리의 자식들이 하나님 앞에서 선한 삶을 다 산 뒤에
우리의 자식 되었음을 가장 큰 긍지로 여기게끔, 지금부터
우리 자신을 먼저 하나님께 온전히 드리는 참 신앙인이
되게 해주옵소서. 내가 어떤 삶을 추구하느냐에 따라 내
자식의 삶이 결정됨을 늘 기억하며 살게 하옵소서.
자식을 진정으로 사랑한다는 것은, 그 결과가 죽음일
수밖에 없는 세상에서만 잘살게 하는 것이 아니라
영원하신 하나님 앞에 바르게 서게 하는 것임을 잊지 말게
하옵소서. 아멘.

## 24
# 네 어머니라

군병들이 예수를 십자가에 못 박고 그의 옷을 취하여
네 깃에 나눠 각각 한 깃씩 얻고 속옷도 취하니
이 속옷은 호지 아니하고 위에서부터 통으로 짠 것이라.
군병들이 서로 말하되 "이것을 찢지 말고 누가 얻나
제비 뽑자"하니 이는 성경에 '저희가 내 옷을 나누고
내 옷을 제비 뽑나이다' 한 것을 응하게 하려 함이러라.
군병들은 이런 일을 하고 예수의 십자가 곁에는 그 모친과
이모와 글로바의 아내 마리아와 막달라 마리아가 섰는지라.
예수께서 그 모친과 사랑하시는 제자가
곁에 섰는 것을 보시고 그 모친께 말씀하시되
"여자여, 보소서. 아들이니이다"하시고
또 그 제자에게 이르시되 "보라, 네 어머니라" 하신대
그때부터 그 제자가 자기 집에 모시니라.
이후에 예수께서 모든 일이 이미 이룬 줄 아시고 성경으로
응하게 하려 하사 가라사대 "내가 목마르다" 하시니,
거기 신 포도주가 가득히 담긴 그릇이 있는지라.
사람들이 신 포도주를 머금은 해융을 우슬초에 매어
예수의 입에 대니 예수께서 신 포도주를 받으신 후 가라사대
"다 이루었다" 하시고 머리를 숙이시고
영혼이 돌아가시니라.

요한복음 19:23~30

작가 조연경 씨의 작품 중에 '효도별곡'이라는 콩트가 있습니다.

  서울에서 만두집을 경영하며 살아가는 젊은 부부가 있었습니다. 어느 날 부부는 이상한 사실을 알게 되었습니다. 매주 수요일 오후 3시만 되면 어김없이 만두가게에 나타나는 할아버지와 할머니가 있다는 것이었습니다. 처음 얼마 동안은 대수롭지 않게 여겼지만, 시간이 지나면서 만두집 부부는 그 할머니와 할아버지에 대하여 비상한 관심을 갖게 되었습니다. 그도 그럴 것이 매주 수요일 3시 할머니와 할아버지가 따로따로 만두집으로 들어선다든가, 식탁에 마주앉아 서로 쳐다보는 표정 등에서 석연치 않은 점이 한두 가지가 아니었기 때문입니다. 대개는 할아버지가 먼저 오는 편이었지만, 비나 눈이 온다거나 날씨가 궂은 날이면 할머니가 먼저 와서 구석자리에 앉아 출입문을 바라보며 초조하게 할아버지를 기다리곤 했습니다. 만두를 시킨 뒤에는 김이 모락모락 나는 만두를 먹을 생각도 않고, 마치 이별을 앞둔 젊은 연인들처럼 안타까운 눈빛으로 서로 쳐다보는 것이었습니다. 그러다가 생각난 듯 상대에게 황급히 만두를 권하다가 다시 눈이 마주치면, 눈에 눈물이 고이기도 하였습니다.

　만두집 부부는 그 할아버지와 할머니가 부부지간일 리가 없다는 판단을 내렸습니다. 만약 부부라면 매번 만두집에 따로 나타날 리도 없고, 만날 때마다 그처럼 서로 애절하게 쳐다보다가 헤어질 리도 없을 것이기 때문이었습니다. 따라서 그들은 할아버지와 할머니의 관계를 옛날 '첫사랑'의 관계로 잠정 결론을 내렸습니다. 몸은 늙어도 사랑은 늙지 않는 법이기에 나이 들어 우연히 재회한 첫사랑의 연인들이, 일주일에 한 번씩 만나 젊은 시절 이룰 수 없었던 사랑의 아쉬움을 나누는 것이라고 생각한 것입니다.

　그러던 어느 수요일, 그 날따라 할머니의 안색이 영 좋지 않아 보였습니다. 병색이 완연했습니다. 할아버지가 만두 하나를 집어 할머니에게 권했지만 할머니는 힘없이 고개를 가로저을 뿐이었습니다. 그리고 그 날따라 할머니는 눈물을 자주 닦으며 어깨를 들먹이곤 했습니다. 한참 뒤에 자리에서 일어나 만두 값을 치른 할아버지는, 그 날만큼은 할머니의 어깨를 감싸 안은 채 만두집을 나섰습니다. 곧 쓰러질 듯이 휘청거리며 걷는 할머니를 마치 어미닭이 병아리를 감싸듯 감싸안고 가는 할아버지. 그 두 노인의 뒷모습이 왠지 가슴 아프게 보였습니다

　그런데 그 날 이후로 할아버지와 할머니의 발길이 끊어지고 말았습니다. 그 다음 수요일도, 또 그 다음 수요일에도 두 노인은

영영 나타나지 않는 것이었습니다. 만두집 부부는 궁금하기 짝이 없었으나 어쩔 도리가 없었습니다. 그로부터 두 달여가 지난 어느 수요일 정각 오후 3시에, 할아버지가 문을 열고 만두집 안으로 들어섰습니다. 부부는 너무나 반가웠습니다. 그러나 할아버지의 얼굴은 예전과는 달리 몹시 초췌해 보였고, 진심으로 반가워하는 부부를 향해 할아버지가 답례로 보인 웃음은 울음보다 더 슬퍼 보이는 것이었습니다. 만두집 여자가 물었습니다.

"할머니도 곧 오시겠지요?"

할아버지는 고개를 가로 저었습니다. 죽었다는 것이었습니다. 그 말에 만두집 부부는 들고 있던 접시를 떨어뜨릴 만큼 놀랐습니다. 그리고 마치 독백하듯 울먹이는 목소리로 이야기하는 할아버지의 사연을 듣고서 부부는 더더욱 놀랄 수밖에 없었습니다. 할아버지와 할머니는 그들이 생각했던 것처럼 첫사랑의 관계가 아니라 어엿한 부부지간이었습니다. 그런데 할아버지는 수원에 있는 큰 아들의 집에서, 할머니는 서울에 있는 둘째 아들의 집에서 각각 떨어져 살아야만 했습니다. 두 분의 사이가 나빠서가 아니라 자식들이 싸운 결과였습니다. 큰 며느리가, 다 같은 며느리인데 자기 혼자만 시부모를 모두 모실 수 없다고 강경하게 나서는 바람에, 아들들이 공평하게 한 분씩을 모시기로 한 것이었습니다. 본의 아니게 서울과 수원으로 생이별을 하게 된 할아버지와 할머니는, 매주 수요일 3시만 되면 마치 견우직녀처럼 그 만두집에서 일주일에 한 번씩 만나 온 것이었습니다. 할아버지는 다음과 같은 말로 이야기의 끝을 맺었습니다.

"이제 나만 죽으면 돼. 천국에서는 같이 살 수 있을 거야."

연로한 부모님을 생이별시켰던 그 자식들을 함부로 비난할 수는 없습니다. 어쩌면 자식들에게 그렇게 할 수밖에 없는 그들만의 절박한 사정이 있었는지도 모릅니다. 그러나 어떤 경우에도 이것만은 부정할 수가 없을 것입니다. 만에 하나라도 자식들이 부모에 대하여 긍지를 갖고 있었더라면, 부모로 인해 이 땅에 한 인간으로 태어날 수 있었고 부모의 희생과 헌신을 통해 지금의 자신이 존재할 수 있었다는 것에 대한 긍지가 있었다면, 부모님을 호강시켜 드리지는 못한다 할지라도 하다못해 달동네 사글세방이라도 얻어 함께 기거토록 해드릴지언정, 그 어느 때보다도 삶의 반려자가 필요한 노부모를 생이별시켜 한을 품고 세상을 떠나가게 하지는 않았을 것입니다.

하나님께서 친히 명령하신 십계명 중 제5계명은 '네 부모를 공경하라'입니다. 작년 어버이 주일에 '공경하라'는 히브리어 'kabad'는 '무겁다'는 뜻이라고 말씀드렸습니다. 즉 '공경한다'는 것은 '무게를 인정한다'는 뜻입니다. 우리보다 앞서 인생의 길을 걸어가신 부모님께는 우리가 도저히 흉내내거나 상상할 수 없는 삶의 무게, 경륜의 무게, 인식의 무게가 있는 법입니다. 바로 그 무게를 인정하는 것이 부모님을 공경하는 것입니다. 그 무게를 인정하면 귀히 여기지 않을 도리가 없기 때문입니다.

중요한 것은, 여기에서 '무게'란 '긍지'와 동의어가 된다는 사실입니다. 부모님 인생의 무게를 존중한다는 것은 자식으로서 부모님에 대한 긍지를 품고 있음을 뜻하는 것이요, 만약 이 긍지를 갖고 있지 못하다면 부모님의 무게를 인정하기는커녕 깃털보다 더 가벼이 여길 수밖에 없는 것입니다. 따라서 효도란 함께 모시고 사느냐 아니냐, 용돈을 얼마나 드리느냐, 얼마나 호강을 시켜드리느냐에 달려 있지 않습니다. 참된 효도는, 오늘의 나를 있게 해주신 부모님에 대한 긍지 여부에 따라 판가름 나는 것입니다.

벌써 15년 전의 일입니다. 일본 홋카이도의 삿포로에서 돈을 많이 번 재일교포 한 분이, 형편이 어려운 재일교포 노인들을 위해 최신 시설의 양로원을 세웠다는 이야기를 듣고 현지를 직접 답사했던 적이 있습니다. 과연 소문대로 양로원은 호텔과 같은 수준의 완벽한 시설을 갖추고 있었습니다. 그 속에서 많은 노인들이 의사와 간호사, 그리고 영양사와 봉사자들의 도움을 받으면서 편안한 여생을 보내고 있었습니다.

그런데 한 가지 이해할 수 없는 것은 재일교포 노인을 위해 지은 그 양로원에 재일교포 노인은 막상 한 명뿐이었고 나머지는 모두 일본인들이었다는 사실입니다. 이유는 의외로 간단했습니다. 그때까지만 해도 재일교포 노인들이 막상 시설 좋은 양로원에 들어가고 싶어해도, 자식들이 혹 주위 사람들로부터 손가락질을 받을까 두려워 반대하기 때문이었습니다. 정말 효자라서 노부모님을 모시는 것이 아니라, 실제로는 전혀 효도를 하지 않으면서도 불효자라는 욕을 듣지 않기 위해서 부모님을 가두어 두고 있는 것이었습니다.

자신을 낳아 주신 부모님이 단지 귀찮아서, 혹은 남의 손을 빌려 형식적 책임을 다 하기 위해 양로원에 보내는 것은 천륜을 어기는 무서운 죄악입니다. 그러나 부모님에 대하여 긍지를 갖고 살아가는 자식이 부모님과 함께 살고 싶은 마음이 간절한데 부모님께서 노인들을 위해 특수시설이 갖추어져 있는 양로원에서 같은 또래의 노인들과 함께 살기를 진정으로 원하셨기에 양로원에 모셔다 드리고 정기적으로 찾아뵙는다면, 그것은 결코 불효가 아닙니다. 드리어 참된 효도입니다. 그러나 부모님을 한 집에 모시고 살면서도 함께 사는 애완용 강아지만도 못하게 여긴다면, 그것이야말로 씻을 수 없는 불효입니다.

따라서 내 부모님의 재산이 얼마냐, 내 부모님이 얼마나 출세한 분이냐, 얼마나 배운 분이냐에 상관없이 그분의 자식으로 태어난 데 대한 긍지를 갖는 것이 참된 효도의 필수조건이 됩니다. 부모님에 대한 사랑도, 존중도, 섬김도 오직 이 긍지로부터만 비롯되는 까닭입니다.

본문 26절은 이렇게 증거하고 있습니다.

> 예수께서 그 모친과 사랑하시는 제자가
> 곁에 섰는 것을 보시고 그 모친께 말씀하시되
> "여자여, 보소서. 아들이니이다."

우리는 지난 시간에 예수님께서 어머니 마리아에게 사용한 '여자'라는 호칭 'gunee'는 이스라엘인들이 존경하는 상대에게 사용하는 경칭이라는 것과, 또 예수님께서 십자가의 고통 가운데에 하신 이 말씀의 의미가 무엇인지에 대하여 깊이 생각해 보았습니다.

예배가 끝난 뒤에 한 성도님이 이런 질문을 했습니다. 예수님께서 '보소서 아들이니이다' 하신 것은 예수님 당신 자신을 가리키는 말이 아니라 예수님의 제자인 사도 요한을 일컫는 것이 아니냐는 것이었습니다. 그것은 대단히 적절한 질문이었습니다. 일반적으로 그렇게 해석하고 있기 때문입니다.

본문 26절에 의하면 예수님의 모친 곁에 예수님의 사랑하시는 제자, 즉 사도 요한이 서 있는 것으로 나타나 있습니다. 그리고 계속해서 27절은 이렇게 증거하고 있습니다.

> 또 그 제자에게 이르시되 "보라, 네 어머니라" 하신대
> 그때부터 그 제자가 자기 집에 모시니라.

제자 요한과 예수님은 친형제가 아닙니다. 그런데도 예수님께서는 요한에게 '네 어머니'라고 말씀하셨습니다. 십자가에 못 박히신 예수님께서 운명하시기 직전, 제자 요한에게 당신의 어머니를 자기 친어머니처럼 모셔 줄 것을 당부하시는 말씀이었습니다. 따라서 예수님께서 어머니를 향해 "보소서. 아들이니이다" 하고 말씀하신 것은 당신 자신이 마리아의 아들이라는 뜻이 아니라, 요한을 가리켜 앞으로 요한을 양아들로 삼으라는 의미라는 것이 일반적인 해석입니다. 그래서 표준 새번역 성경은 아예 본문을 이렇게 번역하고 있습니다.

> 예수께서는 자기 어머니를 보시고
> 또 그 곁에 자기가 사랑하는 제자가 서 있는 것을 보시고
> 어머니에게 "여자여, 이 사람이 어머니의 아들입니다" 하고
> 말씀하시고

즉 본문에서의 아들을 사도 요한으로 단정하여 표현하고 있는 것입니다. 정황으로나 문맥으로 볼 때 대단히 설득력있는 해석입니다. 저 역시 원문을 보기 전까지는 그렇게 믿고 있었습니다. 그러나 원문을 보면 '보십시오, 당신의 아들'이라고만 기록되어

있습니다. 이를테면 예수님 자신이 아들이란 말인지, 아니면 사도 요한이 아들이란 말인지를 밝혀 줄 주어와 동사가 전혀 나타나 있지 않습니다. 바꾸어 말하면 본문의 아들을 사도요한과 예수님 중 어느 쪽으로 번역해도 무방한 것입니다. 그렇다면 본문을 예수님 당신 자신을 가리키는 것으로 해석해야 할 절대적인 필요가 생기게 됩니다. 왜냐하면 본문이야말로 예수님의 효성을 강조하는 구절로 인용되고 있기 때문입니다.

 복음서를 읽어 보면 예수님께서 당신의 친어머니였던 마리아에게 효도하는 것과는 거리가 먼 분인 듯한 느낌을 지울 수가 없습니다. 예수님이 12살 되던 해에 가족이 유월절을 지키기 위해 함께 예루살렘에 올라갔다가 어머니 마리아가 그만 예수님을 잃어버리고 맙니다. 아들을 잃은 어미의 심정이 어떠했겠습니까? 우여곡절 끝에 사흘 만에 예루살렘 성전에서 예수님을 찾았을 때 어린 예수님은 어머니께 태연하게 이렇게 말했습니다.

 "어찌하여 나를 찾으셨나이까? 내가 내 아버지 집에 있어야
 될 줄을 알지 못하셨나이까?" (눅 2:49)

 그리스도로서의 공생애를 위해 출가한 예수님을 어머니 마리아가 찾아갔을 때에도, 예수님께서는 어머니는 아랑곳하지 않고 제자들에게 이런 말씀을 하셨습니다.

 "누가 내 모친이며 내 동생들이냐? ……
 누구든지 하늘에 계신 내 아버지의 뜻대로 하는 자가
 내 형제요 자매요 모친이니라." (마 12:48~50)

예수님의 어머니에 대한 이와 같은 언행은, 전통적인 의미에서 볼 때 불효로 여겨질 수도 있습니다. 그러나 예수님을 가리켜 불효자라고 부르지는 않습니다. 오히려 예수님은 부모공경의 본으로 추앙받고 있는데, 그 근거는 요한복음 2장에 나타난 '가나의 혼인잔치' 기사와 오늘의 본문 두 군데 뿐입니다.

예수님께서 가나라는 곳의 혼인 잔칫집에 어머니와 함께 참석하셨을 때, 마침 그 집의 포도주가 떨어져 버리고 말았습니다. 그 사실을 안 어머니 마리아는 예수님에게 기적을 베풀어 줄 것을 요구하지만, 예수님께서는 아직은 당신의 때가 아니라는 이유로 거절합니다. 그럼에도 불구하고 어머니가 강권하자 예수님은 자신의 뜻을 굽히고 어머니의 명령에 순종하여 생애 첫번째 기적을 행하게 됩니다. 예수님의 효성을 강조할 때마다 늘 인용되는 첫번째 이야기 입니다.

그러나 그것은 예수님의 공생애 초기의 일이었습니다. 그 이전은 물론이요 그 이후 역시 예수님의 효성을 엿볼 수 있는 기사는 복음서 그 어디에서도 찾아볼 수 없습니다. 그러다가 십자가에 못 박혀 운명하시기 직전, 오늘의 본문에 이르러서야 사람들은 두번째이자 마지막으로 예수님의 효성을 발견하고 강조하게 됩니다.

그렇다면 "보소서. 아들이니이다"라는 이 구절은 정말 중요한 구절이 아닐 수 없습니다. 만약 이 구절이 없다면, 가나의 혼인잔치 기사 하나만으로 예수님을 효자라 강조하기엔 너무나 역부족이기 때문입니다.

바로 이런 의미에서 "보소서. 아들이니이다"라는 주님의 말씀은 모친 마리아에게 단순히 사도 요한을 아들로 삼으라는 소개의 말일 수가 없는 것입니다. 만약 그렇다면, 다시 말해 어머니와 전혀 무관한 삶을 살다가 기껏 죽기 직전 다른 사람을 아들로 소개나 시켜주는 예수님이라면, 단지 자식의 형식적 의무를 다하기 위해 아버지와 어머니를 생이별시켜 놓고도 부모를 모신다고 생각하는 사람들과 무슨 차이가 있겠습니까? 애정도 없이 그저 남의 손을 빌려 효도 아닌 효도를 하기 위해 부모를 양로원에 떠맡겨 버리는 자식들과 다를 바가 도대체 무엇이겠습니까? 그러고서야 어찌 예수님께서 부모 공경의 본이 되실 수 있겠습니까?

따라서 본문 속의 아들은 바로 예수님 당신 자신을 의미할 수밖에 없습니다. 십자가 위에서 죽어가시던 예수님께서 당신의 어머니 마리아를 발견하셨습니다. 죽어가는 아들에게 어머니보다 더 그리운 존재가 어디 있겠습니까? 예수님께서는 십자가에 못 박히셨기에 두 팔을 벌리신 채, 당신 자신을 가리켜 어머니에게 말씀하셨습니다. "어머님, 보십시오. 바로 어머님의 아들입니다."

그것은 어머니 마리아가 율법에 의해 돌에 맞아 죽을 위험을 무릅쓰고 동정녀 처녀의 몸으로 당신을 잉태하고 당신을 낳고 당신을 키워 주었기에 하나님의 독생자로 이 땅에 오셔서 그리스도로서 구원의 사역을 완수할 수 있었다는, 어머니에 대한 주님의 긍지의 대선언이었던 것입니다. 동정녀 처녀였던 어머니가 내 어머니 되어 주지 않았던들 그 모든 일이 가능할 수 없었다는 긍지에 찬 고백이었습니다. 예수님의 그 말씀 한마디로 인해, 처녀의 몸으로 하나님의 아들을 낳음으로써 마리아가 세상 사람들로부터 겪어야만 했던 온갖 고초와 고난의 고통이 눈 녹듯 사라졌을 것입니다.

주님께서 어머니에 대하여 이처럼 긍지를 갖고 계셨기에 비록 어머니와 떨어져 사셨지만 어머니에 대한 효성만은 변하지 않았습니다. 바로 이 긍지로 인해 사랑하는 제자 요한에게 "네 어머니라"며 당신 모친의 여생을 간절하게 부탁하실 수 있었고, 남의 손을 빌려 효도하려는 여타 인간들과도 구별되실 수 있었으며, 그래서 '네 부모를 공경하라'는 하나님의 계명이 예수님의 삶 속에서 성취될 수 있었던 것입니다.

사랑하는 교우 여러분.
사람이 나이가 들수록 공통적으로 후회하는 것이 있습니다. 부모님 살아 생전에 효도를 다 하지 못한 것입니다. 왜 나이들수록 예외 없이 그것을 후회하게 되는지 아십니까? 이제 곧 죽으면 하나님과 먼저 가신 부모님을 만나게 될 것임을 아는 까닭입니다. 효도라는 단어의 의미가 퇴색해 가는 비정상적인 세태 속에서 '부모를 공경하라'는 하나님의 제5계명 앞에서 양심에 거리낌없는 그리스도인이 되기를 원하십니까? 아니, 예수 그리스도를 닮는 참된 주님의 제자가 되기를 진정으로 원하십니까?
그렇다면 오늘의 내가 존재할 수 있게끔 하나님의 도구가 되어 주셨던 부모님에 대한 긍지를 찾으십시오. 비천한 달동네 나사렛 출신의 마리아가 단지 주님의 어머니가 되었다는 이유만으로 예수님의 긍지가 되듯이, 우리의 부모님도 아무리 늙고 병들고 볼품없다 할지라도 하나님의 치밀하신 섭리에 의해 우리 부모님이 되셨다는 사실 하나만으로 충분히 우리의 긍지가 될 자격을 갖추고 계시는 것입니다. 부모님에 대해 이 긍지를 갖고 있는 한, 설령 남에게 불효처럼 보이는 행동도 그 본질은 효도일 수밖에 없습니다. 그러나 이 긍지를 갖지 못한 자식이라면, 그가 부모에게 행하는 것들이 겉으로는 아름답게 보일지라도 그것은 또 다른 불효의 시작에 지나지 않습니다.

주님을 정녕 믿고 따른다면, 오늘부터 부모님을 향하여 주님처럼 두 팔을 활짝 벌리고 긍지에 찬 고백의 삶을 시작하지 않으시겠습니까?

"보십시오. 저는 바로 부모님의 자식입니다."

그때 우리의 삶을 통하여 우리를 부모님의 자식으로 태어나게 하신 하나님의 뜻이 이 땅에 아름답게 펼쳐질 것입니다.

하나님 아버지.
우리의 부모님이 아니었더라면 지금 우리의 존재 자체가
불가능했을 것입니다. 수없이 많은 사람들 중에
하나님께서 빼시고 빼시어 우리 존재의 통로가 되게 하신
부모님에 대해 긍지를 갖는 자식들이 되게 하옵소서.
그 긍지로부터만 참된 효도가 시작됨을 잊지 말게
하옵소서. 하나님을 공경하는 것 역시 하나님의 자녀된
긍지로부터 비롯됨을 기억하게 하옵소서. 이 긍지 속에서
하나님 공경과 부모 공경이 우리 삶으로 성취되게 하시고,
그 누구도 아닌 우리 부모님의 자식으로 태어나게 하신
하나님의 섭리를 바르게 분별하고 실천하는 자들이 되게
하옵소서.
주님을 믿고 따르는 그리스도인으로서 어떤 경우에도
불효자처럼 보이는 효자가 될지언정, 효자처럼 보이는

불효자가 되지 않도록 우리를 붙들어 주시옵소서.
부모 공경이 연례행사가 아니라 매일의 삶이 되게
하옵소서. 진정한 부모공경의 본이셨던 예수 그리스도를
닮는 참된 그리스도인들이 되게 하옵소서. 아멘.

# 25
# 자기 집에 모시니라

군병들이 예수를 십자가에 못 박고 그의 옷을 취하여
네 깃에 나눠 각각 한 깃씩 얻고 속옷도 취하니
이 속옷은 호지 아니하고 위에서부터 통으로 짠 것이라.
군병들이 서로 말하되 "이것을 찢지 말고 누가 얻나
제비 뽑자" 하니 이는 성경에 '저희가 내 옷을 나누고
내 옷을 제비 뽑나이다' 한 것을 응하게 하려 함이러라.
군병들은 이런 일을 하고 예수의 십자가 곁에는 그 모친과
이모와 글로바의 아내 마리아와 막달라 마리아가 섰는지라.
예수께서 그 모친과 사랑하시는 제자가
곁에 섰는 것을 보시고 그 모친께 말씀하시되
"여자여, 보소서. 아들이니이다" 하시고
또 그 제자에게 이르시되 "보라, 네 어머니라" 하신대
그때부터 그 제자가 자기 집에 모시니라.
이후에 예수께서 모든 일이 이미 이룬 줄 아시고 성경으로
응하게 하려 하사 가라사대 "내가 목마르다" 하시니,
거기 신 포도주가 가득히 담긴 그릇이 있는지라.
사람들이 신 포도주를 머금은 해융을 우슬초에 매어
예수의 입에 대니 예수께서 신 포도주를 받으신 후 가라사대
"다 이루었다" 하시고 머리를 숙이시고
영혼이 돌아가시니라.

요한복음 19:23~30

개신교 목사님 중에 직접 수도원을 창설하고 그 속에서 수도자로 살아오는 엄두섭 목사님이란 분이 있습니다. 그 노 목사님이 교회를 목회하는 목회자의 삶에서 한평생 수도원 운동에 앞장서는 수도자로 돌아서게 된 데에는 그 나름대로 충분한 이유가 있었습니다.

그분이 30세 되던 해에 목사 안수를 받고 처음 부임한 곳은 전라남도 광주 인근의 남평에 있는 교회였습니다. 막상 그 곳에 당도하고 보니 교회의 분위기가 매우 어수선하였습니다. 까닭을 알아보았더니, 그 교회에서 신앙적으로 가장 모범적이었던 집사님 한 분이 얼마 전에 교회를 떠나 '산중파'를 따라 가버렸다는 것이었습니다. 소위 산중파의 지도자는 이현필이란 사람이었는데, 그 무리들은 산 속에서 기거하면서 기성 교회에 다니지 않고 그들 나름대로 성경을 공부하며 신앙생활 하는 자들이었습니다. 그래서 그 곳 교인들과 목회자들은 그들을 산중파라 부르면서 아예 이단으로 규정하고 있었습니다. 처음 부임한 엄 목사님 역시 그렇게만 알고 있었습니다.

당시 전라도에는 공산당들이 극성을 부리고 있었는데, 엄 목사님이 목회하는 교회에도 공산당원임을 자처하는 자들이 다섯 명이나 될 정도였습니다. 그런데 갑자기 6·25 전쟁이 터졌습니다. 인민군들에 의해 서울이 점령되었다는 정보를 제일 먼저 입수한 사람들은 광주를 비롯한 도시 큰 교회 목사들과 힘 있는 교인들이었습니다. 그들은 연줄을 대어 상무대 장교들의 군 트럭을 타고 서둘러 부산으로 도망쳐 버리고 말았습니다. 마침내 인민군들이 전라도까지 쳐들어왔을 때 곤욕을 치루어야 했던 사람들은 시골 작은 교회 목사들과 힘 없는 교인들뿐이었습니다.

그런데 그 가운데에는 미국 여인으로 한국명이 유화례라는 선교사가 있었습니다. 불쌍한 사람들을 끝까지 돕다가 그만 피난 시기를 놓쳐 버린 채 인민군의 눈을 피해 이리저리 방황하고 있었습니다. 그녀는 국적상 인민군에게 붙잡히면 어떤 고초를 당할지 알 수 없는 긴박한 상황이었습니다. 그러나 아무도 그녀를 도와줄 엄두를 내지 못했습니다. 미국 여선교사의 생명보다는 각자 자기의 생명이 더 급했기 때문입니다.

그때 목숨을 걸고 이 선교사를 구출해 낸 사람들이 바로 산중파 사람들이었습니다. 그들은 이 땅에 복음을 전하기 위해 헌신하던 미국의 여선교사를 구하는 것이야말로 그리스도인 된 자의 의무라고 생각했습니다. 그들은 큰 궤짝을 만들어 여선교사를 그 속에 들어가게 한 뒤 번갈아 지게에 지고, 도중에 사람들이 물으면 짐짝이라고 대답하면서 70리나 떨어진 화순 화학산으로 들어

갔습니다. 그리고 그 산중턱에 있는 동굴에 선교사님을 숨겨 놓고, 인민군들이 해를 넘겨 물러갈 때까지 산중파 사람들이 먹을 것을 구해 그녀를 지켰습니다. 그 와중에 산중파 사람 두 명이 빨치산에 발각되어 목숨을 잃기도 했습니다. 산중파 사람들의 생명을 건 헌신과 사랑으로 그 여선교사는 마침내 무사히 구출될 수가 있었습니다.

엄 목사님은 그 사실을 현장에서 직접 보고 들으면서 과연 누가 진정한 그리스도인인지, 누가 참으로 주님을 모시고 사는 사람인지, 어느 쪽이 정말 교회인지 깊이 생각하게 되었습니다. 그후 8년 만에 서울로 목회지를 옮겼는데 도시 그리스도인들의 타락상을 더욱 절실하게 확인한 뒤, 옛날 산중파 사람들을 생각하면서 목회를 그만두고 수도원 운동을 시작하게 되었던 것입니다.

교회에 다닌다는 것만으로는 진정한 그리스도인이라고 말할 수 없습니다. 참다운 그리스도인이란 그 심중에 예수 그리스도를 모시고 살아가는 사람입니다. 그 중심에 예수 그리스도를 모시고 사는 사람만이 어떤 상황 속에서든지 자신이 모신 예수 그리스도의 뜻을 분별하고 주님의 명령에 순종할 수 있기 때문입니다.

십자가에 못 박히신 예수님께서는 운명하시기 직전 사랑하시는 제자 요한에게 당신의 생모 마리아를 가리켜 "보라, 네 어머니라"고 말씀하셨습니다. 예수님께서 세상을 떠나신 후 당신의 어머니를 친어머니처럼 봉양해 줄 것을 당부하시는 말씀이었습니다. 이에 대하여 본문은 이렇게 증거하고 있습니다.

> 또 그 제자에게 이르시되 "보라, 네 어머니라" 하신대
> 그때부터 그 제자가 자기 집에 모시니라. (요 19:27)

그 날부터 제자 요한은 지체없이 예수님의 어머니 마리아를 자기 집에서 모셨습니다. 하루 이틀 혹은 한두 달만 모신 것이 아닙니다. 그때부터 요한은 장수한 마리아가 늙어 죽을 때까지, 다시 말해 요한 자신이 늙은이가 될 때까지 마리아를 모셨습니다. 참으로 놀라운 일이 아닐 수 없습니다.

자기 친어머니를 한평생 한 집에서 모시고 사는 것도 쉬운 일은 아닙니다. 때로는 뜻이 맞지 않을 때도 있고 때로는 서로 마음이 상할 때도 있는 등, 많은 어려움이 있을 수 있습니다. 그런데 사도 요한은 자기 어머니도 아닌 남의 어머니를 한평생 모셨습니다. 얼마나 어려움이 많았겠습니까?

많은 학자들은 예수님과 제자 요한을 사촌지간으로 보고 있습니다. 즉 예수님의 어머니 마리아와 요한의 어머니가 친자매지간이라는 것입니다. 따라서 본문 25절이 '예수님의 십자가 곁에 그 모친 마리아와 예수님의 이모가 서 있었다'고 증거하고 있는 바, 그 이모가 바로 요한의 어머니라는 것입니다. 그렇다면 예수님 어머니 마리아는 예수님의 사촌 요한에게도 이모가 되는 것입니다.

그것이 사실이라 할지라도 요한이 마리아를 한평생 모시기에 특별히 편할 이유는 없습니다. 오히려 인척지간이기 때문에 서로 기대하는 바가 있으므로 남남일 때보다 더 어려울 수도 있습니다. 그럼에도 불구하고 요한은 예수님의 어머니 마리아를 한결같이 모시기를 중단치 않았습니다. 요한은 '우레의 아들'이라

는 별명이 있을 정도로 성미가 불 같은 사람이었습니다. 또 예수님에게 부당한 청탁을 은밀히 할 정도로 이기적이었던 인간이었습니다. 그와 같은 요한이 어떻게 한평생 그 일을 해낼 수 있었겠습니까?

그것은 사도 요한이 그 중심에 주님을 모시고 있었기 때문입니다.

"보라, 네 어머니라" 하신대
그때부터 그 제자가 자기 집에 모시니라. (요 19:27)

겉으로 보기어는 요한이 예수님의 어머니 마리아만 모신 것 같습니다. 만약 그랬더라면 요한은 남의 어머니를 한평생은 고사하고 한두 달도 제대로 모시지 못했을 것입니다. 요한은 마리아를 자기 집에 모시기 이전에 자신의 심중에 주님을 먼저 모셨던 것입니다. 자신 속에 모시고 있는 주님 때문에, 주님을 의지하여, 주님의 능력에 힘입어, 주님의 사랑에 의해, 어떤 상황 아래서든 변함없이 주님의 명령에 따라 노인이 될 때까지 할더니 마리아를 모실 수 있었던 것입니다.

요한이 주님을 모셨을 때 단지 마리아간 섬겼던 것이 아닙니다. 요한은 자신이 모신 주님으로부터 생명의 말씀을 늘 들을 수 있었습니다. 주님을 모신 그의 심중에는 언제나 주님의 말씀이 넘쳐 흐르고 있었습니다. 그래서 마침내 마리아 봉양이 끝났을 때, 노 사도 요한은 요한복음과 요한1서, 2서, 3서, 그리고 요한계시록을 기록할 수 있었습니다. 한평생 주님을 모시고 살지 않았더라면 결코 가능할 일이 아니었습니다.

그뿐만이 아니었습니다. 요한은 한평생 주님을 모시고 살면서 주님을 통하여 하나님께서 인간을 얼마나 사랑하시는지, 아니 하나님은 사랑 그 자체이심을 날마다 확인하게 되었습니다. 그래서 그는 이렇게 고백하지 않을 수 없었습니다.

사랑하는 자들아, 우리가 서로 사랑하자.
사랑은 하나님께 속한 것이니
사랑하는 자마다 하나님께로 나서 하나님을 알고
사랑하지 아니하는 자는 하나님을 알지 못하나니
이는 하나님은 사랑이심이라. (요1 4:7~8)

큰 교회 목사들과 힘 있는 교인들이 내팽개쳐 두고 가버린 미국 여선교사님을, 그들에게 이단시 당하던 산중파 사람들이 자신들의 생명을 건 채 지게에 지고 70리나 떨어진 산 속 동굴에 숨겨 놓고 해가 바뀔 때까지 먹을 것을 구해 공궤했다는 것은, 그야말로 여선교사님을 극진히 모셨음을 의미합니다. 모두 자기 살 궁리만 하는 그 살벌한 전쟁판에서 어찌 산중파 사람들은 죽음을 무릅쓰고, 아니 두 사람의 생명을 잃으면서까지 미국 여선교사님을 끝까지 모실 수 있었겠습니까?

그들이야말로 진정 그 심중에 주님을 모신 자들이었기 때문입니다. 그들의 심중에 계시는 주님 때문에, 주님의 사랑으로 인해, 그 사랑을 힘입어 그들은 그녀를 모시고 섬기고 사랑할 수밖에 없었던 것입니다. 그렇기에 산중파의 지도자였던 이현필은, 추운 겨울에 신발도 없이 선교사를 위해 먹을 것을 구하러 산 속을 헤매고 다니면서도 주님을 향해 이런 사랑의 시를 남겼습니다.

　　　주님 가신 길이라면 태산 준령 험치 않소
　　　방울방울 땀방울만 보고 따라 가오리다

　　　주님 가신 길이라면 가시밭도 싫지 않소
　　　방울방울 핏방울만 보고 따라 가오리다

　　　주님 계신 곳이라면 바다 끝도 멀지 않소
　　　둘결물결 헤엄쳐서 건너가서 뵈오리다

　　　주님 계신 곳이라면 하늘 끝도 높지 않소
　　　믿음 날개 훨훨 쳐서 올라가서 뵈오리다

　　　오, 주 예수, 주님이여, 이 천한 맘에 계시오니
　　　밝히 인도하여 주옵시기 꿇어 엎드려 비나이다

　교회는 예수 그리스도를 믿는 사람들의 공동체입니다. 따라서 만약 교회가 타락하고 교회로서의 사명을 제대로 감당하지 못하고 있다면, 그것은 교회의 건물이 낡아 제 기능을 다하지 못한다는 말이 아니라 교인들 한 사람 한 사람이 주님을 그 심중에 모시고 있지 않음을 의미합니다. 주님을 중심에 모시지 않고서는 교세가 아무리 커도 사도 요한처럼 주님께서 사랑하시는 참 제자가 될 수 없고, 주님을 심중에 모시지 않고서는 예배당이 제아무리 웅장해도 산중파 사람들 같은 진정한 그리스도인이 될 수는 없습니다.

주님을 모시지 않은 자가 세상의 빛과 소금이 될 방법이 없고, 주님을 모신 자가 세상의 빛과 소금이 아니 될래야 아니 될 수 없음은, 진리요 생명이신 예수 그리스도께서 곧 빛이요 소금이시기 때문입니다. 주님을 모시지 않고서는 교회가 교회다울 수 없고, 그리스도인들이 그리스도인다울 수 없다는 것은 재론의 여지가 없습니다.

오늘은 창립 9주년을 맞는 기념주일입니다. 9년 전 우리는 주님을 주인으로 모신 교회가 되자는 의미에서 교회 이름을 '주님의 교회'라고 지었습니다. 그렇다면 이 교회에 속한 우리 한 사람 한 사람 모두가 주님을 주인으로 모시지 않으면 안 됩니다. 우리 각자가 사도 요한과 같은 제자, 산중파 사람들과 같은 그리스도인들이 되지 않으면 안 됩니다. 목사를 비롯하여 모든 임직자들은 그 중심에 주님을 모시고 살아가는 분명한 본이 되어야만 합니다. 우리 자신이 바로 교회이기 때문입니다. 그렇지 않을 경우 이 교회 역시 우리가 주위에서 더러 볼 수 있는, 추악한 사람들의 교회로 전락해 버리고 말 것입니다.

저 개인의 신상에 대해 말씀드리는 것을 양해해 주시기 바랍니다. 이제 1년 후면 저는 이 교회를 떠나게 될 것입니다. 저 스스로 임기를 10년으로 정하고 떠나는 것은, 어떤 경우에도 주님 아닌 사람을 우상으로 섬기고 모시는 우를 피차 범치 않기 위함입니다. 다시 말해 이 교회가 진정 주님을 주인으로 모시는 주님의 교회로 지속되는 데 저 자신이 걸림돌이 되지 않기 위함입니다.

얼마 전 익명의 교우님으로부터 편지를 한 통 받았습니다. 그 편지의 내용이 지금의 제 심정을 너무나도 잘 피력하고 있기에 이 시간 읽어 드리겠습니다.

목사님께 드립니다.
저는 주님의 교회에 등록한 지 그리 오래되지 않은 사람입니다. 밖에서 들은 이야기도 있었고, 막상 등록하고 다녀보니 모든 것이 마음에 들어 제 나름대로는 신앙도 성장한 것 같고, 교회와 목사님과 구역 식구들과 모든 성도들이 큰 자랑거리가 되었습니다.
물론 그 자랑은 그 안에 내재하시는 주님께 대한 자랑임은 말할 것도 없구요. 그런데 최근 제 마음에 먹구름이 드리우기 시작했습니다. 그것은 바로 금년에 착공할 정신여고 강당 건축과, 내년 중반이면 떠나실 목사님에 대한 지극히 인간적인 이기심에서 비롯된 근심, 걱정의 소리를 듣게 되면서부터입니다.
저도 개인적으로는 존경하는 목사님이 계속 남아 계셔서, 늘 신앙의 좌표가 되어 주시면 좋겠다고 생각하는 사람 중의 하나입니다. 그러나 그것은 나의 욕심에서 비롯된 것일 뿐, 목사님의 하나님에 대한 서원을 우리는 당연히 더 우위에 두어야 마땅하다고 생각하기에 저는 목사님의 결단을 존중하며, 정신여고 강당 건축도 한국 교회 건축에 새로운 이정표를 제시한다는 점에서 두 손 들어 환영하고 있습니다.
그럼에도 불구하고 요즘 일부에서, 정신여고 강당 건축이 끝날 때까지는 목사님이 계셔야 한다는 둥, 심지어는 목사님이 떠나시고 나면 교회에 동요가 있을 것이라는 둥, 지극히 인간적인 염려의 소리가 있는 것 같습니다.

이런 소리를 들을 때면 저는 심히 안타깝습니다. 왜냐하면 입으로는 주님의 교회가 참 좋은 교회이고 이재철 목사님은 훌륭한 분이라고 칭찬하면서, 막상 그 배후에서 역사하시는 하나님은 보지 못하고 결국 눈에 보이는 교회와, 다른 목사님보다 상대적으로 좀 나은 자연인 이재철 목사님만 보았기에 이런 염려의 소리가 나오는 것이 아닌가 생각하기 때문입니다. 또 이런 염려의 소리는 그 동안 목사님께서 일관되게 가르치신 내용과도 크게 배치되는 것이라 생각합니다.

정말 우리가 목사님을 존경하고 사랑한다면 목사님의 결심까지도 존중할 수 있어야 하고, 목사님께서 떠나신 후에도 정신여고 강당 건축은 물론, 교회가 전혀 동요 없이 더 성장해 나가는 모습을 보여 줄 때 비로소 우리가 진정 주님을 사랑했다는 증거가 드러날 줄 믿습니다.

만약 그렇지 못하고 일부의 염려처럼 목사님 떠나시고 난 다음 교회가 흔들린다면 주님의 교회를 주목하고 있던 교계로부터 "그러면 그렇지, 주님의 교회인들 별 수 있나" 하는 비웃음을 받을 것은 불을 보듯 뻔합니다.

우리 교회 교우님들이 이재철 목사님만 보고, 이재철 목사님을 있게 하신 하나님을 보지 못하는 우를 정말 범치 않았으면 좋겠습니다.

목사님 사랑합니다. 주님의 교회를 사랑합니다. 그러나 주님을 더욱 사랑합니다.

저는 이 익명의 교우님이 누구인지 알지 못합니다. 그러나 이 교우님께 진심으로 감사를 드립니다. 그리고 여러분 모두 이분 같이 되시기를 바랍니다. 아니 이미 이분과 같은 믿음을 갖고 계심을 확신합니다.

지난 9년 동안 여러분들께서 이 부족한 사람을 얼마나 사랑해 주셨는지 눈물겹도록 감사를 드리고 있습니다. 여러분들의 사랑이 없었던들 오늘의 저는 존재치 않았을 것입니다. 저 역시 누구보다도 여러분들을 사랑합니다. 그러나 우리의 사랑이 아무리 크다 해도 우리는 주 하나님을 더욱 사랑해야 합니다. 그분을 중심에 모시고 그분을 진정으로 믿어야 합니다. 만약 제가 주님의 교회가 주님의 교회로 변함없이 존속케 하기 위하여 떠나는 것으로 이 교회가 흔들린다면, 이것이 어찌 주님의 교회일 수 있겠습니까? 주님께서 오늘도 살아 계셔서 역사하시는 분이심을 어찌 믿을 수 있겠습니까? 주님께서 정말 살아 계시고 진정 이 교회의 주인이 되신다면, 저처럼 부족한 사람과는 비교가 안 될 훌륭한 분을 이미 예비하시고 하나님의 스케줄에 따라 훈련시키고 계실 것입니다. 그분을 도구 삼아 이 교회를 더욱 든든히 세우실 것입니다.

사랑하는 교우 여러분.

만에 하나라도 여러분의 심중에 우리 구주 예수 그리스도보다도 인간 이재철이 더 깊게 각인되어 있다면, 이제부터 1년 내에 그것을 지워야만 합니다. 주님보다 인간 이재철을 더 깊이 새기는 것은 여러분과 저 자신을 동시에 당치는 일입니다. 지금부터 우리는 오직 주님만을 주인으로 모시는 훈련을 게을리 하지 말아야 합니다. 그리고 내년에 새로 오실 목사님을 설레는 마음으로 기도하면서 맞이할 준비를 해야 합니다. 그때 우리의 교회는 진리와 생명과 사랑과 봉사와 개혁과 헌신이 멈추지 않는 영원한 주님의 교회가 될 것이며, 우리 모두는 썩어가는 이 도시 속에서 참된 생명의 밀알이 되는 진정한 산중파 사람들, 곧 주님께서 그토록 사랑하시던 참 제자 요한이 될 것입니다.

'주는 그리스도시요, 살아 계신 하나님의 아들'이시라는
우리의 고백을 기뻐 받으시고, 그 고백 위에 주님의 교회를
친히 세우셔서 지난 9년 동안 주님께서 한결같이
이 교회의 주인이 되어 주셨던 것을 감사드립니다.
앞으로도 계속 이 교회가 주님의 교회일 수 있도록,
우리 한 사람 한 사람이 주님을 주인으로 모시고 사는
삶을 중단치 말게 하옵소서. 어떤 경우에도 사람이
우상시되고 사람이 주인 되는 사람의 집단이 되지 않도록
우리의 심령을 붙들어 주옵소서.
그리하여 이 교회가 언제나 진리와 생명, 사랑과 헌신,
봉사와 개혁이 넘치는 주님의 교회가 되게 하시고, 모든
교인들이 썩어가는 이 세상에 생명의 불씨를 던지는
산중파 사람들이 되게 하옵소서.
특별히 1년 후에 오실 새 목사님을 위해 기도드립니다.
하나님께서 이미 선택하시고 주님의 방법으로 멋지게
훈련시키고 계심을 믿사오니, 그분과 더불어 이 주님의
교회가 21세기 이 땅의 역사를 밝히고 맑히며 선도하는
빛과 소금이 되게 하여 주옵소서. 아멘.

## 26
## 내가 목마르다

군병들이 예수를 십자가에 못 박고 그의 옷을 취하여
네 깃에 나눠 각각 한 깃씩 얻고 속옷도 취하니
이 속옷은 호지 아니하고 위에서부터 통으로 짠 것이라.
군병들이 서로 말하되 "이것을 찢지 말고 누가 얻나
제비 뽑자" 하니 이는 성경에 '저희가 내 옷을 나누고
내 옷을 제비 뽑나이다' 한 것을 응하게 하려 함이러라.
군병들은 이런 일을 하고 예수의 십자가 곁에는 그 모친과
이모와 글로바의 아내 마리아와 막달라 마리아가 섰는지라.
예수께서 그 모친과 사랑하시는 제자가
곁에 섰는 것을 보시고 그 모친께 말씀하시되
"여자여, 보소서. 아들이니이다" 하시고
또 그 제자에게 이르시되 "보라, 네 어머니라" 하신대
그때부터 그 제자가 자기 집에 모시니라.
이후에 예수께서 모든 일이 이미 이룬 줄 아시고 성경으로
응하게 하려 하사 가라사대 "내가 목마르다" 하시니,
거기 신 포도주가 가득히 담긴 그릇이 있는지라.
사람들이 신 포도주를 머금은 해융을 우슬초에 매어
예수의 입에 대니 예수께서 신 포도주를 받으신 후 가라사대
"다 이루었다" 하시고 머리를 숙이시고
영혼이 돌아가시니라.

요한복음 19:23~30

사람이 살아 있다는 진정한 증거는 무엇이겠습니까? 박동하는 심장이겠습니까? 그렇지 않습니다. 아무리 심장이 활기차게 뛰어도 뇌가 움직이지 않으면 소위 '뇌사자', 즉 '죽은 자'로 간주되어 장기를 이식하는 것으로 그의 생을 마감케 하는 것이 이미 일반화되고 있습니다.

살아 있음의 참된 증거는 뇌나 심장의 활동 여부가 아니라 목마름과 주림을 느끼는 것입니다. 설사 심장과 뇌가 움직인다고 하더라도 목마름과 주림을 전혀 느끼지 못한다면, 의식도 없이 단지 인위적인 주사액으로 연명하고 있다면, 그는 살아 있으되 진정한 의미에서 살아 있는 것이 아닙니다. 반면에 목마름과 주림을 느낀다는 것이야말로 살아 움직이는 결과요, 살아 움직일 것의 대비이기에 그보다 더 좋은 '살아 있음'의 증거는 없는 것입니다.

그렇다고 해서 사람들이 다 같은 목마름과 주림을 지니고 있는 것은 아닙니다. 그 사람의 인격과 성숙도, 그리고 신앙의 정도에 따라 목마름과 주림의 내용과 대상은 판이하게 달라질 수 있습니다. 한 가지 중요한 사실은, 한 개인이 무엇에 대하여 주리고 목말라 하느냐에 따라 그 개인은 물론이요 그가 속한 공동체 및 국가의 역사가 얼마든지 달라질 수 있다는 것입니다.

오직 술에 주리고 목말라 하는 가장이 마침내 알코올 중독자가 되어 가산을 탕진하고 가문을 망치는 예는 얼마든지 있습니다. 가난으로 인해 돈에 목마르고 주리는 것, 이를테면 헝그리(hungry) 정신은 불세출의 스포츠 스타를 탄생시키고 신기록을 수립케 합니다.

영국 왕 에드워드는 한 여인에 대한 사랑에 주리고 목말라 한 끝에 그 여인을 위하여 영국 왕위를 버렸습니다. 만약 그가 심프슨 부인의 사랑에 대하여 그토록 주리고 목말라 하지 않았던들 오늘날의 엘리자베스 여왕이 영국 여왕이 될 수는 없었을 것이고, 그랬더라면 그녀의 아들 찰스 황태자와 결혼했다가 파탄에 이른 비련의 세자비 다이애나의 인생도 다르게 전개되었을 것입니다.

자유와 정의에 주리고 목말라 하던 자들 때문에 프랑스 혁명과 이 땅의 4·19 혁명도 가능할 수 있었고, 그것은 두 나라 역사의 분수령을 이루었습니다. 영적 목마름과 주림으로 몸부림치던 마틴 루터에 의해 종교개혁이 일어났으며, 그것은 그가 속해 있던 독일의 역사뿐 아니라 세계 역사의 흐름을 바꾸어 놓았습니다.

무릇 살아 있는 사람이라면 누구나 목마름과 주림을 느낍니다.

이는 누구라도 예외일 수가 없습니다. 단지 무엇에 목말라 하고 주리고 있는가 하는 그 내용과 대상에서 차이가 날 뿐입니다.

오늘 본문 28절은 "이후에"라는 말로 시작되고 있습니다. 이것은 27절과 28절 사이에 시간적 거리가 있음을 의미하고 있습니다. 다시 말해 주님께서 사랑하시는 제자 요한에게 당신의 생모 마리아를 부탁하시면서 "네 어머니라" 말씀하신 뒤, 상당한 시간이 경과했을 때란 뜻입니다. 본문은 이렇게 계속되고 있습니다.

    이후에 예수께서 모든 일이 이미 이룬 줄 아시고
    성경으로 응하게 하려 하사 가라사대
    "내가 목마르다" 하시니 (요 19:28)

주님께서는 십자가 위에서 말씀하셨습니다.
"내가 목마르다."
이것이야말로 주님께서 구름 너머가 아니라, 하늘 위가 아니라, 육신을 입으시고 바로 이 땅에 오시어 이 땅 위에서 구체적으로 사셨다는 참된 증거가 아닐 수 없습니다. 주님께서 이 땅 위에서 육신을 가지고 사시지 않았더라면 결코 목마름을 느끼시지는 못했을 것이기 때문입니다. 예수님께서는 전설이나 신화의 주인공이 아니라 이 땅 위에 실존했던 분이신 것입니다.
  그런데 지금 주님께서 왜 목말라 하고 계십니까? 십자가에 못 박히셔서 물과 피를 다 쏟으셨기 때문입니다. 왜 주님께서 죄인의 홍틀인 십자가에 못 박히셨습니까? 주님 당신의 죄 때문이었습니까? 당신 자신을 위해서였습니까? 아닙니다. 바로 우리의 죄 때문에, 우리를 위해서 십자가에 못 박히셨습니다. 우리가 우리의 사지로 지었던 온갖 죄의 형벌을 대신 받으시기 위하여, 주님의 사지가 친히 십자가에 못 박히신 채 지금 목말라 하고 계시는 것입니다.

그렇다면 주님의 이 목마름은 단순한 육체의 목마름이 아닙니다. 인간을 구원하시기 원하는 하나님의 구원에 대한 목마름인 것입니다. 인간을 사랑하시는 하나님의 사랑에 대한 목마름인 것입니다. 인간에게 채워 주시기를 원하는 하나님의 영원한 생명에 대한 목마름인 것입니다. 인간을 죄에서 구원하라시는 하나님의 명령, 즉 진리에 대한 목마름인 것입니다. 주님께서는 말씀하셨습니다.

"내가 곧 생명의 떡이니
내게 오는 자는 결코 주리지 아니할 터이요
나를 믿는 자는 영원히 목마르지 아니하리라." (요 6:35)

어떻게 주님께 가기만 하면 영원히 목마르지 않을 수 있습니까? 주님께서 우리를 위해 목말라 해주셨기 때문입니다. 하나님께서는 주님께서 우리를 살리시기 위해 목말라 하시던 그 십자가 위에 당신의 영원하신 생명을, 영원한 생명의 말씀인 진리를, 변함없는 사랑이신 하나님의 구원을 넘치도록 부어 주셨던 것입니다. 오늘도 누구든지 주님 앞에 나아가기만 하면, 십자가 앞에 나아오기만 하면, 그 배에서 생수의 강이 넘치고 진리와 사랑과 구원이 용솟음치는 까닭이 여기에 있습니다. 이것은 주님께서 우리를 위하여 목말라 하지 않으셨던들 결코 있을 수 없는 일이었습니다. 그렇기에 "내가 목마르다"는 주님의 이 절규야말로 주님의 하나님께 대한 순종의 백미요, 인간을 향한 사랑의 극치가 아닐 수 없습니다.

무릇 살아 있는 자란 모두 주림과 목마름을 느끼는 자라 했습니다. 이 면에서는 누구이든 예외일 수가 없고 단지 무엇에 대하여 목말라 하고 주려 하는가, 그 내용과 대상의 차이만 있을 뿐이라 했습니다. 그렇다면 그리스도인들은 과연 무엇에 목마르고 주려야겠습니까? 주님을 본받아 영원한 생명, 영원한 진리, 영원한 사랑과 영원한 구원을 목말라 하는 자, 한마디로 영원하신 하나님에 대해 목말라 하는 자들이 되어야 합니다. 바꾸어 말해 자기 육치만을 위하여, 오직 자기 욕망 때문에 목말라 하는 삶에서 탈피하는 자가 되어야 합니다. 갈증을 느끼는 자라야 물을 구하고 얻듯이 자기를 탈피하여 하나님을 목말라 하는 자의 삶 속에만 하나님의 생명, 하나님의 진리, 하나님의 구원, 하나님의 사랑이 흘러 넘칠 수 있고, 그 사람이 하나님과 사람을 위해 자기 자신을 헌신할 줄 아는 참된 그리스도인이 될 수 있습니다.

주님께서는 말씀하셨습니다.

"내가 목마르다."

여기에서 '목마르다'는 동사 'dipsao'의 또 다른 뜻은 '갈망한다'는 것입니다. 예수님께서는 하나님에 대해 목말라 하심으로써, 하나님을 갈망하심으로써 그리스도의 구원사역을 완성하실 수 있었습니다. 진실로 우리가 하나님을 목말라 하지 않고 갈망치 아니하면서 사람다운 사람이 되고 그리스도인다운 그리스도인이 되는 길은 있을 수가 없습니다. 참된 길은 하나님을 향한 갈망 속에 있습니다. 시인은 이렇게 고백하였습니다.

하나님이여
사슴이 시냇물을 찾기에 갈급함같이
내 영혼이 주를 찾기에 갈급하니이다.
내 영혼이 하나님, 곧 생존하시는 하나님을 갈망하나니
내가 어느 때에 나아가서 하나님 앞에 뵈올꼬. (시 42:1~2)

시인은 한 가지 사실을 분명히 알고 있었습니다. 사슴이 시냇물을 찾기에 갈급함같이 우리의 영혼이 살아 계신 하나님을 갈망치 않고서는 결코 바르게 존재할 수 없다는 사실을 말입니다. 다윗은 이렇게 노래했습니다.

하나님이여
주는 나의 하나님이시라.
내가 간절히 주를 찾되
물이 없어 마르고 곤핍한 땅에서
내 영혼이 주를 갈망하며 내 육체가 주를 앙모하나이다.
(시 63:1)

위대한 신앙인 다윗은 우연히 된 것이 아니었습니다. 오직 하나님 아버지를 간절히 갈망함으로써 3,000년이 지난 오늘날까지 우리 모두에게 신앙의 본보기가 되고 있는 것입니다. 아모스 선지자는 또 이렇게 증거하였습니다.

주 여호와께서 가라사대
"보라, 날이 이를지라.

> 내가 기근을 땅에 보내리니 양식이 없어 주림이 아니며
> 물이 없어 갈함이 아니요
> 여호와의 말씀을 듣지 못한 기갈이라.
> 사람이 이 바다에서 저 바다까지, 북에서 동까지 비틀거리며
> 여호와의 말씀을 구하려고 달려 왕래하되 얻지 못하리니,
> 그 날에 아름다운 처녀와 젊은 남자가 다 갈하여
> 피곤하리라. (암 8:11~13)

아모스는 사람을 정녕 갈하게 하는 것은 세상의 물이 아니라 하나님의 말씀임을 바르게 인식하고 있었습니다. 그래서 아모스는 "오직 공법을 물같이, 정의를 하수같이"(암 5:24) 외치는 참 진리의 증인이 될 수 있었습니다.

그런가 하면 사도 바울은 이렇게 고백합니다.

> 또 수고하며 애쓰고 여러 번 자지 못하고 주리며 목마르고
> 여러 번 굶고 춥고 헐벗었노라. (고후 11:27)

바울 역시 하나님에 대해 주리고 목마른 자였습니다. 그래서 하나님의 사랑과 구원을 한 사람이라도 더 많은 자에게 증거하기 위해 자신의 육체가 주리고 목마른 그 헌신의 길을 가기를 조금도 주저치 않았습니다.

그렇다면 이 아침에 우리는 그리스도인들을 이렇게 정의할 수 있습니다. 참된 그리스도인이란 하나님을 향해, 세상을 향해 "내가 목마르다" 고백하면서, 그 고백에 상응하는 삶을 실천하는 사람이라고 말입니다.

한국정치외교사학회가 지난 달 고교생과 대학생 1,074명을 대상으로 실시한 '청소년들의 한국전쟁 통일 안보 국가현실에 관한 의식조사' 결과가 보도된 바가 있습니다. 가까운 장래에 한반도에서 전쟁이 일어날 가능성을 묻는 질문에 대하여 응답자의 70.7%가 가능성이 높다고 대답했습니다. 그렇다면 전쟁이 발발했을 경우 어떻게 하겠느냐는 질문에 대하여는 무려 33.9%가 외국이나 시골로 피난가겠다고 응답했고, 자발적으로 참전하겠다고 답변한 청소년은 전체의 9.5%에 불과했습니다.

저는 그 보도를 접하면서 이런 생각을 했습니다. 카톨릭 신자들을 포함하여 우리 국민 네 사람 중 한 명이 그리스도인이라면, 적어도 숫자상으로는 그 조사에 응한 1,074명의 고교생과 대학생들의 25%는 그리스도인이라고 말할 수 있을 것입니다. 그렇다면 조국에 전쟁이 터졌을 경우에 당연히 참전하겠다는 응답이 최소한 전체의 25%는 되어야 하지 않겠습니까? 그런데 그리스도인 수 25%에도 턱없이 못 미치는 겨우 9.5% 였습니다. 그 9.5%가 모두 그리스도인이 아닐 것임을 감안한다면 이 땅의 10대와 20대 그리스도인들이 얼마나 자기 이기심과 자기 욕망에만 주리고 목말라 하는지를 여실히 알 수 있습니다. 이 땅에 전쟁이 터졌는데도 젊은이들의 90.5%가 그 전쟁을 외면한다면 이 땅은 과연 누가 지킨다는 말입니까?

만약 똑같은 조사를 대학생 이상 되는 국민들에게 실시한다면 어떤 결과가 나오겠습니까? 30세 이상 되는 이 땅의 그리스도인들은 모두 내 몸을 던져 나라를 지키겠다고 응답하겠습니까? 아니 지금 이 자리에서 실시한다면 100% 다 '그렇다'는 응답이 나오겠습니까? 분명히 그렇지 못할 것입니다. 10대, 20대는 기성

세대의 축소판일 뿐입니다. 그들 대부분이 자기 이기심과 욕망에만 급급라 하고 있다면, 그것이야말로 이 나라의 30서 이상인 우리 모두가 그와 같은 삶을 추구하고 있다는 증거에 지나지 않습니다.

지금 우리 주위를 한번 둘러보십시다. 국민들은 틈만 나면 정부와 정치가들을 욕합니다. 그렇다면 국민 한 사람 한 사람은 다 제대로 하고 있습니까? 불행하게도 그렇지 못하다는 것이 우리의 현실입니다. 택시를 타 보아도, 지하철을 타 보아도, 식당에서 밥을 시켜 먹어 보아도, 가게에서 물건을 사 보아도, 거리를 걸어 보아도, 상인들과 거래를 해보아도, 기업체를 들여다보아도, 학교를 보아도 정말 정직하고 바른 양심으로 진리를 따라 헌신하는 자세로 살아가는 사람을 만나기가 쉽지 않은 것이 이 땅의 숨길 수 없는 실상입니다.

이 땅의 그리스도인들이 모두 참된 그리스도인이라면 만나는 네 사람마다 한 사람씩은 그런 헌신자여야 함에도 불구하고 실제로는 전혀 그렇지 못하다는 것은, 우리를 비롯하여 이 땅의 그리스도인 역시 하나님을 갈망하기보다는 자기를 더욱 갈망하고 있음을 의미합니다.

시인 최승호씨가 쓴 〈황금털 사자〉라는 책에 이런 이야기가 실려 있습니다.

> 평생토록 자기만을 위하여 살아온 사람이 있었습니다. 사람간의 이해득실로 얽힌 세상에서 손해보다는 이익을, 실보다는 득만을 취하면서 살다 보니 노년이 되었을 때 주위에 남은 사람이라곤 아무도 없었습니다. 쓸쓸하기 짝이 없었습

니다. 외로움을 달래주는 것이라고는 사과 궤짝에 쌓아 놓은 돈뿐이었습니다.

어느 날 그에게 죽음이 찾아왔습니다. 사람에게 헌신할 수 있는 마지막 기회였습니다. 그러나 그는 그 마지막 기회마저 자기를 위해 쓰고 말았습니다. 가지고 있던 돈을 몽땅 털어 순금으로 만든 관을 구입하여 그 속에서 죽기로 한 것이었습니다. 결국 그는 금관 속에서 죽은 뒤 금관에 누운 채로 매장되었습니다. 그리고 바로 그 날 밤, 그의 시체는 금관을 탐낸 무리들에 의해 무덤 밖에 내팽개쳐지고 말았습니다. 그것은 굶주린 들쥐에게는 기회였습니다. 들쥐들은 배가 터지도록 시체의 배를 터뜨리며 내장까지 남김없이 뜯어먹어 버리고 말았습니다.

어떻게 생각하십니까? 진리요 생명의 근원이신 하나님을 믿는다는 우리가 우리 자신만을 갈망하다가 인생을 이렇게 끝낼 수는 없지 않습니까? 아니 우리의 사회를 그 지경으로 몰아갈 수는 없지 않습니까?

사랑하는 교우 여러분!

나 자신이 아니라 진정으로 하나님을 갈망하는 자들이 되십시다. 하나님 나라와 의에 주리고 목마른 자들이 되십시다. 그분의 진리와 생명에 갈한 자들이 되십시다. 우리는 모두 우리를 살리시기 위해 십자가 위에서 "내가 목마르다" 절규하시던 예수 그리스도의 제자들임을 잊지 마십시다. 그분을 본받아 한평생 헌신자로 살아가는 자들이 되십시다. 그때에만 우리의 인생도, 우리의 가정도, 우리의 사회도 바로 세워질 수가 있습니다. 하나님을 감당하는 자가 있는 곳에만 하나님의 구원 역사, 생명의 역사가 펼쳐지기 때문입니다.

하나님 아버지.
한평생 자기만을 갈망하며 사느라 마지막 기회마저 상실한
채 죽은 뒤에 내팽개침을 당하는 어리석은 자가 되지 않게
하옵소서. 사슴이 시냇물을 찾기에 갈급한 것처럼
오직 하나님 아버지를 갈망하는 자가 되게 하옵소서.
하나님의 말씀에 기갈을 느끼는 자들이 되게 하옵소서.
이 세상을 향하신 하나님의 구원에, 사랑에, 은총에 주리고
목마른 자들이 되게 하옵소서. 우리를 위하여 십자가
위에서 '내가 목마르다' 절규하신 주님을 본받아 사는
참된 제자들이 되게 하옵소서. 그와 같이 헌신된 우리의
삶을 통하여 우리의 인생이, 우리의 가정이, 우리의
일터가, 우리의 사회가 바로 세워지는 역사가 오늘 아침
이곳에서부터 시작되게 하옵소서. 우리 자신들이
하나님만을 목말라 하고 갈망함으로 우리가 지금 하나님의
자녀로 살고 있음을 스스로 증명하는 자들이 되게
하옵소서. 아멘.

## 27

## 다 이루었다

군병들이 예수를 십자가에 못 박고 그의 옷을 취하여
네 깃에 나눠 각각 한 깃씩 얻고 속옷도 취하니
이 속옷은 호지 아니하고 위에서부터 통으로 짠 것이라.
군병들이 서로 말하되 "이것을 찢지 말고 누가 얻나
제비 뽑자" 하니 이는 성경에 '저희가 내 옷을 나누고
내 옷을 제비 뽑나이다' 한 것을 응하게 하려 함이러라.
군병들은 이런 일을 하고 예수의 십자가 곁에는 그 모친과
이모와 글로바의 아내 마리아와 막달라 마리아가 섰는지라.
예수께서 그 모친과 사랑하시는 제자가
곁에 섰는 것을 보시고 그 모친께 말씀하시되
"여자여, 보소서. 아들이니이다" 하시고
또 그 제자에게 이르시되 "보라, 네 어머니라" 하신대
그때부터 그 제자가 자기 집에 모시니라.
이후에 예수께서 모든 일이 이미 이룬 줄 아시고 성경으로
응하게 하려 하사 가라사대 "내가 목마르다" 하시니,
거기 신 포도주가 가득히 담긴 그릇이 있는지라.
사람들이 신 포도주를 머금은 해융을 우슬초에 매어
예수의 입에 대니 예수께서 신 포도주를 받으신 후 가라사대
"다 이루었다" 하시고 머리를 숙이시고
영혼이 돌아가시니라.

요한복음 19:23~30

일반적으로 논리를 전개하는 데에는 연역법과 귀납법이 있습니다. 연역법이란 이미 일반화된 원리, 혹은 명제를 근거로 하여 특수한 사실을 증명하는 방법으로써 이른바 삼단논법이 동원됩니다. 예를 들면 '한국인은 모두 백의 민족이다. 나는 한국인이다. 고로 나는 백의 민족이다'와 같은 식입니다.

반면에 귀납법이란 여러 가지 구체적인 사실로부터 일반적인 명제나 법칙, 혹은 결론을 도출해 내는 것입니다. 이를테면 '서울에 있는 까마귀를 보아도, 부산에 있는 까마귀를 보아도, 동경이나 뉴욕 그리고 파리에 있는 까마귀를 보아도 다 검은 색이므로 까마귀는 검다'고 정의하는 방법입니다.

이와 마찬가지로 성경을 볼 때에도 연역적으로 접근하는 방법과 귀납법적으로 다가서는 방법이 있습니다. 두 방법 모두 그 나름대로의 특징이 있지만, 연역적으로만 성경을 보면 은혜로울 수는 있으나 성경 속의 사실을 내 삶에 적용하기 어려운 단점이 있습니다. 아브라함을 구체적으로 예를 들어 설명을 해보겠습니다.

'아브라함은 믿음의 조상이었다. 믿음의 조상은 하나님 앞에서 무엇이든 순종할 수 있는 사람이다. 고로 아브라함은 하나님의 명령에 따라 주저 없이 아들 이삭을 하나님 앞에 바쳤다.' 참으로 은혜로운 논리 전개입니다. 그럼에도 불구하고 이 이야기가 내 삶에 구체적인 영향을 미치지 못합니다. 왜냐하면 나는 지금 믿음의 조상이 아니기 때문입니다. '나는 믿음의 조상이 아니다. 믿음의 조상이 아닌 내가 하나님께 온전히 순종한다는 것은 애시당초 불가능하다. 고로 나는 아브라함처럼 내 자식을 하나님께 온전히 바치지 못하는 것이 당연하다.' 이런 식이 되어 버리고 맙니다.

사도 바울에 대해서도 연역적으로 접근해 보십시다. '바울은 가장 위대한 사도였다. 위대한 사도는 날아오는 돌도 두려워하지 않았다. 고로 그는 주님을 위해 기꺼이 순교할 수 있었다.' 이 경우 바울과 비교한 우리 자신은 어떻게 표현되겠습니까? '나는 사도 바울과 같은 위대한 사도가 아니다. 위대한 사도가 아닌 나는 이유없이 내게 돌팔매질을 하는 자를 용납할 수 없다. 고로 지금 내가 천수를 다하기도 전에 진리 때문에 순교한다는 것은 상상도 할 수 없는 일이다.'

성경을 이처럼 연역적으로만 접근할 때, 우리는 성경의 인물들과 엄청난 거리감을 느끼게 되며 결단하기보다는 오히려 주눅이 들고 자포자기하기가 쉽습니다. 그러나 똑같은 인물에 대하여 귀납적으로 다가갈 때 우리는 전혀 다른 결론을 얻을 수 있습니다. 아브라함은 자식이 가장 큰 재산이던 그 옛날 100세가 될 때까지 자식을 얻지 못했던 인생의 실패자였습니다. 하나님께서 아내 사라를 통해 아들을 주시겠다고 약속하셨음에도 불구하고 그 말씀을 믿지 못했기에 여종과 동침하여 서자를 먼저 얻은 믿음 없는 인간이었습니다. 하나님의 명령에 따라 가나안 땅으로 이주하고 보니 기근의 땅이니까 그 약속의 땅을 버리고 애굽으로 도망가 버린, 신앙의 지조라고는 전혀 없는 한심한 인간이었습니다. 또 애굽에서는 자기 아내를 탐내는 사람들로 인해 목숨을 잃을까봐 아내를 누이라 속이다가 정말 빼앗겨 버린 창피스러운 인간이었습니다.

그러나 그처럼 인간 같지 않은 아브라함을 하나님께서는 결코 포기치 않으시고, 말할 수 없는 자비와 긍휼로 붙드시고 바로 세워 주셨습니다. 마침내 아브라함이 하나님의 그 사랑을 인격적으로 깨달았을 때, 자신을 위해 인내하시며 끊임없이 베풀어 주신 하나님의 은혜를 바로 알았을 때, 그는 하나님을 사랑할 수밖에 없었으며 하나님의 사랑 안에서 하나님의 말씀에 순종하는 자로 바뀌어 갈 수밖에 없었습니다. 그리고 하나님의 인격과 사랑과 약속의 말씀을 믿었기에, 자식을 바치라는 하나님의 명령에 순종함으로써 자식을 더 확실하게 얻었을 뿐만 아니라 믿음의 조상으로 높임을 받게 되었던 것입니다. 이처럼 아브라함의 삶을 귀납적으로 들여다보면 우리에게도 말할 수 없는 소망이 생기게 됩니다. 우리 역시 아브라함처럼 믿음도 신앙의 지조도 없고, 정말 창피하고 한심한 삶을 살아왔다 할지라도, 아니 참담한 실패자라 할지라도 하나님의 은혜 속에서는, 하나님의 은혜를 의지해서는, 우리도 모두 아브라함과 같은 믿음의 조상이 얼마든지 될 수 있는 것입니다.

사도 바울 역시 마찬가지입니다. 그는 진리인 주님을 부정하던 인간이었습니다. 자기와 반대 의사를 가진 자를 돌로 쳐죽일 정도로 독불장군이었습니다. 세상에서 자기가 가장 잘났고 자기만 옳다고 착각하던 철부지 같은 인간이었습니다. 그처럼 형편없던 그가 주님을 만났습니다. 주님께서 자신을 살리시기 위해 피 흘리시며 돌아가셨음을 알게 되었습니다. 그 놀라운 주님의 사랑에 사로잡히고 말았습니다. 그 사랑 안에서, 그 사랑에 의해 그는 새롭게 변화될 수밖에 없었습니다. 그는 그 사랑 때문에 날아오는 돌멩이도 기꺼이 맞을 수 있었고, 그 사랑의 증인이 되기 위해 참수형마저도 두려워하지 않았습니다. 주님의 사람의 종착역은 부활이요, 영원한 생명임을 알았던 까닭입니다.

그렇다면 우리에게는 또다시 소망이 용솟음치게 됩니다. 우리가 젊은 시절의 바울 같은 독불장군이요, 철부지 인간이요, 심지어 사람을 죽인 살인자라 할지라도 주님 안에 거하기만 하면, 주님의 사랑 속에만 있으면, 주님에 의해 우리 역시 얼마든지 위대한 사도가 될 수 있다는 것입니다. 다시 말해 우리는 더 이상 아브라함이나 바울 앞에서 주눅들 필요가 없습니다. 그들은 우리가 그리스도 안에서 미래에 도달할 모습이기 때문입니다.

그렇습니다. 성경을 귀납법적으로 해석하고 그것을 우리 삶 속에 적용해 가기만 하면, 우리는 성경 속의 그 어떤 위대한 인물과도 동일할 수 있습니다. 40년 동안이나 실패자로 살다가 위대한 출애굽의 지도자가 된 모세가 될 수도 있고, 남의 유부녀를 빼앗은 불한당이었으면서도 이스라엘 최고 성군이 된 다윗이 될 수도 있고, 예수님 면전에서 예수님을 모른다고 부인하다가 주님의 수제자가 되었던 베드로가 될 수도 있습니다. 이것은 우리가 위대해서가 아니라 우리와 함께 하시고 우리를 사랑하시는 하나님께서 위대하시기 때문입니다.

80년대 초까지만 해도 주로 연역법적으로 성경을 해석하다가 80년대 중반을 넘어서면서 세계적으로 귀납법적 성경공부가 일반화되고 있는 것은 이상과 같은 이유에서입니다. 이 방법이 우리의 신앙적 결단과 실천, 그리고 성숙에 훨씬 더 유익한 까닭입니다.

이것은 예수님에 대해서도 마찬가지입니다. 예수님을 연역법적으로 설명하면 이렇게 됩니다. '예수님은 하나님의 아들이시다. 하나님의 아들은 하나님과 같은 신이시다. 고로 예수님은 십자가를 넉넉히 지실 수 있었다.' 이렇게 될 경우 우리는 예수님을 닮을 수도 없고 예수님을 본받아 우리가 져야 할 십자가를 질 가능성은 더더욱 없습니다. 우리는 신이 아닌 인간입니다. 하찮은 인간이 어찌 신을 닮을 수 있으며 신이나 지는 십자가를 질 수 있겠습니까?

그러나 귀납적으로 다가설 때는 상황이 달라집니다. 예수님 역시 여인의 몸을 통해 육신을 입고 사람의 아들로 태어나신 분입니다. 그분은 찢어지는 가난 속에서 목수 일로 겨우 생계를 유지하였습니다. 그러나 그 궁핍함 속에서도 하나님의 나라와 하나님의 의만을 구하며 사셨습니다. 30세쯤 되셨을 때에는 당신 자신을 온전히 버려서 인간 구원의 길에 나섰습니다. 3년 동안 하나님 나라의 복음을 전파하시다가 끝내 하나님의 뜻에 따라 인간의 죄값을 대신 치르기 위하여 친히 십자가에 못 박혀 사지가 찢어지는 고통을 당하셨습니다. 우리와 똑같은 연약한 육신으로 말입니다. 그러나 "아버지여, 어찌하여 나를 버리시나이까?" 하고 절규하실망정, 그 고통을 끝내 피하지 않으시고 죽음으로 감수하심으로써 하나님으로 우리 죄의 문제를 해결하시는 인류의 구원자, 부활의 주님이 되실 수 있었습니다. 예수님을 이렇게 귀납법으로 설명하는 것은 인간의 해석이 아닙니다. 빌립보서는 예수님을 이렇게 설명하고 있습니다.

> 그는 근본 하나님의 본체시나
> 하나님과 동등됨을 취할 것으로 여기지 아니하시고
> 오히려 자기를 비어 종의 형체를 가져
> 사람들과 같이 되었고 사람의 모양으로 나타나셨으매
> 자기를 낮추시고 죽기까지 복종하셨으니
> 곧 십자가에 죽으심이라.
> 이러므로 하나님이 그를 지극히 높여
> 모든 이름 위에 뛰어난 이름을 주사
> 하늘에 있는 자들과 땅에 있는 자들과 땅 아래 있는 자들로
> 모든 무릎을 예수의 이름에 꿇게 하시고
> 모든 입으로 예수 그리스도를 주라 시인하여
> 하나님 아버지께 영광을 돌리게 하셨느니라. (빌 2:6~11)

하나님의 본체이신 예수님께서 이 땅에 신으로 오셔서 아무 고통 없이 십자가를 지신 것이 아니라, 오히려 사람으로 오셨음에도 불구하고 하나님의 명령에 따라 십자가의 고통스러운 죽음을 감수하셨기에 하나님께서 그분을 그리스도로, 인류의 구원자로, 성자 하나님으로 세워 주셨다는 뜻입니다. 그뿐만 아니라 히브리서는 이렇게 증거하고 있습니다.

믿음의 주요 또 온전케 하시는 이인 예수를 바라보자.
저는 그 앞에 있는 즐거움을 위하여 십자가를 참으사
부끄러움을 개의치 아니하시더니
하나님 보좌 우편에 앉으셨느니라. (히 12:2)

만에 하나라도 예수님께서 죽음 뒤에 찾아올 부활의 즐거움을 믿지 믓하셔서 십자가의 수치와 고난을 꺼려 하셨더라면 결코 그리스도가 되실 수 없었을 것이란 의미입니다. 이처럼 예수님을 귀납적으로 설명하는 것은 바로 성경의 방법입니다. 아니 이것은 바로 예수님의 방법입니다. 예수님께서 당신 자신을 지칭하실 때 가장 즐겨 사용하신 호칭이 바로 '인자(人子)', 즉 '사람의 아들'이었습니다. 예수님께서는 4복음서를 통하여 무려 81회나 당신 자신을 '사람의 아들'이라고 부르고 계십니다. 신(神)으로 십자가를 지는 것이 아니라 참 사람으로 십자가 지심을 강조하시기 위함이었습니다.

바로 여기에 우리가 예수님을 본받고 좇아갈 수 있는 가능성과 공간이 비로소 확보되는 것입니다. 예수님께서 신으로서만 오셨다면 인간인 우리는 감히 그분을 흉내조차 낼 수 없겠지만, 그분 역시 우리와 같은 육신을 갖고 오셨던 사람의 아들이셨습니다. 따라서 사람인 우리는 참 사람이셨던 그분을 믿고 따르며 그분을 본받아 각자의 십자가를 짐으로써 그분에 의해 그리스도인으로 세움을 입을 수 있는 것입니다.

오늘 본문은 이렇게 증거하고 있습니다.

> 예수님께서 신 포도주를 받으신 후 가라사대
> "다 이루었다" 하시고 머리를 숙이시고
> 영혼이 돌아가시니라. (요 19:30)

십자가에 못 박히신 예수님께서 운명하시기 직전 "다 이루었다"고 말씀하셨습니다. 하나님께서 명령하신 구원 사역을 다 이루셨다는 말입니다. 만약 예수님이 하나님께서 명령하신 것 중 단 한 가지라도 이루지 못하신 것이 있었다면, 그분은 결코 그리스도가 되실 수 없었을 것입니다. 사람의 아들이심에도 불구하고 우리를 위해 마지막 십자가에서까지 구원 사역을 하나도 빠짐없이 다 이루셨기에 우리의 구원자가 되신 것입니다.

그런데 예수님께서 어떻게 구원 사역을 다 이루셨습니까? 예수님 당신의 방법으로입니까? 아닙니다. 철저하게 하나님의 예언의 말씀에 따라 이루셨습니다. 예수님께서는 미가서 5장 2절의 예언처럼 베들레헴에서 사람의 아들로 탄생하셨습니다. 이사야 7장 14절의 예언처럼 동정녀 처녀의 몸에서 태어나셨습니다. 이사야 9장 1절에서 2절의 예언처럼 갈릴리를 중심으로 천국 복음을 증거하셨습니다. 스가랴 9장 9절의 예언처럼 나귀새끼를 타고 예루살렘에 입성하셨습니다. 이사야 53장의 예언대로 고난을 당하셨습니다.

그뿐만이 아닙니다. 오늘 본문에 의하면 십자가에 못 박히신 예수님께서 "내가 목마르다"고 신음하시자, 사람들이 신 포도주를 머금은 해융을 우슬초에 매어 예수님의 입가에 갖다 대었습니다. 예수님께서는 십자가에 못 박히시기 직전 군병들이 마취제 효능을 가진 쓸개 탄 포도주를 드리자 거절하셨습니다. 마취제를 먹고 십자가에 못 박힌다면 고난의 참 의미가 상실되기 때문이었습니다. 정작 필요할 때 필요한 포도주마저 거절하신 예수님께서 운명하시기 직전 새삼스럽게 포도주를 드실 까닭이 없습니다. 더욱이 신 포도주라면 식초와 같기에 목마른 자는 더욱 마실 수가 없습니다. 그럼에도 불구하고 예수님께서는 사람들이 당신을 늘리기 위해 드린 식초같이 신 포도주를 받으셨다고 본문이 증거하고 있습니다. 예수님께서 바보가 아니신 다음에야 왜 그처럼 어리석어 보이는 짓을 하셨을까요? 그것은 "성경으로 응하게 하려 하시기 위함"이었다고 본문 28절이 대답해 주고 있습니다. 다시 말해 하나님의 말씀을 이루시기 위함이었다는 답입니다. 하나님께서는 예수님이 십자가 위에서 당하실 최후의 모습을 시편 69편 21절을 통하여 이렇게 예언하셨습니다.

저희가 쓸개를 나의 식물로 주며
갈할 때에 초로 마시웠사오니

십자가 위에서 생명의 심지가 꺼져가는 가운데에서도 예수님께서는 그 말씀을 기억하셨던 것입니다. 그래서 그 말씀을 이루기 위하여 타는 목마름에도 불구하고 식초와 같은 신 포도주를 삼키신 것이었습니다. 그렇기에 그분은 "다 이루었다"는 한마디로 당신의 생애를 정리하실 수 있었습니다.

여기에서 '이루었다'는 단어 'teleo'는 '완성하다, 성취하다'는 의미입니다. 그분의 삶이 곧 하나님 말씀의 완성이었고, 하나님의 모든 말씀이 한 말씀도 빠짐없이 그분의 삶 속에 성취되었습니다. 그래서 그분은 사람의 아들로 오셨음에도 불구하고 성육신한 그리스도, 즉 성자 하나님이 되셨고, 십자가 위에서 당당하게 "다 이루었다"고 선포하실 수 있었습니다.

그렇다면 그리스도인인 우리들이 이 세상을 떠날 때 어떤 모습이어야 하겠습니까? 주님처럼 '다 이루었다'고 말할 수 있는 자들이어야만 합니다. 나의 욕망이나 나의 뜻이 아니라 하나님의 말씀을 말입니다. 그러기 위해서는 우리의 삶이 진리의 말씀을 지향해야 하고, 하나님의 말씀이 우리의 삶을 통해 성취되어 가야 합니다. 우리 자신이 세상을 향해 보여줄 수 있는 성경이어야 합니다.

초등학교 2학년인 셋째 아이가 수학문제를 풉니다. 사탕 12개를 놀러 온 친구 세 명에게 나누어주면 한 사람에게 몇 개씩 줄 수 있느냐는 문제였습니다. 답은 두말할 것도 없이 4개씩입니다. 그런데 셋째 아이는 3개씩이라고 답을 썼습니다. 아내가 왜 3개씩이냐고 묻자 아이는 너무나 당연하다는 듯 '저도 있으니까요' 하고 대답했습니다. 즉 우리집에 친구 3명이 놀러 왔다면 자기까지 네 사람이므로, 12개를 네 명에게 나누어주면 한 사람 당 3개씩 돌아간다는 것이었습니다. 그 아이의 논리로는 맞을 수 있지만, 그러나 그것은 분명 틀린 답이었습니다.

우리가 우리의 삶으로 하나님의 말씀을 성취하려 하지 않는 한 우리는 그 아이처럼 언제나 자기 중심적인 이기적 논리에 빠지고, 우리가 얻는 답은 다 오답이 될 수밖에 없습니다. 틀린 답은 우리 자신을 망치고 타인마저 해치게 됩니다.

사랑하는 교우 여러분.

돈을 벌더라도 나의 방법으로가 아니라 하나님의 방법으로, 지식을 구해도 지식의 노예로서가 아니라 진리를 위하여, 가정을 꾸려도 하나님의 말씀 안에서, 무엇을 행하든지 하나님의 말씀을 좇아 행하는 자들이 되십시다. 그때에만 우리는 진리 안에서 인생의 바른 해답을 따라 살 수 있으며, 우리의 호흡이 끊어지는 순간 다무 후회 없이 주님처럼 '다 이루었다'고 당당하게 이 땅에서의 생애를 마감할 수 있습니다.

우리가 아브라함 같은 형편없는 인간이었을지라도, 모세 같은 철저한 실패자였을지라도, 다윗 같은 패륜아였을지라도, 바울 같은 살인마였을지라도 우리 삶이 말씀을 추구하는 한 우리는 모두 믿음의 조상, 위대한 신앙의 지도자, 하나님께서 기뻐하시는 참된 사도들이 될 수 있습니다. 우리에게 그와 같은 중심이 있는 한, 사람의 아들로 이 땅에 오셨음에도 불구하고 당신의 삶으로 하나님의 말씀을 다 이루셔서 하나님에 의해 우리의 그리스도가 되신 주님께서, 우리의 모든 부족함에도 불구하고 우리 속에서 우리를 도우시며 우리를 책임져 주실 것이기 때문입니다. 예수님이야말로 바로 우리 자신들의 미래의 모습입니다. 그래서 예수 그리스도는 우리의 소망이 되십니다.

    우리가
    아브라함이나 모세처럼 참담한 실패자였다 할지라도,
    다윗이나 바울처럼 형편없는 인간이었다 할지라도,
    정녕 주님을 바르게 믿는 자가 되기를 원합니다.
    주님의 말씀 안에 거하기를 원합니다.
    주님의 말씀을 좇아가기를 원합니다.
    우리의 삶으로 주님의 말씀을 성취하기를 원합니다.

우리의 삶이 창세기부터 요한계시록이 되기를 원합니다.
지금 우리와 함께 하고 계신 주님.
우리를 붙들어 주시고 주님의 은혜로 충만케 하여
주옵소서. 그리하여 진리를 구현하는 삶의 기쁨을 누리게
하옵소서. 하나님의 본체이심에도 불구하고 사람의 아들로
이 땅에 오신 주님의 참 사람 되심을 온전히 본받게
하옵소서. 맡겨주신 사명 다 감당한 뒤에 이 세상을 떠날
때 '아버지여, 다 이루었습니다'라는 고백의 예물을 들고
하나님 앞에 서게 하여 주옵소서. 아멘.

## 28
## 돌아가시니라

군병들이 예수를 십자가에 못 박고 그의 옷을 취하여
네 깃에 나눠 각각 한 깃씩 얻고 속옷도 취하니
이 속옷은 호지 아니하고 위에서부터 통으로 짠 것이라.
군병들이 서로 말하되 "이것을 찢지 말고 누가 얻나
제비 뽑자" 하니 이는 성경에 '저희가 내 옷을 나누고
내 옷을 제비 뽑나이다' 한 것을 응하게 하려 함이러라.
군병들은 이런 일을 하고 예수의 십자가 곁에는 그 모친과
이모와 글로바의 아내 마리아와 막달라 마리아가 섰는지라.
예수께서 그 모친과 사랑하시는 제자가
곁에 섰는 것을 보시고 그 모친께 말씀하시되
"여자여, 보소서. 아들이니이다" 하시고
또 그 제자에게 이르시되 "보라, 네 어머니라" 하신대
그때부터 그 제자가 자기 집에 모시니라.
이후에 예수께서 모든 일이 이미 이룬 줄 아시고 성경으로
응하게 하려 하사 가라사대 "내가 목마르다" 하시니,
거기 신 포도주가 가득히 담긴 그릇이 있는지라.
사람들이 신 포도주를 머금은 해융을 우슬초에 매어
예수의 입에 대니 예수께서 신 포도주를 받으신 후 가라사대
"다 이루었다" 하시고 머리를 숙이시고
영혼이 돌아가시니라.

요한복음 19:23~30

십자가에 못 박히신 예수님의 최후 고습을 본문은 이렇게 증거하고 있습니다.

> 예수께서 신 포도주를 받으신 후 가라사대
> "다 이루었다" 하시고 머리를 숙이시고
> 영혼이 돌아가시니라. (요 19:30)

요즈음 시간으로 아침 9시경 십자가에 못 박히셨던 예수님께서는, 그로부터 6시간이 경과한 오후 3시가 되어 마침내 십자가 위에서 고개를 떨구셨습니다. 드디어 운명하신 것이었습니다. 그런데 본문은 그 마지막 순간을 이렇게 묘사하고 있습니다.

영혼이 돌아가시니라.

예수님의 운명을 '돌아가셨다'는 동사로 표현하고 있는 것입니다. 이것은 우리의 일상적인 표현과 동일합니다. 우리 역시 사람이 죽었을 때 '돌아갔다' 혹은 '돌아가셨다'고 말합니다. 적어도 외관상으로는 우리가 쓰는 용어와 예수님께 사용된 용어 사이에 아무런 차이가 없어 보입니다. 그러나 이것은 본질적으로 전혀 다른 의미를 갖고 있는 상반된 용어입니다.

우리가 사람을 가리켜 '돌아갔다'고 말할 때, 그것은 언제나 수동적 의미로 사용됩니다. 장본인은 돌아갈 의사가 전혀 없었음에도 불구하고, 아니 오히려 이 세상에서 조금이라도 더 살기 위하여 발버둥쳤음에도 불구하고, 자신의 의지와 전혀 상관없이 오직 외부적인 힘에 의해 어쩔 수 없이 죽어 버렸다는 뜻입니다.

그러나 예수님의 최후를 묘사하고 있는 동사 'paradidomi'는, 그와는 정반대로 능동적, 자발적 행동을 나타내는 단어입니다. 그 구체적인 뜻은 'give up', 즉 '포기하다'입니다. 누군가의 강압에 의해, 타력에 의해, 불가항력적인 상황으로 인해 포기하는 것이 아니라 어디까지나 자발적으로, 능동적으로, 스스로, 기꺼이 자신의 생명을 포기한 것을 강조하는 단어입니다.

그렇다면 우리는 여기에서 대단히 중요한 깨달음을 얻게 됩니다. 예수님께서는 십자가에 사지가 못 박히셨기 때문에 돌아가신 것이 결코 아니라는 사실입니다. 그것은 단지 결과였을 뿐입니다. 예수님께서는 골고다의 십자가에 못 박히시기 전에, 빌라도의 법정에서 사형선고를 받으시기 전에, 겟세마네 동산에서 군병들에 의해 체포당하시기 전에, 대제사장들이 음모를 꾸며 예수님을 고발하기 전에, 가룟 유다가 예수님을 배신하기 전에 이미 당신의 생명을 스스로 내어 놓으시고 자발적으로 포기하셨던 것입니다. 도대체 무엇 때문에 당신의 그 귀한 생명을 포기하셨습니까?

죄인된 우리를 살리시기 위함이었습니다. 죄의 값은 오직 사망일 뿐입니다. 그것이 하나님의 법칙입니다. 그렇기에 우리의 죄값을 당신이 대신 치러 주심으로써 우리에게 참 생명을 주시기 위하여 당신의 그 귀한 생명을 아낌없이 자발적으로 내어 놓으셨던 것입니다. 그래서 예수님께서 겟세마네 동산에서 군병들에 의해 체포될 당시 놀란 베드로가 예수님을 보호하기 위하여 칼을 휘둘러 말고라는 사람의 귀를 쳤을 때, 예수님께서는 그의 귀를 고쳐주시면서 베드로에게 이렇게 말씀하셨습니다.

"너는 내가 내 아버지께 구하여 지금 열두 영(군단) 더 되는
천사를 보내시게 할 수 없는 줄로 아느냐?" (마 26:53)

당신의 생명을 지킬 수 있는 길은 얼마든지 있지만, 그러나 인간을 구원하기 위해 이미 당신의 생명을 포기하셨다는 의미였습니다.

도대체 하나님의 아들이신 예수 그리스도께서 당신의 생명을 자발적으로 포기치 아니하셨더라면 어찌 하찮은 인간들이 하나님의 아들을 체포하고, 재판하고, 십자가에 못 박아 죽일 수 있겠습니까? 그것은 전혀 불가능한 일입니다. 위대한 십자가 구원의 사건은 예수님의 능동적인 '자기 버림', '자기 포기' 위에서만 가능할 수 있었습니다. 이것을 깨닫는다면 우리는 이 아침 두 가지의 진리를 마음속에 새길 수 있습니다.

첫째, 자기를 자발적으로 버릴 때에만, 자기를 능동적으로 포

기할 때에만 생명의 역사가 일어난다는 것입니다. 어떻게 예수님께서 길이요 진리요 참 생명이실 수가 있었습니까? 당신 자신을 스스로 버리셨기 때문입니다. 어떻게 나무 막대기에 불과한 예수 그리스도의 십자가가 영원한 구원의 표징일 수가 있었습니까? 그 위에서 당신의 생명을 기꺼이 포기하셨기 때문입니다.

15세기 사람인 일본의 선승 이큐(一休) 선사는 이렇게 말했습니다.

> 벗나무 가지를 아무리 부러뜨려 보아도
> 그 속엔 벗꽃이 보이지 않네.
> 그러나 보라.
> 봄이 되기만 하면 얼마나 많은 벗꽃들이
> 절로 피어오르는가?

그렇습니다. 벗나무 가지를 부러뜨린다고 벗꽃이 보이는 것은 아닙니다. 달래고 얼른다고 피어나지 않습니다. 몽둥이로 때린다고 해서 피어나는 것도 아닙니다. 그러나 봄이 오기만 하면 아무리 막으려 해도 피어나는 벗꽃을 막을 도리는 없습니다.

그렇다면 봄이 왔다는 것은 무엇을 의미합니까? 겨울이 자기를 버렸음을 의미합니다. 겨울이 더 이상 겨울이기를 포기했다는 말입니다. 아무리 춘삼월이 왔다 할지라도, 북극에서처럼 겨울이 마냥 버티고만 있다면 벗나무가 기를 써도 벗꽃은 결코 피어오를 수가 없는 법입니다.

한 여름의 뙤약볕 아래에서 모든 열매가 알차게 여물 수 있는 것은 봄이 봄이기를 포기했기 때문이요, 가을이 되어 수확을 거둘 수 있는 것은 여름이 자기를 버려 주었기 때문입니다. 그리고 가을은 가을대로 또 가을이기를 포기하 주었기에, 비로소 온 자연은 한 겨울의 쉼을 누릴 수 있는 것입니다. 밤이 밤이기를 포기함으로 생명이 약동하는 낮이 이르는 것이요, 낮이 자기를 버림으로 안식의 밤이 다가오는 것입니다. 유치함을 버릴 때 성숙함이 가능한 것이요, 성숙함을 포기할 때 원숙함이, 원숙함마저 떠날 때 비로스 영원이 주어지는 것입니다.

'자기 버림', '자기 포기', '자기 떠남'이 있는 곳에만 생명의 역사가 있음은 하나님의 법칙이요 철칙입니다. 그 곳에서만 하나님의 생명이 역사할 수 있기 때문입니다. 아담 이후로 모든 인간은 본질적인 죄인으로 태어납니다. 본질적인 죄인이 죄인된 자기 자신을 버리지 않고 포기하지 않으려 할 때, 어찌 그 곳에 생명의 역사가 가능할 수 있겠습니까?

지금 진행되그 있는 여당의 대통령 후보 경선을 보십시오. 참으로 가관이요 점입가경입니다. 지도자다운 인품이나 인격을 찾아보기란 쉽지 않고 그저 유치하기 짝이 없어 보입니다. 그런 좁은 생각, 좁은 마음으로 어떻게 한 나라를 이끌어갈 대통령이 되겠다고 나설 수 있는지 그 용기가 놀라울 뿐입니다. 그러나 우리가 우리 자신을 버리고 포기하지 못한다면 하나님 앞에서 우리의 모습은 그들과 아무런 차이가 있을 수 없음을 잊어서는 안됩니다.

자기를 포기하지 못하는 자들이 있는 곳에는 생명의 역사는커녕, 분열과 다툼을 거쳐 죽음의 열매만 있을 뿐입니다. 자기를 포기치 못한다는 것은 여전히 죄와 노예와 자기 욕망의 노예상태에 갇혀 있음을 의미하는 것이요, 죄와 인간의 욕망이란 인간을 해치는 가장 무서운 독약이요 흉기인 탓입니다.

그래서 주님께서는 이렇게 말씀하셨습니다.

"누구든지 제 목숨을 구원코자 하면 잃을 것이요,
누구든지 나와 복음을 위하여 제 목숨을 잃으면
구원하리라." (막 8:35)

진리와 생명의 열매, 그리고 그 역사는 오직 자기 버림의 텃밭에서만 거둘 수 있다는 뜻입니다.

두번째로 주님께서 우리에게 참 생명, 영원한 생명을 주시기 위하여 당신의 생명을 주저 없이 포기하셨기에 우리에게 일어나고 있는 크고 작은 일들과 지금 우리를 둘러싸고 있는 모든 상황들은 한결같이 우리를 향한 주님의 사랑이요 은총임을 깨닫게 됩니다.

지난 6월 초 몽골에 갔을 때 양을 잡는 모습을 직접 목격하였습니다. 몽골인이 양을 잡기 위해 끌고 오는 동안, 그 모습을 본 개는 이제 곧 무슨 일이 일어날지 안다는 듯 요란하게 짖어대는데, 막상 끌려오는 양은 너무나도 잠잠하고 평화스러웠습니다. 양을 마당 한가운데 거꾸로 눕힐 때에도 양은 전혀 반항하지 않았습니다. 양은 다른 가축의 경우처럼 정수리를 찍거나 혹은 목을 따서 죽이는 것이 아니었습니다. 피를 한 방울도 흘리지 않기 위해 거꾸로 눕힌 양의 뱃가죽만을 칼로 조금 갈랐습니다. 그러자 속에 있던 밥통의 윗부분이 잘라진 틈으로 불거져 오르면서 피가 흐르지 않도록 자동마개 역할을 했습니다. 그때 양의 뱃가죽과 밥통 사이로 손을 넣어 양의 숨통을 눌러 죽이는 것이었습니다. 놀라운 사실은, 무지막지한 사람의 손이 배를 가르고 속으로 손을 집어넣어 숨통을 틀어쥐는데도 양은 신음소리 한번 내지 않는다는 것입니다. 단지 숨이 넘어가는 마지막 순간 허공을 향해 치켜든 네 다리를 파르르 떨 뿐이었습니다. 양이 즉자 손을 빼낸 몽골인은 양의 털가죽을 다 벗겨낸 다음 양의 배를 완전히 가르고 내장을 끄집어냈습니다. 그리고 그 속에 흥건히 고여 있는 피를 주걱으로 남김없이 다 퍼냈습니다.

그렇게 잡은 양고기와 내장, 피를 돌멩이와 함께 큰 통에 넣고 몇 시간을 삶은 뒤, 마침내 조리가 끝난 양고기를 시식하게 되었습니다. 그러나 그 시식은 양고기를 씹는 것이 아니라 이사야 53장 7절의 의미를 되씹는 것이었습니다. 이사야 선지자는 장차 인간을 구원하시기 위해 십자가 위에서 고난받으실 예수 그리스도의 모습을 이렇게 예언했습니다.

> 그가 곤욕을 당하여 괴로울 때에도
> 그 입을 열지 아니하였음이여.
> 마치 도수장으로 끌려가는 어린양과
> 털 깎는 자 앞에 잠잠한 양같이
> 그 입을 열지 아니하였도다. (사 53:7)

너무나 적절한 표현이 아닐 수 없습니다. 구약 사람들은 이 세상에 많고 많은 동물들 가운데 왜 유독 양을 속죄의 제물로 즐겨 사용하였는지, 왜 하나님께서 그것을 요구하셨는지, 왜 성경이 하필이면 주님을 양에 비유하고 있는지 그 이유를 그 날 확연하게 알 수 있었습니다. 양은 남을 위하여 자기 생명을 잠잠히, 그리고 기꺼이 내어놓기 때문입니다. 사람이 배를 가르고 속으로 손을 넣어 숨통을 눌러도 양은 반항 한번 없이 자기 생명을 내어 놓음으로 인간에게 생명의 양식이 되듯이, 하나님의 독생자이신 예수 그리스도께서 우리를 죄에서 건지시기 위하여 당신의 생명을 십자가 위에 내어 놓으심으로, 잠잠히 포기하심으로 인류의 구원자, 영원한 생명의 주가 되신 것입니다.

C. S. 루이스(C. S. Lewis)는 이렇게 고백했습니다. "나는 해가 뜬다는 사실을 믿는 것처럼 주님을 믿는다. 단지 해를 보기 때문만이 아니라 그 해를 통해 모든 것을 비로소 바로 볼 수 있기 때문이다."

얼마나 위대한 깨달음입니까? 해가 중요한 것은 그것으로 인해 우리가 사물을 바르게 분간할 수 있기 때문입니다. 우리에게 주님이 절대적인 것은 주님으로 인해서만 이 세상을, 나의 상황을, 나 자신을 비로소 바르게 볼 수 있는 까닭입니다. 우리 주님께서는 대체 어떤 분이십니까? 우리를 구원하시기 위해 자기 생명을 기꺼이 내어놓으실 정도로 우리를 사랑하신 분입니다. 그 사랑의 빛으로 나를, 내 주위를, 이 세상을 한번 자세히 살펴보십시오. 어느 것 하나, 어느 사건 하나 우리를 향한 그분의 사랑, 그분의 은총 아닌 것이 있습니까? 이것을 안다면 우리는 사도 바울처럼 고백할 수밖에 없습니다.

> 만일 하나님이 우리를 위하시면 누가 우리를 대적하리요?
> 자기 아들을 아끼지 아니하시고 우리 모든 사람을 위하여
> 내어 주신 이가 어찌 그 아들과 함께 모든 것을 우리에게
> 은사로 주지 아니하시겠느뇨? (롬 8:31하~32)

그러나 하나님께서 아무리 당신의 아들을 내어 주심으로 우리를 구원하려 하셨다 할지라도, 막상 당신의 독생자이신 예수 그리스도께서 자기 생명을 잠잠히 내어놓지 않으셨더라면 예수 그리스도를 통한 하나님의 구원은 불가능했을 것입니다. 그러므로 우리는 이 아침에 이렇게 고백할 수 있습니다.

"인간을 구원하시려는 하나님의 뜻을 위해 당신의 생명을 잠잠히 포기하셨던 예수 그리스도께서 부활하셔서 우리와 함께 계시는데, 우리를 위해 자기 생명까지 내어 놓으셨던 예수 그리스도께서 어찌 우리를 책임져 주지 아니하시겠느뇨?"

우리는 요즈음 수요 예배시간을 통하여 '하나님의 본심'에 대하여 은혜를 나누고 있습니다. 기원 전 586년 예루살렘은 바빌로니아의 침공으로 멸망하고 말았습니다. 도성은 철저하게 파괴되었고 많은 사람들이 포로로 끌려갔습니다. 모든 것이 절망적일 수밖에 없는 상황이었습니다. 바로 그때 하나님께서는 예레미야 선지자를 통해 이렇게 말씀하셨습니다.

> 저가 비록 근심케 하시나
> 그 풍부한 자비대로 긍휼히 여기실 것임이라.
> 주께서 인생으로 고생하며 근심하게 하심이
> 본심이 아니시로다. (애 3:32~33)

예루살렘을 멸망시키고 이스라엘 백성들을 근심과 고난에 처하게 하는 것 자체는 하나님의 본심이 아니었습니다. 하나님의 본심은 바로 그 고난을 통하여, 자기를 쳐리지 못한 채 자기에게 집착하여 욕망의 노예가 되어 허망하게 인생을 망치는 이스라엘 백성들을 하나님의 자녀로 바로 세우는 것이었습니다. 그래서 하나님께서는 예루살렘이 멸망하기 19년 전에 이미 다니엘과 에스겔 등을 미리 바빌로니아로 보내셔서, 그 곳에서 이스라엘 백성들을 바로 세우실 계획을 진행하고 계셨습니다. 그 결과 이스라엘 백성들은 하나님의 자비로우심 속에서 새 사람이 되어 예루살렘으로 귀환할 수 있었습니다.

경제여건의 악화로 인하여 요즈음은 정말 살기 어려운 세상이 되었습니다. 지난 일주일 동안도 회사와 가계를 꾸려 가느라 얼마나 고생들 하셨습니까? 모든 상황이 호전되기보다는 점점 더 절망적으로 변해가고 있지는 않습니까? 그러나 그것이 주님의 본심이 아님을 잊지 마십시오.

지금 우리와 함께 하고 계신 주님은 대체 어떤 분이십니까? 우리를 살리시기 위해 당신의 생명을 잠잠히 내어 놓으셨던 분이십니다. 우리를 위해 죽기까지 하신 분이 우리에게 해로 끝날 것을 주실 까닭이 있겠습니까? 주님의 본심은 언제나 변함없이 우리를 진리의 사람으로 바로 세우시는 것입니다.

생각해 보십시오. 오늘의 어려움이 없다면 우리가 어찌 사회적, 경제적 정의와 개인적인 정직함, 그리고 일을 추진함에 있어 본질과 내실의 절대적 중요성을 인식할 수 있었겠습니까? 우리에게 고난이 없다면 어찌 우리가 진리를 생각인들 하겠습니까? 우리에게 근심과 고통이 없다면 우리가 하나님을 바라보기나 하겠습니까?

사랑하는 교우 여러분. 지금 어떤 상황 속에 처해 있다 할지라도 결코 절망치 마십시오. 그리스도인에게는 절망이 있을 수 없습니다. 그리스도인에게는 소망만 있을 따름입니다. 우리를 사랑하셔서 자기 생명까지 내어 놓으셨던 주님께서 우리와 함께 계시기에 그분이 주시는 것이라면, 비록 고통과 고난처럼 보일지라도 결국은 우리의 유익으로 끝날 수박에 없기 때문입니다.

이것을 믿는다면, 이 기회에 우리 모두 주님처럼 자기를 버리는 자들이 되십시다. 주님 앞에 우리 자신을 온전히 내어드리는 자들이 되십시다. 진리 위에 바로 서는 진리의 사람들이 되십시다. 그때 우리는 머지 않아 사도 바울처럼 고백치 않고는 견디지 못할 것입니다.

> 생각건대 현재의 고난은 장차 우리에게 나타날 영광과 족히 비고할 수 없도다. (롬 8:18)

> 우리가 알거니와 하나님을 사랑하는 자, 곧
> 그 뜻대로 부르심을 입은 자들에게는 모든 것이 합력하여
> 선을 이루느니라. (롬 8:28)

주님.
지난 한 주간 동안도 주님께서 우리와 함께 하고 계심을
망각했습니다. 그래서 7일 동안 내내 절망하고 근심하며
한숨 속에서 살았습니다. 그러나 주님께서 우리를
사랑하셔서 버리지 않으시고 이 시간 불러주셔서
하나님의 본심을 알게 해주시니 감사합니다.
주님께서 당신의 생명을 자발적으로, 능동적으로, 잠잠히
내어 놓으시기까지 우리를 사랑하셨음을 일깨워 주시니

감사합니다. 우리를 위해 죽기까지 하신 주님께서
한치의 오차도 없이 지금 우리를 책임지고 계심을 확신케
해주심을 진심으로 감사드립니다.
행여 어떤 어려움 속에 있다 할지라도 당황하거나
두려워하지 않고 오히려 주님을 본받아 나를 버리고
나 자신을 온전히 주님 앞에 내어드리는 은총의 기회로
삼는, 참 믿음의 사람들이 되게 하여 주옵소서.
그리하여 우리의 삶 속에 썩어질 허망한 내 욕망의 열매가
아니라, 주님께서 주시기를 원하시는 영광스러운 열매들이
날마다 충만케 하여 주시옵소서. 아멘.

# 29
# 성경을 은하게

이 날은 예비일이라. 유대인들은 그 안식일이 큰 날이므로
그 안식일에 시체들을 십자가에 두지 아니하려 하여
빌라도에게 "그들의 다리를 꺾어 시체를 치워 달라" 하니
군병들이 가서 예수와 함께 못 박힌 첫째 사람과
또 그 다른 사람의 다리를 꺾고, 예수께 이르러는
이미 죽은 것을 보고 다리를 꺾지 아니하고 그중 한 군병이
창으로 옆구리를 찌르니 곧 피와 물이 나오더라.
이를 본 자가 증거하였으니 그 증거가 참이라.
저가 자기의 말하는 것이 참인 줄 알고 너희로 믿게 하려
함이니라. 이 일이 이룬 것은 '그 뼈가 하나도 꺾이우지
아니하리라' 한 성경을 응하게 하려 함이라.
또 다른 성경에 '저희가 그 찌른 자를 보리라' 하였느니라.
아리마대 사람 요셉이 예수의 제자나
유대인을 두려워하여 은휘하더니 이 일 후에 빌라도더러
예수의 시체를 가져가기를 구하매 빌라도가 허락하는지라.
이에 가서 예수의 시체를 가져가니라.
일찍 예수께 밤에 나아왔던 니고데모도 몰약과 침향 섞은
것을 백 근쯤 가지고 온지라. 이에 예수의 시체를 가져다가
유대인의 장례법대로 그 향품과 함께 세마포로 쌌더라.
예수의 십자가에 못 박히신 곳에 동산이 있고 동산 안에
아직 사람을 장사한 일이 없는 새 무덤이 있는지라.
이 날은 유대인의 예비일이요 또 무덤이 가까운 고로
예수를 거기 두니라.

요한복음 19:31~42

예수님께서 십자가 고난을 당하기 위하여 예루살렘 성으로 입성하시기 직전, 사랑하시는 제자들에게 하신 말씀을 누가복음 18장 31절은 이렇게 증거하고 있습니다.

> 예수께서 열두 제자를 데리시고 이르시되
> "보라, 우리가 예루살렘으로 올라가노니 선지자들로 기록된
> 모든 것이 인자에게 응하리라."

예수님께서는 '선지자들로 기록된 모든 것', 즉 구약성경이 당신에 대하여 예언하고 있는 바가 그대로 이루어질 것을 이미 알고 계셨습니다. 그 구체적인 내용인즉, 유대인들의 음모로 체포되어 희롱과 능욕과 채찍질을 당할 것이며, 끝내는 십자가에 못 박혀 돌아가시리라는 것이었습니다.

예루살렘에 입성하신 예수님께서는 체포 당하시기 전 제자들과 '최후의 만찬'을 가지셨을 때 불안해 하는 제자들을 향하여 "인자는 자기에게 대하여 기록된 대로 가거니와"(마 26:24)라고 말씀하심으로 당신의 행동이 결코 당신 임의에 의한 것이 아니라 성경을 따르시는 것임을 재차 강조하셨습니다.

마침내 겟세마네 동산에서 군병들에게 체포 당하는 현장에서 놀란 베드로가 스승을 보호하기 위하여 검을 휘둘러 말고라는 사람의 귀를 쳤을 때, 예수님께서는 그 사람의 귀를 고쳐 주시면서 베드로에게 이렇게 말씀하셨습니다.

"너는 내가 내 아버지께 구하여 지금 열두 영(군단) 더 되는 천사를 보내시게 할 수 없는 줄로 아느냐? 내가 만일 그렇게 하면 이런 일이 있으리라 한 성경이 어떻게 이루어지리요?"
(마 26:53~54)

하나님의 독생자이신 예수님 당신께서는 하찮은 군병들을 얼마든지 물리칠 수 있는 능력이 있지만, 만에 하나라도 그렇게 하실 경우 당신의 고난을 예언한 성경말씀이 이루어질 수 없으므로 성경말씀을 응하게 하시기 위하여 순순히 체포 당하신다는 의미였습니다.

또 2주 전에는 요한복음 19장 28절부터 30절을 통하여 예수님께서 오직 성경을 응하게 하시기 위하여 타는 목마름에도 불구하고 식초같이 신 포도주를 삼키신 일에 대해 깊이 생각해 보았습니다.

이처럼 예수님께서는 당신에 대하여 성경이 예언하신 말씀을 훤히 아시고 그 말씀을 성취하는 삶으로 일관하셨습니다. 성경말씀 중 그분의 삶을 통하여 응하지 아니한 말씀이 단 한 말씀도 없었습니다. 그분의 삶은 온전히 말씀을 위한 삶이었고 말씀에 의한 삶이었습니다. 아니 그분은 말씀 그 자체셨습니다.

그분을 구주로 믿는 그리스도인들이 성경말씀을 알고 좇고 자신들의 삶으로 성경말씀을 성취하려 하며 또 그렇게 해야만 하는 이유가 바로 여기에 있습니다. 즉 우리가 본받아야 할 주님께서 그렇게 사셨기 때문입니다.

그런데 오늘 본문은 성경말씀과 관련하여 대단히 중요한 사실을 일깨워 주고 있습니다. 본문 31절을 보십시다.

> 이 날은 예비일이라. 유대인들은 그 안식일이 큰 날이므로
> 그 안식일에 시체들을 십자가에 두지 아니하려 하여
> 빌라도에게 "그들의 다리를 꺾어 시체를 치워 달라" 하니

일반적으로 건장한 남자의 경우 십자가에 못 박히면 대개는 사흘, 어떤 사람의 경우에는 일주일 만에 죽었다고 합니다. 로마인들의 관습은 십자가 사형에 처해진 죄수는 숨이 넘어간 뒤에도 시체를 그대로 십자가에 매달아 새들의 밥이 되게 하는 것이었습니다. 말하자면 사람들이 그 모습을 보고 감히 죄를 저지를 엄두를 내지 못하도록 경고하는 것입니다.

그러나 그와 같은 로마인들의 관습은 유대인들에게 대단히 곤란한 문제를 야기했습니다. 그들이 금과옥조로 삼고 있는 모세의 율법은 로마의 관습과는 전혀 달랐기 때문입니다.

> 사람이 만일 죽을 죄를 범하므로 네가 그를 죽여 나무 위에
> 달거든 그 시체를 나무 위에 밤새도록 두지 말고
> 당일에 장사하여 네 하나님 여호와께서 네게 기업으로 주시는
> 땅을 더럽히지 말라. (신 21:22)

즉 모세는 나무 위에 달린 시체를 당일로 끌어내려 장사 지내지 않고 그대로 두는 것은 하나님의 땅을 더럽히는 일이라고 말했던 것입니다. 게다가 예수님을 못 박던 그 날은 금요일이었기에 이제 조금 있다 해가 지면 그들의 성일인 안식일이 시작되는데, 그 날의 안식일은 유대인들이 가장 중요하게 여기는 유월절 절기가 시작되는 안식일이었으므로 죄인들의 시체를 매달아 둔 채 그 성스러운 절기를 맞이할 수가 없었습니다. 그래서 그들은 빌라도 총독에게 십자가 죄수들의 다리를 꺾은 뒤 해지기 전에 시체를 치울 수 있도록 해달라고 청원했습니다.

당시 십자가 형틀에는 아래쪽에 조그마한 디딤대가 붙어 있어 못 박힌 죄수들이 그 디딤대를 딛고 서서 양팔과 가슴을 압박하는 고통을 조금이나마 덜 수 있었고, 그 까닭에 사형수의 목숨이 생각보다 오래 부지될 수 있었습니다. 그러나 다리를 꺾어버리면 더 이상 죄수가 자기 몸을 지탱할 수가 없어 아래쪽으로 몸이 처지는 동시에, 가슴의 압박이 가중되어 순식간에 질식하여 죽어 버리게 되는 것입니다. 이를테면 유대인들은 죄수들을 인위적으로 빨리 죽여, 해지기 전에 시체를 치워버릴 수 있게 해달라고 빌라도에게 부탁했던 것입니다.

로마인들 역시 필요한 경우에는 십자가 사형수들의 다리를 꺾어 빨리 죽이는 예가 있었던 터라, 빌라도 총독은 어렵잖게 유대

인들의 청을 들어 주었습니다. 그래서 32절은 이렇게 증거하고 있습니다.

> 군병들이 가서 예수와 함께 못 박힌 첫째 사람과
> 또 그 다른 사람의 다리를 꺾고

표현을 부드럽게 해서 '다리를 꺾는 것'이지, 실제로 로마 군인들이 십자가 사형수의 다리를 꺾을 때에는 쇠망치나 몽둥이를 휘둘러 다리뼈를 으스러뜨렸습니다. 이왕 인위적으로 빨리 죽게 할 바에는 충격을 주어 조금이라도 더 빨리 죽게 하기 위함이었습니다. 예수님과 함께 못 박혔던 두 강도는 그렇게 다리뼈가 으스러지면서 이내 질식해 죽고 말았습니다.

이제 마지막으로 예수님의 차례가 되었습니다. 그런데 본문은 이렇게 전하고 있습니다.

> 예수께 이르러는 이미 죽은 것을 보고 다리를 꺾지 아니하고
> 그중 한 군병이 창으로 옆구리를 찌르니
> 곧 피와 물이 나오더라. (요 19:33~34)

예수님께서는 몽둥이를 휘둘러 다리뼈를 으스러뜨릴 필요가 없었습니다. 이미 운명하셨던 것입니다. 그런데 다른 군병이 정말 예수님께서 운명하셨는지 확인하기 위해 창으로 옆구리를 찌르자 피와 물이 흘렀다는 것입니다. 피가 흐르는 것은 당연한 일일 수 있겠으나 어떻게 사람의 몸에서 물이 흐를 수 있었겠습니까? 이에 대하여 영국의 의학박사 윌리엄 스트라우드(William

Stroud)는 그 해답을 이렇게 제시하고 있습니다. 사람의 심장이 파열하면 심장 속에서 돌고 있던 피가 심낭 속으로 흘러 들어가게 되는데, 이와 같은 일혈(溢血) 현상이 일어나면 혈액이 원래 상태로 분리되면서 일반적으로 말하여 물과 피로 나누어지게 된다는 것입니다. 바꾸어 말하면 십자가 위에서 이미 운명하신 예수님을 아래쪽에서 올려다보며 찔러 올린 군병의 창이 예수님의 옆구리를 뚫고 심장에 가 꽂혔다는 말입니다. 본문은 계속하여 이렇게 증거하고 있습니다.

> 이를 본 자가 증거하였으니 그 증거가 참이라.
> 저가 자기의 말하는 것이 참인 줄 알고
> 너희로 믿게 하려 함이니라. (요 19:35)

이것은 요한복음을 기록한 요한 사도가 자기 자신을 가리켜 하고 있는 말입니다. 자신은 현장의 목격자이기에 자신이 하는 말은 참말이요, 자기가 그처럼 참말을 하는 것은 자신의 글을 읽는 사람이 믿게 하기 위함이라는 것입니다.

언뜻 이해하기 어려운 말이 아닐 수 없습니다. 도대체 성경 속에 참말 아닌 거짓이 있을 수 있습니까? 성경의 말씀 중 믿지 못할 말씀이 단 한 줄이라도 있습니까? 만약 그렇다면 성경은 성경일 수가 없습니다. 그런데 요한 사도는 왜 여기에서 구태여 참말을 강조하고 있으며 새삼스럽게 무엇을 믿으라는 것입니까? 이것은 오히려 우리를 혼란스럽게 만드는 구절처럼 보입니다.

우리말 성경에는 번역되어 있지 않지만, 헬라어 원문을 보면 36절에 'gar', 즉 '왜냐하면'이라는 접속사가 붙어 있습니다. 다시 말해 요한 사도가 엉뚱하게 보일 정도로 참말과 믿음을 새삼스레 강조하고 있는 이유가 36절 속에 나타나 있다는 말입니다. 36절을 보십시오.

이 일이 이른 것은 '그 뼈가 하나도 꺾이우지 아니하리라' 한 성경을 응하게 하려 함이라.

골고다에 못 박히신 예수님의 위치를 생각해 보십시오. 예수님의 십자가는 두 강도 가운데 있었습니다. 군병이 먼저 한 강도의 다리뼈를 으스러뜨렸습니다. 그렇다면 이번에는 불문곡직하고 예수님의 다리를 으스러뜨려야만 합니다. 그런데 희한하게도 그는 예수님을 건너뛰어 나머지 강도의 다리뼈를 먼저 부러뜨렸습니다. 그리고 다시 예수님 앞으로 되돌아온 그는, 유독 예수님 앞에서만 신중하게 그 죽음을 확인하고서는 몽둥이를 휘두르지 않았습니다. 바로 그 순간 유월절 제물로 드려지는 양의 뼈는 하나라도 꺾이면 안 된다는 민수기 9장 12절의 말씀이 성취되었던 것입니다. 예수님께서는 인간의 죄를 대속하시기 위해 제물로 바쳐지는 유월절의 어린 양이었습니다. 만약 로마 군인이 몽둥이를 휘둘러 예수님의 다리뼈를 꺾어 버렸다면 예수님께서 인간을 위한 유월절 어린 양이라는 말은 거짓이 될 수밖에 없었을 것입니다. 또 37절은 이렇게 계속되고 있습니다.

또 다른 성경에 '저희가 그 찌른 자를 보리라' 하였느니라.

몽둥이를 휘두르던 자가 예수님의 운명을 확인하고 몽둥이를 내렸다면 그것으로 모든 상황은 끝난 것입니다. 구태여 다른 병사가 창으로 찔러볼 필요가 없습니다. 그런데 느닷없이 한 병사가 그 누구의 명령이나 상의도 없이 예수님의 옆구리를 창으로 찌름으로써, 예수님께서 창에 찔리는 수난을 당하실 것을 예언한 스가랴 12장 10절 말씀이 이루어지게 된 것이었습니다. 여기에서 '찌른다'는 동사 'ekkento'는 성경에 딱 두 번만 나타나는 특수한 용어로서, 그 뜻은 찔러도 그냥 찌르는 것이 아니라 깊이 꿰뚫었다는 의미입니다. 즉 예수님의 옆구리를 찌른 창이 깊숙이 박혀 예수님의 심장까지 관통할 것을 시사한 대로 이루어졌다는 것입니다. 예수님 앞에서만 유독 몽둥이를 멈춘 병사나, 느닷없이 예수님의 몸 깊숙이 창을 찔러댄 병사나 모두 무심코 행한 행동이었지만 그들을 통하여 하나님의 말씀은 어김없이 성취되고 있었던 것입니다.

그렇다면 오늘 본문을 통하여 우리가 얻을 수 있는 중요한 깨달음은 무엇입니까? 하나님의 모든 말씀은 반드시 이루어지되 언제나 하나님의 말씀을 알고 믿는 사람들을 통해서만 이루어지는 것이 아니라는 사실입니다. 로마 군인들은 하나님을 알지도, 믿지도 않는 이방 불신자들이었습니다. 그러나 그들을 통하여 하나님의 말씀은 이루어졌습니다. 이번만이 아니었습니다. 예수님을 로마 군인들이 십자가에 못 박은 직후 예수님의 속옷을 서로 갖기 위해 제비를 뽑았을 때, 그것은 시편 22편 18절 말씀을 응하게 하기 위함이었다고 본장 24절은 이미 증거하고 있습니다. 어찌 그뿐입니까? 로마 군인들은 이사야 선지자가 예언한 대로 예수님을 능욕하고 채찍질했습니다. 로마 군인들은 모두 하나님을 모르는 자들이었음에도 불구하고 하나님의 말씀은 그들을 통하여 철저하게 이루어지고 있었습니다.

잊지 마십시오. 하나님을 알든지 모르든지, 믿든지 믿지 않든지 상관없이 이 세상에 있는 모든 인간들은 예외없이 하나님 말씀의 도구들입니다. 단지 각 사람마다 차이가 있다면 하나님의 어떤 말씀을 응하게 하는 도구인가 하는 것뿐입니다. 사도 요한이 이 본문 35절을 통해 자신의 말이 참말이므로 믿으라는 것이 바로 이것입니다. 이 사실을 믿는 자만이 하나님 말씀의 바르고 선한 도구가 될 수 있는 까닭입니다.

그렇다면 지금 우리의 삶을 통하여는 하나님의 어떤 말씀이 이루어져 가고 있는지 우리 자신의 삶을 되돌아보지 않으면 안됩니다. 구체적인 예를 들어 생각해 보기로 하십시다.

잠언 10장 16절은 다음과 같이 증거하고 있습니다.

　의인의 수고는 생명에 이르고
　악인의 소득은 죄에 이르느니라.

지금 여러분들의 삶을 통하여 무슨 말씀이 응하고 있습니까? '의인의 수고는 생명에 이른다'는 말씀입니까, 아니면 '악인의 소득은 죄에 이른다'는 말씀입니까?

잠언 14장 1절은 또 이렇게 말씀하십니다.

　무릇 지혜로은 여인은 그 집을 세우되
　미련한 여인은 자기 손으로 그것을 허느니라.

여러분들에게는 어느 쪽 말씀이 응하고 있습니까? 지혜로운 여인에 해당되는 말씀입니까? 미련한 여인에 적용되는 말씀입니까?

다니엘 선지자는 이렇게 증거했습니다.

> 지혜 있는 자는 궁창의 빛과 같이 빛날 것이요,
> 많은 사람을 옳은 데로 돌아오게 한 자는
> 별과 같이 영원토록 비취리라. (단 12:3)

그런가 하면 주님께서는 바리새인들을 이렇게 질타하셨습니다.

> "화 있을진저 외식하는 서기관들과 바리새인들이여,
> 너희는 교인 하나를 얻기 위하여 바다와 육지를 두루
> 다니다가 생기면 너희보다 배나 더 지옥 자식이 되게
> 하는도다." (마 23:15)

지금 우리를 통해 어떤 말씀이 응하고 있습니까? 다니엘서 12장 3절의 말씀입니까? 아니면 마태복음 23장 15절의 말씀입니까?

또 주님께서는 마지막 날 임할 하나님의 심판을 이렇게 설명하셨습니다.

> "인자가 그 천사들을 보내리니 저희가 그 나라에서 모든
> 넘어지게 하는 것과 또 불법을 행하는 자들을 거두어 내어
> 풀무불에 던져 넣으리니 거기서 울며 이를 갊이 있으리라.

그때에 의인들은 자기 아버지 나라에서 해와 같이 빛나리라.
귀 있는 자들은 들으라."(마 13:41~43)

어떻습니까? 지금처럼 살아간다면 이 세상을 떠나 하나님 앞에 서는 날, 풀무불에 던지워 울며 이를 갈 것이란 말씀이 내게 응하겠습니까? 아니면 하나님 아버지의 나라에서 해와 같이 빛날 것이란 말씀이겠습니까?

몽골에서 라마교 사원을 찾았을 때 사진이나 TV를 통해서만 보았던 마니퇴를 직접 목격할 수 있었습니다. 마니퇴란 라마교 경전을 그 속에 써 넣어둔 크고 작은 원통들로서, 그 통을 한 번 손으로 돌리면 그 속에 든 경전을 한 번 읽은 것으로 인정받게 됩니다. 따라서 사원에 설치된 마니퇴를 모두 한 번씩 돌리면 라마교 경전 전체를 한 번 완독한 셈이 되는 것입니다. 그래서 그 날도 많은 사람들이 줄을 지어 차례로 마니퇴를 돌리고 있었습니다.

라마교 신자들이 얼마나 경전을 읽지 않으면 고육지책으로 그런 편법을 만들어 놓았겠습니까? 그러나 라마교 신자가 라마교 경전 속에 무슨 말이 들어 있는지 한 번도 읽어보지 않고서야 어찌 참된 라마교인이 될 수 있겠습니까? 그런 의미에서 마니퇴 따위를 용인하는 라마교와 같은 종교는 결코 참된 종교, 진정한 종교일 수가 없는 것입니다.

기독교는 말씀의 종교입니다. 하나님께서 바로 말씀이시요, 그 말씀에 의해 창조된 것이 이 세상이요, 그 말씀이 사람의 몸을 입으시고 성육신 하신 분이 바로 예수 그리스도시기 때문입니다.

그러므로 말씀을 알지 못하고서는, 다시 말해 마니퇴 돌리듯 해서는 그리스도인은 결코 참된 그리스도인이 될 수 없는 것입니다.

사랑하는 교우 여러분!

이 세상에 태어난 모든 인간은 의식하든 하지 않든 하나님 말씀의 도구들임을 잊지 마십시오. 이 사실을 믿지 못하고 망각한다면 우리 자신도 모르게 포악한 로마 군병이나 주님을 배신한 가룟 유다와 같은 악한 도구가 될 수밖에 없음을 잊지 마십시오.

우리 모두 오직 하나님의 말씀을 읽고 묵상하면서 날로 하나님의 말씀을 알아가는 말씀의 사람들이 되십시다. 그때 우리는 참되고 선하고 아름다운 하나님의 말씀을 응하게 하는 바른 생명의 도구가 될 것이며, 그와 같은 우리의 삶만이 이 세상의 어둠을 물리치는 진리의 등불이 될 것입니다.

복 있는 사람은 악인의 꾀를 좇지 아니하며
죄인의 길에 서지 아니하며
오만한 자의 자리에 앉지 아니하고
오직 여호와의 율법을 즐거워하여
그 율법을 주야로 묵상하는 자로다.
저는 시냇가에 심은 나무가 시절을 좇아 과실을 맺으며
그 잎사귀가 마르지 아니함 같으니
그 행사가 다 형통하리로다.
악인은 그렇지 않음이여.
오직 바람에 나는 겨와 같도다.
그러므로 악인이 심판을 견디지 못하며

죄인이 의인의 회중에 들지 못하리로다.
대저 의인의 길은 여호와께서 인정하시나
악인의 길은 망하리로다. (시1:1~6)

사랑의 하나님 아버지.
지금 우리의 삶을 통하여 하나님의 어떤 말씀이 응하고
있는지 우리 자신을 살펴보게 하시니 무한 감사합니다.
주님의 말씀을 주야로 묵상하여 날로 하나님의 말씀을
더 깊이 알아감으로 말씀의 바르고 선한 도구, 참 생명의
도구가 되게 하옵소서. 그리하여 말씀의 선한 도구된
우리 그리스도인들을 통하여,
이 사회가 시냇가에 심긴 나무처럼
시절을 좇아 바른 열매를 맺으며
이 시대 역사의 잎사귀가 마르지 않게 하여
주옵소서. 아멘.

## 30
## 시체를 구하매

이 날은 예비일이라. 유대인들은 그 안식일이 큰 날이므로
그 안식일에 시체들을 십자가에 두지 아니하려 하여
빌라도에게 "그들의 다리를 꺾어 시체를 치워 달라" 하니
군병들이 가서 예수와 함께 못 박힌 첫째 사람과
또 그 다른 사람의 다리를 꺾고, 예수께 이르러는
이미 죽은 것을 보고 다리를 꺾지 아니하고 그중 한 군병이
창으로 옆구리를 찌르니 곧 피와 물이 나오더라.
이를 본 자가 증거하였으니 그 증거가 참이라.
저가 자기의 말하는 것이 참인 줄 알고 너희로 믿게 하려
함이니라. 이 일이 이룬 것은 '그 뼈가 하나도 꺾이우지
아니하리라' 한 성경을 응하게 하려 함이라.
또 다른 성경에 '저희가 그 찌른 자를 보리라' 하였느니라.
아리마대 사람 요셉이 예수의 제자나
유대인을 두려워하여 은휘하더니 이 일 후에 빌라도더러
예수의 시체를 가져가기를 구하매 빌라도가 허락하는지라.
이에 가서 예수의 시체를 가져가니라.
일찍 예수께 밤에 나아왔던 니고데모도 몰약과 침향 섞은
것을 백 근쯤 가지고 온지라. 이에 예수의 시체를 가져다가
유대인의 장례법대로 그 향품과 함께 세마포로 쌌더라.
예수의 십자가에 못 박히신 곳에 동산이 있고 동산 안에
아직 사람을 장사한 일이 없는 새 무덤이 있는지라.
이 날은 유대인의 예비일이요 또 무덤이 가까운 고로
예수를 거기 두니라.

요한복음 19:31~42

요즈음 폭력 문제는 참으로 심각합니다. 단 하루도 끔찍한 폭력에 관한 기사가 보도되지 않는 날이 없습니다. 사회가 이 지경이 되다 보니 학교인들 안전할 리가 만무합니다. 학교인지 폭력 원인지 구별하기가 힘들 정도입니다.

성적 타락 또한 이미 위험수위를 넘었습니다. 동네마다 환락가가 줄지어 들어서고 있습니다. 그러니 그 속에서 자라나는 10대들이 므사할 까닭이 없습니다. 10대들이 직접 출연·제작한 '음란비디오 사건'은 빙산의 일각일 뿐입니다. 그래서 뜻 있는 사람들은 개탄을 금치 못하면서, 도대체 이 사회가 어디까지 갈 것인지 우려하며 걱정들을 하고 있습니다.

그러나 곰곰이 한번 생각해 봅시다. 이 모든 것이 단지 오늘만의 문제입니까? 어제는 그러지 않았습니까? 10년 전에는 괜찮았습니까? 100년 전, 1,000년 전에는 오늘날과 달랐습니까? 그렇지 않습니다. 전혀 그렇지 않습니다. 어느 시대 어느 곳이든, 단지 오늘날과 형태의 차이가 있을는지 몰라도 근본적으로는 아무런 차이가 없었습니다. 이것은 제 자신의 개인적인 견해나 판단이 아니라, 바로 우리가 믿고 있는 성경이 증거해 주고 있는 바입니다.

성경을 열어보십시오. 창세기 1장은 하나님의 천지창조를 보여주고 있습니다. 창세기 2장은 하나님 나라의 모형인 에덴 동산과 그 낙원 속에 살고 있는 아담과 하와를 증거합니다. 그러나 창세기 3장으로 넘어가면 인간의 타락이 나타나고 있습니다. 타락한 인간들은 에덴 동산을 상실하고 말았습니다. 그 다음 창세기 4장으로 넘어가 봅시다. 에덴을 잃어버린 인간에게 나타난 제일 첫번째 문제가 바로 폭력이었습니다. 가인이 동생 아벨에게 폭력을 휘두른 것이었습니다. 그것은 단순한 폭력이 아니었습니다. 동생을 쳐서 죽여버린 것입니다. 세상에서 가장 끔찍하고 잔인한 폭력이었습니다.

그 다음에 일어난 사건은 무엇이었습니까? 하나님의 사람들이 세상의 여인들과 놀아나는 것이었습니다. 즉 성적 타락이었습니다. 그때의 성적 타락이 얼마나 도가 지나쳤으면 창세기 6장과 7장에 이르러 하나님께서 홍수로 인간들을 심판하셨겠습니까? 그렇다면 그것으로 모든 문제가 다 해결되었습니까? 전혀 아니었습니다. 인간 교만의 극치요 영적 부패의 본보기인 바벨탑이 창세기 11장에 등장하고 있으며, 창세기 13장에는 인류 역사상 성적 타락의 전형인 소돔과 고모라가 출현하고 있습니다. 그 이후에도 인간의 폭력, 성적 타락, 영적 부패의 문제는 성경 전체를 통해 중단 없이 계속되고 있습니다.

이와 같은 성경적 사실은 무엇을 일깨워 주고 있습니까? 오늘 우리 사회가 직면하고 있는 모든 병리현상은 결코 어제 오늘의 일이 아니라는 것입니다. 인간의 타락과 더불어 인간의 역사 속에서는 늘 있어왔고, 앞으로도 있을 것이라는 사실입니다. 따라서 주님 오시는 그 날까지 자신을 신봉하며 바벨탑을 쌓아올리는 자들은 계속 있을 것이며, 소돔과 고모라는 갈수록 더 번창할 것이며, 폭력을 숭상하는 가인들 역시 사라지지 않을 것입니다.

그렇다면 우리 그리스도인은 어떻게 해야 합니까? 한숨짓기 짝이 없는 이 세상을 그저 속수무책으로 바라보기만 해야 합니까? 그것이 우리에게 주어진 유일한 대안이라면 너무나 절망적이지 않습니까? 그렇다면 우리에게 인간과 미래에 대한 소망이나 희망이 있을 수가 없습니다. 하지만 그래서야 이 암울한 세상에서 애써 살아야 할 이유와 의미와 가치가 도대체 무엇이란 말입니까? 우리는 모두 비관주의자가 되든가 염세주의자가 될 수밖에 없습니다.

그러나 우리 그리스도인들이 이 비참한 현실 속에서 결코 절망하거나 좌절하지 않는 것은 성경을 거슬러 올라가다 보면 여전히 에덴 동산을 만날 수 있기 때문입니다. 인간의 타락으로 말미암아 인간은 하나님 나라의 모형인 에덴 동산을 잃어버렸지만, 그러나 에덴 동산 그 자체가 사라진 것은 아닙니다. 그 낙원은 오늘도 창세기 2장 속에 영적으로 실재하고 있는 것입니다. 바로 우리가 되돌아가야 할 영적 고향으로 말입니다. 그 낙원을 되찾기만 하면, 우리의 심령 속에 그 낙원이 회복되기만 하면, 이 세상이 아무리 악으로 요동쳐도 우리는 흔들리지 않는 소망과 진리의 등불이 될 수 있습니다.

이 세상을 허물어뜨리려는 악의 세력은 과거에도 있었고 오늘도 있으며 미래에도 여전히 있을 것입니다. 그러나 인류의 역사는 그 심령 속에 에덴을 품고 있는 자, 진리의 등불이 되는 자들에 의해 언제나 바른 방향으로 인도되어 왔고 인도되고 있으며 또 인도되어 갈 것이기에, 우리 그리스도인들은 어떤 경우에도 절망하지 않는 것입니다.

성자 하나님이신 예수 그리스도께서 인간의 몸을 입으시고 이 땅에 오셨던 궁극적인 목적이 무엇이었습니까? 죄로 말미암아 낙원을 잃어버린 인간들에게 하나님의 나라, 에덴을 회복시켜 주시기 위함이었습니다. 영적 고향으로 되돌아갈 길을 제시해 주시기 위함이었습니다. 이 세상이 아무리 암울해도 예수 그리스도께서 우리의 희망이요 소망인 까닭이 바로 여기에 있습니다.

2,000년 전 주님께서 이 땅에 오셨을 때 주님께 구원받은 사람들의 면면을 살펴보십시오. 그들은 한결같이 당시의 율법에 의해 정죄 당한 자들이었습니다. 참다운 의미에서 인간일 수가 없는 한심한 자들이었습니다. 그러나 그들이 예수 그리스도 안에서 하나님의 나라를 회복했을 때, 실낙원을 그리스도 안에서 다시 찾았을 때, 그들은 정녕 새로운 사람, 에덴의 사람, 진리의 등불로 거듭남으로써 이 땅을 에덴으로 일구어가는 하나님의 도구가 되었습니다.

막달라 마리아는 성적 타락의 극치라 할 수 있는 추잡한 창녀였지만, 그리스도 안에서 에덴을 회복한 새 사람이 되었습니다. 사도 바울은 사람을 돌로 쳐죽이는 폭력 신봉자였지만, 그리스도 안에서 하나님의 나라—에덴의 증인이 되었습니다. 세리장 삭개오는 영육 간에 부패한 자의 표본이었지만, 그리스도를 만남으로써 에덴의 참된 실천자가 되었습니다.

그렇기에 예수 그리스도께서 계신 곳에는 반드시 소망이 있을 수밖에 없습니다. 예수 그리스도가 계신 곳에는 언제나 실낙원이 회복되는 생명의 역사, 에덴의 역사가 일어나기 때문입니다.

사람들이 저에게 당신의 '목회 철학'이 무엇이냐고 물으면, 저는 서슴없이 '하나님 나라의 회복', 즉 '에덴의 회복'이라고 답합니다. 그 심령 속에 하나님의 나라—에덴이 회복된 자만 이 세상을 바로 밝히는 진리의 등불이 될 수 있는 까닭입니다. 그렇다면 우리가 에덴을 회복한다는 것은 구체적으로 무엇을 의미합니까? 이에 대하여는 〈새신자반〉 제7과 '교회'에서 상세히 다루었기에 여기에서 재론치는 않겠습니다. 단지 이 시간에는, 그 심령 속에 에덴을 회복한 자에게 나타나는 분명한 특징에 대하여 말씀드리고자 합니다. 실(失)낙원 했던 자가 그리스도 안에서 득(得)낙원 했을 때, 먼저 그 사람은 어떤 상황 속에서도 변함없이 주님을 사랑하게 됩니다. 예수 그리스도로 인해 얻은 에덴의 절대적인 의미와 가치를 터득한 연고입니다. 그 결과 그의 삶 속에는 자신도 모르게 에덴이 점점 더 확장되어가게 되는 것입니다. 오늘 본문은 그 좋은 예를 보여 주고 있습니다.

십자가에 못 박히신 예수님께서 드디어 운명하셨습니다. 로마 군병 한 명이 예수님의 사망을 확인키 위해 창으로 옆구리를 찌르니 피와 물이 흘러내렸습니다. 심장 파열로 이미 운명하신 뒤였던 것입니다. 그때 마지막 순간까지 예수님에 대한 인간적인 기대를 버리지 않았던 자들의 낙망이 얼마나 컸겠습니까? 오죽했으면 예수님의 제자들은 뿔뿔이 흩어져 도망가 버렸으며, 그 죽음의 현장에 제자 중 유일한 목격자로 남아 있던 사도 요한마저 그 절망적인 순간에 어찌할 바를 알지 못한 채 망연자실 예수님의 주검을 쳐다만 보고 있었겠습니까? 그저 모든 것이 암울한 순간일 뿐이었습니다. 그런데 본문 38절은 이렇게 증거하고 있습니다.

> 아리마대 사람 요셉이 예수의 제자나
> 유대인을 두려워하여 은휘하더니, 이 일 후에 빌라도더러
> 예수의 시체를 가져가기를 구하매 빌라도가 허락하는지라.
> 이에 가서 예수의 시체를 가져가니라.

시체란 절망과 부정과 비탄의 상징일 따름입니다. 그렇기에 가족 이외의 사람이 타인의 시체를 구하는 법이란 통상 있을 수 없습니다. 그런데 아리마대 출신의 요셉이란 사람은 빌라도에게 예수님의 시체 가져가기를 구하였습니다. 요셉이 의사이기에 해부 실습용으로 쓰기 위함이었습니까? 아니면 장의사이기에 돈을 벌기 위함이었습니까?

마태복음 27장 57절에 의하면 그는 장의사와는 거리가 한참 먼 소문난 거부였습니다. 할 일 없이 남의 시체나 거두고 다닐 사람이 결코 아니었습니다. 그럼에도 불구하고 그가 예수님의 시체를 구한 이유를 본문은 이렇게 설명하고 있습니다.

> 예수의 십자가에 못 박히신 곳에 동산이 있고 동산 안에
> 아직 사람을 장사한 일이 없는 새 무덤이 있는지라.
> 이 날은 유대인의 예비일이요 또 무덤이 가까운 고로

예수를 거기 두니라. (요 19:41~42)

본문이 말하는 새 무덤이란 아리마대 요셉이 자기 자신을 위하여 예비해 둔 무덤이었다고 마태복음 27장 60절은 증거하고 있습니다. 요셉이 예수님의 시체를 구했던 이유는 한 가지, 곧 정성을 다하여 자기 무덤으로 장례를 치러 드리기 위함이었습니다. 그뿐만이 아니었습니다. 본문 39절과 40절은 이렇게 증거하고 있습니다.

일찍 예수께 밤에 나아왔던 니고데모도 몰약과 침향 섞은
것을 백 근쯤 가지고 온지라. 이에 예수의 시체를 가져다가
유대인의 장례법대로 그 향품과 함께 세마포로 쌌더라.

유대인의 장례법은 시체에 방부제를 바르는 애굽이나 로마의 장례법과는 달리, 죽은 자의 몸에 오히려 향품을 바르고 부드러운 세마포로 감싸 주는 것이었습니다. 그런데 존귀한 산헤드린 의원인 니고데모가 예수님의 장례에 필요한 값비싼 향품과 세마포를 가져다가 유대인의 관습대로 예수님의 시체를 염했다는 것입니다.

놀라운 사실은 아리마대 요셉은 유대인들이 두려워 예수님을 믿는 자기 자신을 은휘하던, 즉 숨기던 자요, 니고데모 역시 사람들의 눈이 두려워 밤중에 아무도 몰래 예수님을 찾았던 위인이었습니다. 달리하자면 그들은 처음부터 온전한 예수님의 제자, 완전한 그리스도인이 아니었던 것입니다. 그럼에도 불구하고 모든 제자들이 주님을 배신하고 도주해 버리는 그 죽음과 절망과

공포의 극한 상황 속에서, 어떻게 그들은 오히려 두려움 없이 자신들을 노출시키면서까지 지성으로 예수님의 장례식에 앞장설 수 있었습니까?

그들은 육적으로만 이 아니라 영적으로 주님을 만났던 자들이었습니다. 영적으로 거듭난 자들이었습니다. 그들의 심령 속에 하나님 나라—에덴이 회복된 자들이었습니다. 요한복음 3장에 의하면 니고데모는 산헤드린 의원이었기에 남의 눈을 의식하여 밤중에 몰래 예수님을 찾던 날, 사람은 거듭나야 하나님의 나라를 얻을 수 있다는 것을 배웠습니다. 바꾸어 말해 그 날 밤 주님을 만난 니고데모는 그리스도 안에서 하나님의 나라—에덴의 사람으로 거듭나게 되었던 것입니다. 그 마음속에 에덴이 복원되었을 때 주님을 사랑함에 있어서 더 이상 두려울 것이 없었습니다. 그래서 산헤드린 의회가 예수님을 체포할 것을 결의할 때, 유일하게 그 부당성을 용감하게 지적했던 자가 바로 니고데모였습니다. 이처럼 니고데모와 아리마대 요셉은 그리스도 안에서 진정으로 에덴의 사람으로 거듭난 자들이었기에, 본문에서와 같은 참 제자다운 행동을 주저 없이 지체하지 않고 담대히 행할 수 있었던 것입니다.

예수님을 육적인 욕구로만 좇았을 뿐 아직 영적으로 만나지 못한 제자들은, 가장 결정적인 순간에 주님을 버리는 배신자들이 되고 말았습니다. 예수님을 아예 처음부터 부정하던 유대인들은 오직 자신들의 편의를 위해 십자가에 못 박힌 채 아직 살아 있는 사람의 다리를 꺾어 죽여 주기를 구했습니다. 그 곳에 모인 구경꾼들은 한결같이 폭력의 신봉자요, 성적·육적으로 타락한 인간들이었습니다. 이런 의미에서 이 날의 골고다는 절망의 언덕일 수밖에 없습니다. 그럼에도 불구하고 우리가 그 절망의 언덕에서 절망보다 더 크고 찬란한 소망의 빛을 볼 수 있음은, 그곳에 요셉과 니고데모처럼 하나님의 나라를 얻은 자, 그리스도 안에서 에덴을 회복한 자들이 있었기 때문입니다. 그들은 주님을 영적으로 만난 자들이었기에, 예수님의 육적인 죽음으로 인해 그들의 심령 속에 회복된 에덴이 흔들릴 까닭이 없었습니다. 오히려 예수 그리스도 안에서 얻게 된 하나님 나라의 가치와 의미를 너무나 잘 알고 있었기에, 예수님의 육적인 죽음 앞에서 예수님을 더욱 사랑할 따름이었습니다. 따라서 그들이 구했던 것은 단순히 숨이 끊어진 예수님의 시체가 아니었습니다. 그들이 구했던 것은 주님을 향한, 그리고 주님의 더 깊고 뜨거운 사랑이었습니다.

　이처럼 그들이 주님을 위한 더 큰 사랑을 간구했을 때, 주님께서는 그들의 사랑을 도구로 삼아 부활하셨습니다. 주님께서 어디에서 부활하셨습니까? 아리마대 요셉이 자기 자신을 위해 마련해 두었으나 주님에 대한 사랑 때문에 포기했던 새 무덤이었습니다. 그것은 더 이상 시체를 장사 지내는 무덤이 아니었습니다. 눈부신 부활의 현장이었습니다. 앞으로 요한복음 20장에서 살펴보겠지만 예수님 부활의 증거품은 무엇이었습니까? 주님께서 부활하신 빈 무덤 속에 남은 세마포였습니다. 그것은 니고데모가 주님에 대한 사랑 때문에 주님의 시신을 향품과 함께 싸드렸던 세마포였습니다.

　한 가지 분명한 것은 이와 같은 주님에 대한 사랑이, 그들의 심령 속에 회복된 하나님의 나라―에덴을 훨씬 더 확장시켜 주었을 것이란 사실입니다. 사랑하는 주님을 위해 포기한 자기 무덤이 인류의 역사를 새롭게 하는 부활의 시발점이 되고, 주님의 시신을 감싸드린 세마포가 부활의 증거품으로 존귀하게 됨을 볼 때, 아리마대 요셉과 니고데모의 심령 속에서 끝도 없이 확장되었을 하나님의 나라, 에덴 생각에 가슴이 설레지 않습니까? 이와 같이 온전히 거듭난 에덴의 사람인 요셉과 니고데모가 있었기에, 그들을 위하여 주님께서 이 땅에 오시고 십자가를 지셨기에, 주님께서 이들을 통하여 부활의 새 역사를 이루어 가시기에 폭력과 타락, 배신과 죽음, 고통과 절망으로 점철된 요한복음 19장 속에서 우리들은 말할 수 없는 소망을 발견하게 되는 것입니다.

사랑하는 교우 여러분!
다시 우리의 주위를 살펴보십시다. 도처에 폭력이 기승을 부리고 있습니다. 무분별한 성적 타락은 우리의 건전한 가정을 위협하고 있습니다. 이 세상은 우리의 영혼과 정신이 날로 썩기를 요구하고 있습니다. 그것만 바라보면 우리는 절망할 수밖에 없습니다.
그러나 결코 잊지 마십시오. 이것은 어제 오늘만의 문제가 아닙니다. 우리 나라만의 문제도 아닙니다. 소위 선진국들을 보십시오. 그들 역시 우리와 똑같은 문제들을 안고 있습니다. 어떤 면에서는 우리보다 훨씬 더 심각합니다. 하나님 앞에서 범죄함으로써 실낙원한 인간의 삶은 정도의 차이만 있을 뿐, 그렇게 될 수밖에 없습니다. 그것이 바로 죄의 본질이요 특성이기 때문입니다.
그렇다면 이제는 더 이상 절망할 수밖에 없는 세상만 보면서,

낙망할 수밖에 없는 인간만 보면서 탄식하는 어리석은 자가 되지 마십시다. 실낙원한 우리에게 하나님의 나라—에덴을 회복시켜 주시기 위하여 이 땅에 오신 예수 그리스도를 바라보십시다. 그분을 육적인 필요에 의해서가 아니라 영적으로 만나는 자들이 되십시다. 그분을 진정으로 사랑하는 자들이 되십시다. 그분 안에서 득낙원하는 자들이 되십시다. 그분 안에서 얻은 에덴을 끊임없이 확장해 가는 자들이 되십시다. 아무리 가인이 득세하고, 소돔과 고모라가 창궐하며, 멀쩡한 사람의 다리를 꺾는 흉폭한 세상이라 할지라도, 우리가 이 시대의 아리마대 요셉과 니고데모가 된다면 주님께서는 반드시 우리를 통하여 이 땅의 역사를, 우리의 미래를, 우리 자녀들의 장래를 기필코 바르게 인도해 주실 것입니다. 이제껏 그렇게 해오신 것처럼 말입니다.

주님께서는 오늘 아침에도 우리를 향하여 이렇게 약속하고 계십니다.

보라, 내가 만물을 새롭게 하노라. (계 21:5)

주님!
3년 동안 주님과 동행했던 제자들이 구했던 것은 죄악으로
말미암아 잃어버렸던 하나님의 나라가 아니라, 실은
주님의 육체였습니다. 그래서 주님의 육체가 운명하는
그 현장에서 그들은 모두 주님을 배신하고 말았습니다.
그러나 아리마대 요셉과 니고데모가 구했던 것은 그리스도
안에 있는 하나님의 나라, 실낙원 했던 에덴의
회복이었습니다. 그 결과 그들은 주님의 죽으심에도

개의치 않고 오히려 주님의 시신을 구했습니다.
그것이야말로 주님을 향한, 그리고 주님으로부터의 진정한
사랑이었습니다. 그리고 주님께서는 그들을 도구로
삼으셔서 부활의 새 역사를 이 땅에 이루셨습니다.
그렇기에 우리는 폭력과 배신과 죽음이 난무하는 골고다
언덕 위에서 말할 수 없는 소망을 얻게 됩니다.
주님!
이 사회가 골고다처럼 절망의 언덕이라 할지라도, 아니
아무도 부정할 수 없는 분명한 골고다 언덕이기에,
절망하기보다는 도리어 십자가의 주님을 바라봄으로
한없는 소망을 누리게 하소서. 우리 그리스도인들이 모두
아리마대 요셉과 니고데모처럼 하나님의 나라—에덴을
회복하는 자들이 되게 하옵소서. 주님을 어떤 상황
속에서도 진정으로 사랑하는 자들이 되게 하옵소서.
그리하여 우리의 이 작은 삶을 통하여,
골고다 곧 해골과 같은 이 세상이 부활의 언덕,
새 생명과 새 역사의 시발점이 되게 하여 주옵소서.
아멘.

## 저자 대담

목회 사역의 마지막 기간에 요한복음을 설교 본문으로 선택하신 이유가 있으신지요? 또 요한복음에 의의가 있다면 어떤 것일까요?

목회를 처음 시작했을 때 마태복음을 설교했기 때문에 이번에는 공관복음이 아닌 요한복음을 택했습니다. 복음서 중 가장 후에 기록된 요한복음은 공관복음에서 미진했던 부분이나 의문이 제기되었던 부분에 대한 답을 제시하고 있는 까닭이지요.

특히 요한은 노인이 다 되었을 때 이 복음서를 기록했습니다. 그만큼 원숙한 복음인 셈입니다.

평소에 설교하실 때 가장 중요하게 생각하시는 점은 어떤 것입니까?

설교는 크게 두 가지로 나뉜다고 볼 수 있습니다. 하나는 교회의 복음을 세상으로 들고 나가는 것이요, 다른 하나는 세상을 교회 안으로 데리고 들어오는 것입니다. 달리 말하면 전자는 기독교적인 용어로 복음을 설명하는 것이요, 후자는 믿지 않는 사람도 이해할 수 있는 말로 복음을 설명하는 것입니다. 저는 수요예배와 주일 오후예배에서는 전자의 설교를 하려고 했고, 주일 낮예배에서는 후자의 설교를 하고자 했습니다.

저는 그리스도인들이 의롭다 하심을 받은 '신분'의 수준에서 벗어나 이제는 '성장'해야 한다는 점을 강조합니다. 그리고 개인의 복을 비는 기복 신앙에서 벗어나 사회적인 책임을 져야 한다는 점을 강조하지요. 어느 나라이든 역사는 반복되기 마련입니다. 변화는 오직 책임 있는 그리스도인들에게서 오는 것입니다. 반드시 우리 세대에 변화를 보고자 하는 것은 아닙니다. 단지 변화의 씨를 뿌리자는 것이지요. 그 열매는 하나님이 거두실 것입니다.

또한 교인들이 하루하루 진리에서 벗어나지 않고 그리스도 안에서 살도록 돕는 것도 제 설교의 목적입니다.

이 설교집을 읽는 독자들에게 도움이 될 말씀을 해주십시오.

참된 보수는 참된 진보와 통합니다. 여기에서 '보수'라는 것은 하나님의 말씀을 지키는 것입니다. 만약 하나님의 말씀이 아니라 관습을 지키려 든다면 그것은 '보수주의'가 되겠지요. 참된 보수에는 개혁과 진보가 담겨 있다는 이 점을 염두에 두시면 설교자의 의도를 이해하는 데 도움이 되실 것입니다.

※ 위에 쓴 것은
1997년 10월 20일 이재철 목사님과 홍성사 편집부가 대담한 내용입니다.

요한복음 설교집 8

# 요한과 더불어
Along with John

**지은이** 이재철
**펴낸곳** 주식회사 홍성사
**펴낸이** 정애주
국효숙 김의연 김준표 박혜란 송민규 오민택
오형탁 임영주 주예경 차길환 허은

1997. 12. 25. 초판 발행   2021. 7. 20. 19쇄 발행

**등록번호** 제1-499호 1977. 8. 1.
**주소** (04084) 서울시 마포구 양화진4길 3   **전화** 02) 333-5161   **팩스** 02) 333-5165
**홈페이지** hongsungsa.com   **이메일** hsbooks@hongsungsa.com
**페이스북** facebook.com/hongsungsa   **양화진책방** 02) 333-5161

ⓒ 이재철, 1997

• 잘못된 책은 바꿔 드립니다.   • 책값은 뒤표지에 있습니다.

ISBN 978-89-365-0451-9 (04230)